河出文庫

人間の測りまちがい　上

差別の科学史

スティーヴン・J・グールド
鈴木善次／森脇靖子 訳

河出書房新社

謝辞

遺伝子は、限定された比喩的な意味で、利己的なものであるといえる。しかし、私には快く援助をしてくれた多くの友人や仲間がいることを思えば、利己的な遺伝子などあろうはずがない。私はアシュレイ・モンターギュに謝意を表したい。彼は特別な示唆を与えてくれただけでなく、人間の可能性について不信に陥らせずに、長きにわたって、科学を根拠にした人種差別に挑戦するように導いてくれた。G・アレン、A・チェイス、S・ショロバー、L・カミン、R・レヴォンティンら何人かの仲間は、生物学的決定論に関する著書を出版したり、執筆中だったが、自分たちの持っている情報を喜んで提供してくれたり、時には自分たちの発見したことを公表する前に利用させてくれたりした。M・ライテンベルグ、S・セルデンは、お願いしなかったにもかかわらず、私の苦労を聞きつけて資料を送ってくれたり、示唆を与えてくれた。その結果、本書は豊かになった。L・メッツォリイは第六章用にオリジナルな図を準備してくれた。クロポトキンは、ひょっとすると正しかったかもしれない。希望を持ちつづけよう。

引用文献について――本書では、便利な脚注の代わりに、科学的文献で一般に見られる引用文献の示しかた、すなわち本文中の関係する文節の終わりの部分に著者名とその出版年をカッコでくくって示す方法を採用した（巻末の文献表には、著者ごとに、また、同じ著者のものでは出版年順に項目が並べてある）。はじめは、多くの読者はまごつくだろうと思う。本文は、多くの人には雑然としているように見えるだろうが、それも承知している。しかし、数ページ読みすすめば、誰も引用文献の表示を〝読みとばし〟始めるであろうし、この表示が本文全体の流れの邪魔にならないことがわかるであろう。そう確信している。私には、この示し方のほうが、見た目の美しさは失われるが、はるかに優れているように思える。本文と巻末注（すべて注をそのページの欄外に示す出版社などないだろう）との間を行ったり来たりページをめくり、そのあげく、じれったくなるほど小さな活字の番号が、補助的な情報として面白いちょっとした話ではなく、ただ無味乾燥な参考文献*を提供してくれることを知るだけだ、というのはやめにしたいからである。どんな歴史研究にとっても欠くことのできない二つの情報――誰が、いつ、が直接の接近手段である。参考文献照会のこのやり方は、ふつう、それほど文学的でない科学者が他の学問分野の著述に貢献できる数少ないものの一つであると信じている。

　タイトルについて――明らかに性差別を示すタイトル *The mismeasure of Man* が意図どおりに受け取られることを望んでいる。すなわち、プロタゴラスの有名な格言（人間は万物の尺度である）のあそびとしてだけでなく、本書で論じる生物学的決定論者たちのやり方を実感させるものとして。実際、彼らは「男性《マン》」（すなわち、ヨーロッパの白人男性）を研究し、この男性グループを基準と考え、その他の人々は、その基準に対して劣って評価されるべきであるとみなした。彼らが「人間《マン》」を測りまちがえたことは二重の誤りを示しているのである。

＊したがって、ほんとうに情報を提供する脚注はごく少数であるが、そのページの一番下にある。
（本訳書では巻末「原注」欄にまとめてある）

人間の測りまちがい——差別の科学史　上

貧困の悲惨さが自然の法則ではなく、我々の社会制度によって引き起こされているとしたら、我々の罪は重大である。——チャールズ・ダーウィン『ビーグル号航海記』

改訂増補版の序

十五年目に考えたこと

『人間の測りまちがい』の枠組み

『人間の測りまちがい』のために初めに考えた題名は、その題名によってチャールズ・ダーウィンの痛烈な言明にとにかく敬意を表わそうとしたものであった。ダーウィンは私の英雄である。彼は著書『ビーグル号航海記』の中で、烈しく奴隷制を非難するために生物学的決定論に対する厳しい異議申し立てをしていたからである。これは素晴らしいことである。だから私は書名を「我々の罪は重大である」にしたいと思った。この本の扉にエピグラフとして引用してあるダーウィンの、次の文章からとったものである。「貧困の悲惨さが自然の法則ではなく、我々の社会制度によって引き起こされているとしたら、我々の罪は重大である」

私は、初めに思いついたこの題名を採用しなかった。もちろん、正しい判断だったと確信している。というのは、この本が、おそらく間違って多くの書店の宗教コーナーに並べられてしまい、注目されることはないだろう、と当時も気づいていたからである（私の進化論エッセイ集『フラミンゴの微笑』が結局はボストン協会の鳥類学の部門に収まり、今後も世に知られないままになると同じように）。もっと悪いことがあるものである。以前に、やはり信頼の置けるボストンの大書店で、一九六〇年代の大学生宣言書《マニフェスト》『黒ん坊《ニガー》としての学生』*The Student as Nigger* の一冊が、「人種関連」と書かれた棚にあるのを見つけたこともある。友人のハリイ・ケメルマン、彼はデイヴィッド・スモールというユダヤ教のラビである探偵を主人公とする素晴らしいミステリー小説の著者であるが、その彼が言うには、彼のシリーズの最初の本『金曜日ラビは……』*Friday the Rabbi...* が『ウサギのフレディー……』*Freddy the Rabbit* シリーズの第一巻として児童書のリストに入っていたことがあったとか。時に、全く逆のこともある。相棒のアラン・ダーショヴィッツから聞いたのだが、一人の女性が、彼の著書『フッツパア』*Chutzpah*[*1]を、本屋の店員に「著者名も覚えていないし、書名も発音できないのだけど……」と言って、首尾よくその本を手に入れることができたということもある。

私は最終的に「人間の測りまちがい」と決めた。この本の本質は、逆説的なやり方ではあるが、主題の範囲を限定したことにある。その逆説によって初版以来十五年間も力を持ちつづけたのである。『人間の測りまちがい』は、基本的には、社会を舞台とする生物学の謬論がいかに道徳的に卑劣であるかを全般にわたって書いたものではない（ダーウィンから引用した、より広い意味をもつ初めの書名は意味したかもしれないが）。まして人間が不平等なのは遺伝学に基礎があるという、まやかしの議論全般について書いたものでもない。『人間の測りまちがい』は、一つの特異な形の数量化を主張することによって、人間集団《グループ》をランクづけたことに関して論じたものである。つまり、知能とは内在的で変化しない知的価値であり、直線的な物指しの上にすべての人々をランクづけできる一つの数値として有意に抽出できるのだという議論に関してだけを論じたものである。意図的に決めたのだが、幸運なことに、この限定されたテーマは、最も基本的で広範な社会的インパクトをもち、最も深遠で（かつ最も一般的な）哲学的誤りを含んでいる。それは氏《うじ》（生まれ）と育ち nature and nurture、つまり人間社会への遺伝的な寄与という全く悩ましいテーマだからである。

二十年以上にわたって、月に一本書くエッセイストとして、私が学んだことがあるとするなら、それは個別の項目をとりあげて一般論を論ずることの威力を理解できるようになったことである。「生命の意味」についての本を書いても無駄である（我々はみんなそのような大問題の答えを知りたいと切望しているが、その一方で、当然のことながら真の解明はありえない！　と当然気づいている）。しかし、「野球の打率四割の意味」についてのエッセイは、時代の好みについての特質、優秀であることの意味、そして

（信じようが信じまいが）生まれつきの体格といった広範な話題に驚くほど幅広く関連する真の結論にたどりつくことができる。一般論に対し真正面から攻撃するのではなく、わからないように密やかに忍び寄らねばならない。私の好きな文章の一つは、G・K・チェスタートン[*2]の次の発言である。「すべての絵に不可欠で本質的なものは額縁である。よって芸術は限定である」

（私が選択した書名は私に多少の難問をもたらしたが、弁解する気はない。その議論のすべてを楽しんできたのだから。書名「人間の測りまちがい」*The mismeasure of Man* は、二つのことを言わんと意図したもので、思慮のたりない男女差別主義の名残ではない。書名はプロタゴラスの人類についての有名な格言のパロディーであり、男性を人間の基準とみなし、それゆえに女性を無視し、男性を測りまちがえる傾向のあった本当の過去の偽わりなき男女差別論者の実態を記したのである。私は、書名のこうした論理的根拠を初版の謝辞の終わりの部分に書いている——だからこそ、誰が初めに本を読まないで喋りたがっているかを見定めるために、思慮のない批判にはいつもこの文章を試金石として利用することができたのである。たとえばドウル氏のように。ドウル氏は全く観たこともないし、観たいとすら思わない映画の暴力について非難している［もちろん、本書の書名に関して私の論理的根拠に同意できないために生ずる非難は気にしていない］。ともあれ、この書名によって、同僚のカルロ・ターヴリースが私のパロディーをもじって、書名『女性の測りまちがい』という素晴らしい著書をパロディー化したのである。

少なくともそのことは大いに喜んでいる。[1])

『人間の測りまちがい』には三つの枠組みがあり、その三つの枠組みがワンセットになり一つの限定を行なっている。この限定により、私は理にかなった、包括性をもち統一のとれた物語と分析という枠内に、知能に関する最大の主題の一つを含めることができたのである。三つの枠組みとは、

(1) 知能の数量化に関するいくつかの議論のなかで、私は、歴史的に一番顕著な形のもの(しかも明らかにまちがっている)に関する生物学的決定論を論じることに限定した。つまり測定可能で、遺伝的に固定している一つの知能という主張である。序文で書いたように、こうした似非科学的な主張が社会的有用性と結びつけられたのである。

「したがって本書は、一つの実体として知能を抽象化し、脳内に知能を位置づけ、各個人に一つの数値として知能を数量化し、そしてしいたげられ不利な立場にいる人々——人種、階級あるいは性別によって——が生まれつき劣っており、彼らがその社会的地位を甘んじて受けるべきであることを常に確認するために、これらの数値を使って人々を単一の価値体系にランクづけたことについて論じている。つまり本書は、人間についての測りまちがいについて書いたものである。

第一の枠組みのこの部分によって、私が何を除外したかも明らかである。例えば、し

ばしば次のような質問を受けてきた。知的機能の数量化の理論を説明する際に、なぜ骨相学のように非常に影響力をもったものを除外したのかと。しかし骨相学は、『人間の測りまちがい』[*3]の主題とは哲学的に対極にある。骨相学者は独立した無数の知能についての理論を喧伝した。彼らの見解は今世紀初めのサーストンやギルフォード、そして現代のハワード・ガードナーなどの先導となり、つまりは多因子知能の理論への先導となった。この多因子知能理論は前世代ではジェンセン、現在ではヘーンシュタインやマリーに対する重要な挑戦となっているものであり、人間の測りまちがいを特徴づけたランクづけできる単一の知能という伝統すべてに対する重大な挑戦になっている。頭蓋骨上の隆起をもとに、「家庭的」か、「好色」か、「崇高」か、「因果的」かを読みとることによって、骨相学者はおおむね独立した属性の豊かな寄せ集めへと知的機能を分割した。このような見方によれば、たった一つの数値が人間の総合的価値を表わすことは決してありえないし、単一の数値で示される生物学的特性としてのIQの概念全体が無意味になる。実を言えば、骨相学者は私の心のぬくもりの場になっている(気高い心に対する頭蓋隆起があるだろうか?)。なぜならば骨相学者は哲学的には正しい道筋上にいたのだから。だが、彼らの頭蓋隆起という独自理論は、本書に登場する測りまちがえた人々と同じように、決定的に間違っていた(歴史はしばしば意外な皮肉を次々と積み上げるものである。頭蓋隆起は無意味であるが、現代神経学の研究によって、高度に特異な知的処理過程が大脳皮質に局在するという根拠が現実的になってきているのはますます魅力的である）。

ともあれ、おそらく正しい多因子知能理論の正しくない見方としての骨相学は、頭蓋骨の測りまちがい全般を扱った書物では重要な章となるかもしれないが、単一で生得的、かつ直線上にランクづけできる知能という理論についての誤謬の歴史を主題とする本書には入らない。私が「正しい主題であるが別の理論である」という理由で骨相学を除外したとすれば、逆ではあるが同じような理由から、「間違った主題ではあるが同じ理論」――つまり知能の数量化ではなく生物学的議論に基づく単線的で生得的ランクづけを認めるすべての主張――についての膨大な資料も切り捨てる。だからこそ、例えば優生学の運動については明確で独立した章を立てなかった（とはいえＩＱとの関連でこのテーマを論じている）。なぜならば議論の大部分は、頭の内側や外側を測定するのではなく、生まれつき決定されている形質には個別の遺伝子があるという推測を基礎にしているからである。

（２）私は、歴史上の独創的な人物の「重大な」議論と間違いに焦点を当てたのであり、一時的で短命な現代の論調に焦点を当てたのではない。今から五年前のセンセーショナルで辛辣な主張あるいは我々と同時代のおおむね派生的な論客たちによる偏った議論を誰が記憶しているだろう（誰が思い出したいと思うだろう）か？　だが、我々は絶対忘れない（忘れるべきではない）ことがある。ダーウィンの偉大さと、ダーウィン晩年の同時代の対立者で、創造論を奉じたアガシとセジウィック[*4]による教訓的でまさに重大な過ちを。礎石は永遠である。現在の小競り合いのほとんどが、昨日の新聞は今日はがらくたの包み紙という、新聞記者の昔の箴言どおりになっている。

枠組みの第二の重要な特徴として、『人間の測りまちがい』は、単一で直線上にランクづけできる生得的な知能という理論の出所と、その後長くもちこたえたその理論の創始者たちに注意を限定したことである。この決断によって、本書を二部にすっきりと分けることができ、優勢を誇った過去二百年間この理論を担った一連の中心人物たちを年代順に説明することができた。十九世紀は、頭蓋骨の内側や外側の身体的測定に焦点を当てた。頭部の外側は定規やコンパスをもちいて、また頭の形や大きさから導き出したさまざまな指数や比率によって、あるいは内側の大きさはカラシの種子や鉛玉を頭蓋の内側に満たしてその容量を測定したのである。次いで二十世紀になると、知能テストにより推測し、脳の中身をより直接的に測定する方法へと移っていった。つまり、頭蓋骨という身体的な特性から脳内の素材を測ることへと変化していったのである。

学者魂の心底から、重要で基本的な証拠資料に限定したこのやり方に私は信をおいているし、この決意が改訂版に大きな実用的利益を与えていることも認識している。昔の主張がまだ力をもち、現代風に言えば「ロングラン」をつづけている。我々はキリスト教徒の「神の言葉は永遠なり」という心穏やかな確信には決して至らないが、学問がつづき歴史に魅せられつづけるかぎり、ブロカ、ビネーそしてバートには関心が向けられるだろう。だが、世界はジェンセン、マリー、ヘーンシュタイン、レヴォンティンそしてグールドにはほとんど注目しないし、長くは憶えていないだろうと私は思っている。私は重要でオリジナルな議論について書き、一九八一年当時に再び現われたその化身たちを事実上無視したのだから、この改訂版はほとんど変更の必要がないし、本文も改訂前とほとんど違わない。この改訂版の新しさは、新しい序文および最後に付したエッセイの部分にある。一九八一年に注目を集めた話題は今では根拠のない話になっている。議論の基本的な型が消滅しないで数年ごとに繰り返し現われつづけているとはいえ、私にはヘーンシュタインやマリーの黄金時代が来るとは思えない。——だからこそ、この本の必要性があり、繰り返し出現する生き長らえた資料に本書の焦点を当てることが必要なのである。

初版の序文に次のように書いた。

「私は生物学的決定論の最近における復活の状況にはあまり言及しなかった。生物学的決定論の個々の主張は一般に非常に短命であるため、それらに対する反論は雑誌論文や新聞記事がふさわしいのである。誰が十年前〔一九八一年当時〕の次のようなホットな話題を思い出すであろうか。IＱが一〇〇点以下のものが自主的に断種した場合に補償金を与えるというショクレイの提案とか、XＹＹの大論争、あるいは都市の暴動を暴徒についての不健全な神経病理学を使って説明しようとする企てなど。我々の周囲になおも見られるこれらの議論の源を調べることは大いに価値があり、興味もあることであろう。これらは少なくとも我々を啓発してくれる重大な思い違いを示している」

（3）枠組みの第三番目の重要な見方は、私自身の職業的能力から生じたものである。私の職業は科学研究者であり歴史家ではないが、歴史に限りない魅力を感じている。歴史について情熱をもって読み学び、主として歴史に関するテーマで多くのものを書いている。そのなかには三冊の本と多数のエッセイが含まれる。生物学的決定論の議論にかかわる論理および経験主義者にはまともで正しい理解力をもっていると自負している。職業的訓練不足のため、私に欠けているものは、より広範な政治的文脈（先行する事柄や背景）に対する、すなわち、生物学的議論が社会に衝撃を与えるその活動舞台に対する、職業人としての「感覚」――一流の学問に必要不可欠な条件――である。主張と意図が入り組み、そして事実を裏付けるための謬論が入り組む、専門的な用語で言えば「内在史」のテーマで、私はまずまずのレベルにある（あえて自慢を言わせてもらえるならば、「大多数のものよりまし」である）が、科学的主張を社会的背景に「組み込む」、より広範な歴史的文脈をもつ「外在史」の立場では悲しいことに準備不足である。

それゆえに、必要にせまられて力を引き出すという古い戦術どおりに、私は生物学的決定論の歴史を論ずる別の道を探した。それは、私の特殊な技能と能力を活かし、不足しているものによって甚だしく不利にならない道である。決して無視できないこの重要な主題を論ずるために、これまで全く知られていないある方法を考えつかなかったならば、本書を書こうとは思わなかったし、初めからそんな計画を企てようとも思わなかった（私は二番煎じの著作には個人的嫌悪感をもっているし、年上の敬愛する同僚への個人的親愛の情によるささやかな例外はあるが、教科書の類には決して手を出してこなかった。人生は余りにも短い）。

私の特殊技能は、ユニークさではなく組み合わせにある。私は十分に影響しあう顕著な二つの分野を結びつけることができた。各々の分野は単独で別々の人に力を与えてきたが、一人の人間の関心事でこの二つの分野が結びつけられたことはまずなかった。私以前に本になるように深く、しかもこの主題を総合的に見渡して、この二つの力を系統立てて結びつけた人はいない。

科学研究者は、一般にデータの分析を得意とする。我々は推論の誤りを指摘し、特に、理論を裏付けているデータの不備を見つけるよう訓練を受けている。図表を吟味し、グラフ上の点を詮索する。科学の前進は、新発見のみならず他の人が導き出した結論を批判することにもよっている。私は、集団内の変異や系統内の歴史的変化に関してデータの大マトリックスを扱う特殊な専門技術を身につけ、統計的な考察をめざす古生物学者としての訓練を受けた（人間の測りまちがいも同じテーマである。――つまりグループ内の変異に相当するのが個体間の差異であり、時系列にある系統における一時的な差異に相当するのがグループ間で測定される差である）。したがって私は、データを分析し、人間のグループ間の測定された差異に関する議論に含まれる謬論を見抜くにはこの上なく適任であると自負している。

とはいえ、科学研究者なら誰でもこのようにことを進めることができる。しかし、私の本来の職業である科学者の重大な偏狭性にぶつかることになる。ほとんどの科学者は歴史のようなつまらないものに注目しない。同僚は、歴史はたわごとであるというヘンリー・フォードの金言に少しは理解を示すかもしれない。しかし、彼らは過去とは過ちを入れる単なる収納庫だと見なし、せいぜいこれから進む道に沿った落とし穴にある教訓的教育の材料であると考えるだけである。このような姿勢だからこそ、過去の科学上の歴史的人物、特に、重大な過ちを犯した人たちに同情したり興味を示したりすることはない。つまり、大部分の科学者は、原則上は、生物学的決定論のオリジナルなデータを分析できるかもしれないが、こうした骨の折れることをじっくり考えようとは決してしない。

一方、専門の歴史家でも統計学に立ち戻り、自分たちのテーマに関係するグラフの不備を探そうと思えば探せるだろう。実際、方法がそれほど不可解であるとか難しいとかいうわけではない。ここでもやはり、この業界の偏狭性にぶつかる。歴史家は社会的な文脈を研究するものである。歴史家は、おそらくアメリカ・インディアンの頭蓋容量が小さいというモートンの結論が西部への拡張政策をめぐる論争にいかにインパクトを与えたかを知りたいのだ。ところが、歴史家は、モートンの頭蓋骨測定の一覧表を机上で熟慮したり、モートンが自分のデータを正しく報告していたかどうかを計算してみようとは考えないだろう。

私は自分が特殊な立場にいることを発見した。というのは私は、統計的な専門技術を駆使し、しかも細部を注視してデータ分析ができ、現在我々を取り囲む重要なテーマの歴史的起源を調べることが大好きなのだから。つまり、私は科学者の手法と歴史家の関心を結びつけることができる。したがって私は『人間の測りまちがい』で、生物学的決定論の歴史上の多くのデータの分析に的を絞った。本書は、単一で直線的にランクづけできる生得的でほんのわずかしか変化しない知能、という理論の起源と擁護の歴史にこめられた、根深く教訓的な謬論（決してつまらない表面的な誤りではない）を年代順にとりあげたものである。

『人間の測りまちがい』は測定された知能について論じた堂々とした「内在史」である。私は、歴史的に重要な主張が含むデータを再度分析した。だが、無味乾燥な一覧表であるよりも、どちらかというと胸のわくわくする冒険的弁論（一般的な魅力の対象）に近くなることを願った。モートンが頭蓋容量を測定する際に、カラシの種子から鉛の弾丸に変えたこと、ブロカが自分でも気づかなかった自らの社会的偏見の常軌を逸した光の中で綿密な統計処理を行なったこと、ゴダードがニュージャージー州の荒れ地の松林に住むカリカック家の知的障害者の一族の写真を修整したこと、ヤーキーズが第一次世界大戦時に陸軍のすべての徴兵に課した（私自身もハーヴァード大学在学中に受けている）生得的知能を測れると思った知能テスト（実際はアメリカ文化にどれほど親しんでいるかを示す指数であった）のこと、シリル・バートが知能を単一の因子として数学的に正当化する際に犯した決定的で重大な本当の誤り（晩年に犯したとるに足りない明白なインチキとは違う）。

よく知られている相反する次の二つの文が、私のこうした試みの面白さと潜在的な重要性を表わしている。神はささいなことの中にある。悪魔もまたしかり。

なぜ十五年たって『人間の測りまちがい』を改訂したか

生物学的決定論に対する批判は、いつでもいいが、タイミングもある。まずいつでもいいということは、生物学的決定論は非常に根が深く陰険であり、また、その主張が、我々に共通する性癖のうちで最悪の政治的示威運動に訴えるから、分析の必要性は時期を選ばないということである。根が深いということは、生物学的決定論が我々の哲学的伝統の最も古い争点や誤りと関連があるということである。例えば、還元主義、すなわちある程度ランダムで大規模でそして還元できない複雑な現象を最小の構成部分の決定論的振る舞いで説明しようとする願望（運動する原子によって身体の物体を説明したり、重要な素材の遺伝量によって知的機能を説明したりすること）。具象化、すなわち抽象的な概念（知能のような）を確固とした実体（数量化できる脳の素材のような）へ変えようとする傾向。さらには二分法、すなわち複雑で連続的な実体を二つに分割（例えば利口と馬鹿、黒と白）したくなる願望。そして最後に階層性、すなわち直線系列で増加していく価値に、事物をランクづけて順番づけようとする傾向（この場合、生得的知能が等級化され、つづいて二分しようとする強い衝動によって、IQテストが考案された初期に好んで使われた用語を用いて、正常vs精神薄弱という形で二つに分割された）。

　こうした一般的ないくつかの誤りを犯す傾向と外国人嫌いという社会政治学上の現実、これはしばしば（とても悲しいことなのだが）劣っていると判断された「他者」に対する己の態度を規定することになるのだが、この二つが結びついたとき、生物学的決定論が社会的武器としてもつ潜在的な力を我々は理解できる。なぜならば、「他者」はそうしたことによって信望を失い身分を貶《おとし》められ、しかも「他者」としてのより低い社会経済的地位が、社会的な不公正の結果であるよりも、生まれつきの愚かさという科学的な帰結であると正当化されうるからである。だからこそ、もう一度ダーウィンの偉大な文章を繰り返そう。「貧困の悲惨さが自然の法則ではなく、我々の社会制度によって引き起こされているとしたら、我々の罪は重大である」と。

　しかしながら生物学的決定論への批判は、望ましい特定の時期（現在を含めて）というタイミングもある。というのは——古典が好きならヒュードラ[*5]の頭を、よく知っている諺がよければ、いやな奴とか猫を[*6]、そして、庶民的な現代的表現がお好みならば、郊外の芝生に生える雑草のヒメシバの譬《たと》えなど、どのようなイメージでも選ぶことができるが——同一の悪質な主張は数年ごとに繰り返し現われ、しかも予測どおり気がめいるような規則性をもって浮上してくるからである。一つの主張の誤りを暴露しても、すぐ、同じ悪書の次の章が幅をきかせてくるものである。

こうした繰り返しの理由には、何か秘密があるわけではない。繰り返しは、IQと同じように便利な数式で表わせる自然法則に従って根底にある循環性が現われ出たわけではないし、またこうして繰り返し現われるエピソードが、新しいデータの注目を集める事柄や以前は気がつかなかった新しい角度からの論拠を示しているわけでもない。なぜならば、単一で、ランクづけでき、生得的で、事実上変えることのできない知能という理論は、一連の定式化の各段階で決して大きく変われるわけではない。同じまちがった論理や欠陥のある情報は波のように押し寄せ繰り返し人気を博する。

繰り返し出現するのは、社会政治学上の理由があり、それほど遠くに理由があるわけではない。生物学的決定論が繰り返し浮上することは、特に社会的プログラムへの行政支出を切り詰める運動など、経費節減政策のエピソードと関連し、または、恵まれないグループの人々が深刻な社会不安をまき散らしたり権力を脅かす時期に、エリート支配層が不安を感ずることと関連がある。社会変化に対して、次のような主張ほど冷厳な効果を持つ異議申し立てがあるだろうか？　つまり、ある人々がトップに、ある人々が底辺にいるという確立された秩序は、そのようにランクづけられた人々の生まれつき変化しない知的能力の正確な反映である、という主張である。

つまり、経済的梯子の一番下にいる人種や社会階層の人たちの上げようにも上げられないIQ値を上げるために、骨を折り、金を出す理由があるのだろうか？　それよりも、ただ自然の不運な命令を受け入れ、多額の連邦準備銀行の準備金を節約する方が好ましい（そうすれば、金持ちへの税制優遇措置をより簡単に維持できる！）。あなたが住んでいる高級住宅地内の不利な境遇にある人々の過小評価をなぜあなた自身が悩む必要があるというのだろうか。もし次のような欠如、つまり拒絶されたグループの多くの人々の能力あるいは一般道徳が低下していることは、生物学的に刻印されており、社会的偏見の遺産でもなく、現在の実状でもないとするならば、悩む必要などないのではないか（そのように刻印を押されたグループとは、人種、階級、性別、行動上の性癖、宗教、出身国である。生物学的決定論は一般理論であり、現在の軽蔑の対象となる特定の担い手は、どこでも、いつでも、似たような偏見の対象となるすべての他者の代理となる。その意味で、名誉を傷つけられたグループ間の団結を要求することは単なる政治的レトリックとして退けられるべきではなく、むしろ虐待という共通の理由に対する正しい行動であると、称賛されるべきである）。

私は、単一でランクづけできる知能が生得的であるとする議論が周期的うねりをもって流行することを論じているのであって、そのような主張をエピソード風に系統立てることを論じているのではないことにどうか注意してほしい。一般的な議論はいつでも存在し、いつでも入手可能であり、いつでも出版され、いつでも利用可能である。したがって大衆が注目するエピソードによって、政治的な偏向の振り子がこの古めかしい謬論を利用するために右の位置へ振られる。そこには無邪気な願望あるいは明らかに利用価値があるという冷笑的な認識に基づく真剣さがある。生物学的決定論が繰り返し浮上してくることは、経費節減政策における社会的寛容の崩壊の時代と深く関連している。

二十世紀のアメリカはそれぞれが互いに関連している三つの重要なエピソードを経験してきた。第一は、アメリカの歴史のなかで最も悲しい皮肉の一つであり、『人間の測りまちがい』の最も長い章を作っている。我々は、アメリカを汎平等主義の伝統のある土地だと思いたがっている。「自由という理念のうちに建てられ、全ての人間は平等に創られたという信条に捧げられた」国家であると。これとは逆に我々には次のような認識がある。多くのヨーロッパの国々には、君主制、封建的秩序、社会階層の長い歴史があり、社会正義や平等の理想に接する機会がずっと少なかったと。IQテストはフランスで創られたのだから、テストに対する非常に一般的で、非常に有害で、誤った遺伝決定論的解釈はヨーロッパで生まれたのだと考えるのは当然かもしれない。皮肉なことに、このもっともらしい仮説は全くの誤りである。第五章で描いた発案者であるフランス人のアルフレッド・ビネーは、自分のテストについての遺伝決定論的解釈を避けたばかりでなく、特別の援助を必要とする子どもを確定するためにテストを利用するという、彼の願いを逆用するような解釈に対して明快かつ強硬に警告している（ビネーは生得論的解釈は、子どもたちへ教育不能という烙印を押すだけで、彼自身の意図とは逆の結果をもたらすことになると主張した。この恐れは、後の歴史によってことごとくしかもその正当性が悲劇的に証明されることになる)。

IQの遺伝決定論による解釈は、主として三人の心理学者の転向によってアメリカで始まった。H・H・ゴダード、L・M・ターマン、R・M・ヤーキーズの三人であり、彼らはこのテストを翻訳し、アメリカに広めた。万人にとって自由と公正のあるこの地でこのような悪用がなぜ起こったのかを問うならば、第一次世界大戦に続く数年間こそが、これら三人の科学者の活動がピークに達した時期であったことを忘れてはならない。この時代は、偏狭で好戦的愛国主義や孤立主義、「移民排斥主義」(WASP、インディアンの言葉ではない)[*7]、国旗のもとに馳せ参じる精神、安っぽい愛国心が今世紀のどの時期にも匹敵できないほど強烈であった。一九五〇年代初めのマッカーシズムの吹き荒れた頃ですらこれほどではなかった。それは移民制限、ユダヤ人割り当て移民の広まり、サッコとヴァンゼッティの処刑[*8]、南部の州の暴力的制裁の高まりなどに特徴づけられた時代である。面白いことに一九二〇年代に生物学的決定論をつくり上げた人たちのほとんどが、一九三〇年代に振り子が自由の方向へと揺れた時期に自分たちの結論を撤回した。それは学位をもった人々が不景気のためパンの施しを得るために失業者の列に加わった時期で、貧困が生得的な愚かさではもはや説明できなくなった時代であった。

最近の二つのエピソードもまた政治的な振り子の揺れと一致している。第一のエピソードは、既存のものに代わる見方による実証的な反対論として、(否定主義の酷評としてではないと思っている)『人間の測りまちがい』を書こうと私に思わせたもの。第二のエピソードはこの改訂版の出版をうながすきっかけになったものである。

アーサー・ジェンセンは一九六九年に、IQのグループ間の差(アメリカの黒人と白人の格差を強調している)が生得的であると考えられるという悪名高き偽りの論文をひっさげて、最近の第一のエピソードを開始した。彼の書き始めの文章は、自分に社会的行動予定《アジェンダ》があるのではなく公正無私な学者として公表したにすぎないという彼の後の主張全てが偽りであることを明らかにしており、興ざめである。つまり彼は、連邦ヘッド・スタート・プログラム[*9]に対して「恵まれない子どもたちの文化的経験を補うための補償教育が試みられたが、明らかに失敗であった」とあからさまな攻撃を開始した。そして一九七一年には、私の同僚のリチャード・ヘーンシュタインが『アトランティック・マンスリー』誌に投稿した論文が、二番目の一斉射撃に火をつけた。この論文こそ一九九四年、チャールズ・マリーとともに出版した『ベル・カーブ』の要約と概要になったものであり、また、『人間の測りまちがい』の改訂版への直接の引き金になったものである。

前に述べたように、このテーマに関する悪名高き人たちによる論文は毎月、目立つ位置に掲載された。なぜジェンセンの論文がおなじみのジャンル内で無視される一篇のマニフェストとはならないで、あのように世論を喚起する事件になったかを分析するには、社会的文脈に戻らねばならない。ジェンセンの論文には全く新しい主張は含まれていないのだから、昔から存在しつづけたこの種子は発芽可能な新たに出現した肥沃な土壌を探さねばならない。やはり前に述べたように、私は決して社会問題に関する学識者ではないし、この争点に対する私の見解はおそらく愚直なものだろう。しかし、私は、青年期の政治的にとても活動的だった日々のことを忘れていない。ベトナム戦争に対する反対運動の盛り上がり、一九六八年のマーティン・ルーサー・キング牧師の暗殺（それとともに起こった都会の暴動によって引き起こされた恐怖）、リンドン・ジョンソン[*10]の辞職、一九六八年のシカゴ民主党大会での主導権争い、そしてその結果としてのリチャード・ニクソン大統領の選出を思い出す。これらは一連の保守的な反動であり、こうした反動は、今や再び効力をもつようになった古くからある誤りの生物学的決定論への注目を決まって復活させてきた。私は一九七〇年代中頃、こうした反動が最高潮になった頃に『人間の測りまちがい』を書きはじめた。一九八一年に初版が出版され、それ以後順調に増刷されてきた。

私はこれまで改訂版を計画したことはなかった。私は慎み深い人間ではなく、自分自身に傲慢であろうと思っている（思うに、いつも成功するわけではないが）。私は、この本が最新版である必要性は感じていなかった。なぜならば、初めにこの本を書いた時に、賢明な決断であると今でも思えることを当時行なっていたからである（欠点はあるが誇りにしているこの我が子が改善できないと思ったからではないことは確かである）。『人間の測りまちがい』は最初の十五年間改訂の必要はなかった。なぜならば、私は生物学的決定論の基礎的な資料に焦点を当てており、すぐに時代おくれになる「いま風」の扱いに焦点を当てなかったからである。私は、年ごとに陳腐になる、その時代におもねた（そして表面的な）表明ではなく、変わることのない根の深い哲学的誤りを強調したのである。

さらに第三の重大なエピソードが一九九四年に蹴り出された。リチャード・ヘーンシュタインとチャールズ・マリーによる『ベル・カーブ』の出版である。彼らの分厚い本にはやはり何一つ新しいものはなかったが、著者たちは古い議論に多数の図や表を添え、八〇〇ページ以上に引き伸ばした。そうした図や表は、読者に理解不可能であると恐れを感じさせるように、目先の新しさと専門の深みに連れ込んで混乱させ欺いたのである（実際は『ベル・カーブ』は非常に分かりやすい。議論は古く単純でよく知られている。次から次へと実例が数百ページにもわたるのでうんざりさせられるが、使われている数学は、やさしく非常に簡単に理解できる一つの研究を示したものである。さらに、内容についての私の批判は辛辣であるが、著者が明確で分かりやすい文章を書いたことは喜んで認めるつもりである）。ハーヴァードの政治問題研究所の討論でチャールズ・マリーに会ったとき、シェークスピアの『恋の骨折り損』の私の好きな次の文章で批判を始められたらと思ったものである。「彼は自分の議論の主要部分よりも、より細部を次々と引き出した」と。

『ベル・カーブ』の与えた影響力の大きさは、だからこそ、そして、いつものように、再び政治の振り子が社会的不平等が生物学の命令であることを肯定するために、一つの論理的根拠を必要とする、悲しむべき位置へと振れたことを示しているに違いない（いくぶん薄気味悪いかもしれないが、タイミングがいいと思える生物学的な比喩をあげてみよう。知能が、単一でランクづけでき、生得的で変化することのないものであるという理論は、まるでカビの胞子あるいは鞭毛藻類の仲間の渦鞭毛虫の嚢子《シスト》あるいはクマムシなどの緩歩類の仮眠状態のような振る舞いを見せる――常に群れをなし不活性の状態でまどろみながら存在し、胞子の段階に留まっているが、外的環境が変化すると、まどろみに終止符を打ち、目覚め、発芽し、貪り食うのを待っている）。

『ベル・カーブ』の与えた衝撃の理由のいくつかはその特殊性にある――覚えやすい書名、ニューヨークを舞台とする神話的な人物によって編集された素晴らしい仕事、華やかな宣伝キャンペーン（実を言うと、羨ましい。キャンペーンにかかわった人たちを探して、私の本のためにその人たちを雇えないものかと思った）。だが、こうした諸要因は、新しい肥沃な社会的土壌という最も普遍的で包括的なものと比較すると、全く価値がない。『ベル・カーブ』の出版が、ニュート・ギングリッチの議会への選出や、私の人生の中でも前例のない社会的に卑劣な新時代とまさに時を同じくしていることは誰もが驚いてよいことだろう。本当に必要としている人々への社会的サービスの計画を削除し、芸術への支援をやめ（とんでもないことに軍隊からは一〇セントすら削減していない）、予算の釣り合いを保つために、金持ちの税を免除する。ことによると私は戯画化しているのかもしれないが、この新たな偏狭さが、社会的出費は有効ではないという主張に合致していると疑いの目を向けることができるのではなかろうか？　というのは、ダーウィンとは反対に、貧困の悲惨さが自然の法則に由来し、恵まれない人々の生まれつきの愚かさに原因があるのだ、という主張なのだから。

一九九〇年代、異常とも思えるほど遺伝学的解釈に訴えたもう一つの理由をつけ加えることにしよう。我々は、分子生物学の科学的発展という革命的時代に生きている。一九五三年のワトソン－クリックのDNAモデルからPCR法[*11]の発明やDNAの塩基配列決定——鳥類の系統発生を突き止めたり、O・J・シンプソンの血のサインのようにさまざまな目的のために使える——の開発によって、我々は、現在、個人の遺伝的体質に関する情報を入手できる。これは前例のないことである。我々は、もちろんこうしたわくわくするような新しいことが一般的解決や万能薬をもたらすかもしれないという希望をもって（虚しい希望であるが）新しいことに賛成したり、その希望を煽ったりしがちである。そのような貢献は、実際にはずっと複雑なパズル（たとえ生命にかかわるものでも）のより控えめなものである。過去に我々は人間の本性についての偉大な洞察の数々に対してすべてそのように対応してきた。例えば家族や社会の力学に根ざす遺伝とは関係ない理論などで。その中で最も有名なのは、もちろん、フロイトの性心理の発達段階の概念であり、成長段階で抑圧されたり、まちがった方向への成長によって起こる神経症がそれである。洞察力のあるこうした非遺伝学的な数々の理論が、過去にとんでもなく誇張され過ぎたとするならば、我々が遺伝学的解釈について感じている純粋な興奮を必要以上に感ずることにより、こうした過ちを今、再び繰り返しているのだと気づくべきだろう。

私もある病気の保因者《キャリアー》の素因となる遺伝子や、正常な環境にいても病気（テイサックス病、鎌状赤血球貧血症、ハンチントン病）を直接引き起こす遺伝子の発見に拍手を送ろう——治療の最大の希望は、原因となる物質と患者の病的行動が確定されることにある。自閉症の息子をもつ父親として、かつては純粋に心因性であると考えられ、陰湿に親が非難されてきた病気（特に専門家によって。彼らは、そのような意図からではなく、今後の予防のために原因を特定しようとしたにすぎない、ときっぱり断言していた。自閉症はさまざまな心理学者によって、母親の愛情過多か過少のどちらかが原因であるとされたのである）が先天的で生物学的な基礎の特定によって、人道的でかつ苦悩を解放する効果があることを、私も祝福する。

身体の一つの器官としての脳は、他の器官と同じように病気と遺伝的欠陥の対象である。私は、統合失調症、双極性躁鬱病、強迫神経症のような苦悩の原因を起こす遺伝的原因や遺伝的影響の発見を歓迎する。しばしば二十歳代の終わり近くに発症し、そうした病気による荒廃が始まることによって、生気にあふれ前途有望な子どもを「失う」親の苦痛ほど大きいものはない。原因の特定によって、自分を責めボロボロになった両親を解放し、もちろんより重要なことであるが、病気の好転や治癒の可能性が与えられることを祝福しよう。

しかし、こうした真の発見はすべて、明確で固有の病理や病気すなわち病状を伴っており、それは我々が「正常《ノーマル》な」発育と論理的に呼べること（すなわちベル・カーブ）に相反するものである（ベル・カーブは専門用語では正規《ノーマル》分布と呼ばれている。正規分布は平均の周りに変異がランダムに分布し、平均の近くの値により多く集まる蓋然性があり、左右に等しい分布をもつ）。こうした特定の病理はベル・カーブ上には乗らないで、通常はカーブの平均値から遠く離れて群れ、すなわちクラスターをつくり、正規分布から離れている。したがって、こうした例外の原因は、ベル・カーブそのものの平均周辺の変異の原因とは一致しない。

ダウン症候群の人が二一番染色体の余分によって背が非常に低くなる傾向があるからといって、我々はベル・カーブの正規分布上にある背の低い人たちが、この余分の染色体をもっているとは推測しない。同じように、ハンチントン病に「対応する」一つの遺伝子が発見されたが、そのことは、（ハンチントン病者に特有の）高い知能や低攻撃性、あるいは極端な外国人嫌い、性的パートナーの顔、身体、脚への特別な関心に対応する遺伝子があることを意味していない——あるいは、全集団内でベル・カーブとして分布するどの一般的形質についても同じである。「カテゴリー・ミステイク」は人間の思考のなかでも最も一般的な誤りである。もし我々が正常な変異の原因を病理学的な原因と同一視するならば、それは典型的なカテゴリー・ミステイクを犯していることになる

(グループ内でIQは並の遺伝力をもつのだからグループ間の平均の差は遺伝的でなければならない――巻末の第一のエッセイ『ベル・カーブ』に対する私の見解を参照のこと――という主張でカテゴリー・エラーをしているのである)。したがって、ある病気の原因遺伝子の確定という進歩に興奮するかもしれないが、こうした説明方法から我々一般集団の行動上の変異の解明へと進むべきではない。

世界の複雑さへの理解をのっぴきならなくさせる二分法の中で有害で間違っているのは、氏と育ちという対比であり、これは、上位二～三位に入る(この言葉の語呂のよい響きに騙されたまやかしの二分法である)。生物学的決定論者の「しかし、我々は洗練された生物学的決定論者で、反対者は純粋な環境論者で育ちだけを支持している。とはいえ我々は行動が生まれ(氏)と育ちの相互作用によって生ずると認識している」という当たり前の主張ほど私を激怒させる煙幕はない。『人間の測りまちがい』でも一貫して主張しているのだが、もう一度強調することを許してもらえるならば、論争にかかわったすべての当事者、もちろん、善意と公正な学識をもつ全ての人たちは、人間の形態や行動は遺伝的影響と環境的影響が複雑にかかわり合うことによっているという、全く議論にならない当たり前の言明を支持しているのだ、と。

還元論と生物学的決定論の誤りは、「知能は六〇パーセントが遺伝で四〇パーセントが環境である」というばかげた言明を採用していることである。知能の六〇パーセントの(あるいはどんな比率でも)「遺伝力」とはそんなことではない。我々全員がしっかり受け入れている「相互作用説」は、「形質Xは二九パーセントが環境で七一パーセントが遺伝」であるという言明を認めていない、と十分理解して初めて、この問題をしっかり頭にたたき込んだことになる。原因となるいくつかの要因（ちなみに二つ以上）が、成長を通じて、相互作用をしながら複雑な大人をつくりあげる時、原則としてその人間の行動を遠く離れた根本原因の量的割合に分解することはできない。大人という存在は、その人自身のレベルで、しかも、丸ごと理解されねばならない一つの創発《そうはつ》した実体なのである。突出する問題点は、順応性と柔軟性であり、パーセントに分割して人を惑わせることではない。ある形質はおそらく九〇パーセント遺伝的かもしれないが、十分に順応性がある。田舎の薬局で買った二〇ドルの眼鏡は、一〇〇パーセント遺伝的である視力の欠陥を十分矯正できる。「六〇パーセント」の生物学的決定論は微妙な相互作用説ではなく、「ほんの少し含みをもつ」モデルに基づいた決定論である。

だからこそ、たとえばマリー氏は、『ベル・カーブ』に対する私の見解（巻末の章に第一のエッセイとして再録してある）にひどく憤慨して、『ウォール・ストリート・ジャーナル』誌（一九九四年十一月二日号）に、私が彼に対して公正ではないと激しい非難を展開しているのである。

「グールドは、『ヘーンシュタインとマリーは、不可知論のみが許されうる複雑な一つの事例を、永続的で遺伝的な差異であるという偏った声明へと変質させ、公正さを犯している』と発言している。ここでグールド氏のこの発言と、リチャード・ヘーンシュタインと私の遺伝子と人種に関する見解を要約した次の決定的文章とをくらべてみよう。『もし読者が、今、遺伝的解釈と環境的解釈のどちらかは、もう一方を排除することに成功したのだと確信しているとしたら、我々はどちらか一方の解釈を提示するという十分申し分のない仕事をしたわけではない。我々は、遺伝子も環境もともに人種間の差異となんらかの関連があることは非常にありそうなことだと考えている。その混合比率はどのようなものだろうか？』」

マリー氏よ、あなたはまだその比率を得ていないのではないか。私は、あなたがすべての差異を遺伝学に帰しているとは言ったわけではない――知識のかけらをもった人ならばそんなばかげたことは言わない。私の引用された文章はあなたに対するそのような挑戦ではなく、あなたが「永続的で遺伝する差異」を擁護していることを的確に明言したもので、あなたがすべての差を遺伝学に帰したと言っているのではない。あなた自身の弁解によって、論点が把握されていないことが分かる。あなたの言明は、いまだに、決定的勝利は潜在的に、もしかするとどちらか一方にあるという二つの立場の闘いとしてこの問題をとらえている。そんなことを信じている人は誰もいない。相互作用を受け入れているのである。だからこそ、あなたは、あのような公言に際して、「遺伝子も環境もともに人種間の差となんらかの関連があることは非常にありそうなことだ……」と、学者としての用心深さを備えた、勇敢な現代の使徒として自分自身を表現している。あなたは、現実の争点の全く外部にある自明の理を述べているにすぎない。あなたが行動表現に対する遺伝力と柔軟性との間の適切な区別を行なった時、その時初めて、言葉づかいのレトリックを超えて我々は真に討論が可能になるだろう。

私はここで『ベル・カーブ』に対する私の批判を取り上げるつもりはない。というのは、その努力は巻末の章「『ベル・カーブ』批判」の二つのエッセイに示している。ただ述べておきたいことは次のことである。『人間の測りまちがい』のこの改訂版は、生物学的決定論に巡ってきた最新のエピソードに対する回答として出版する決心をしたのだと。十五年前に書かれた一冊の本が一九九四年に出版された一冊のマニフェストへの反証として役立つとは奇妙に思えるだろう。もっと奇妙なのは、実際、因果関係という最も基本的な思考法が、それによって覆されるのだから！　しかも、『人間の測りまちがい』を読みなおしてみて、誤植の訂正と一九八一年に話題をさらっていた文献を削除する以外に、ごくわずかな変更しかなかったことからも、私の十五歳の古い本が『ベル・カーブ』の反証として読めることが実感できた（この言明が途方もなく時代錯誤であると思われないように、一九七一年のヘーンシュタインの『アトランティック・マンスリー』誌に掲載された論文の要点の逐一が『ベル・カーブ』の要約になっており、『人間の測りまちがい』に対する文脈の重要な部分となっていたことをとりあえず指摘しておく）。とはいえ、私の主張は、もう一つのより重要な理由からもひどい時代錯誤ではない。『ベル・カーブ』には何も新しいものがない。この八〇〇ページのマニフェストはスピアマンのg（頭の内部にあり、単一で遺伝学に基づき、ごくわずかしか変化しないものという知能の理論）の強硬論を述べた長い概要以外のなにものでもないのだから。『人間の測りまちがい』は、まさしく、この知能理論への論理的、経験的、そして歴史的な異議申し立てなのである。もちろん私は、未来に出現するものの明細を知ることはできない。しかしダーウィニズムが、ダーウィンと同時代の反進化論や、ダーウィン以後にでてくる創造説のエピソードに対する異議申し立てをうまく提出できたと同じように、もし誰かが未来のある時期に、なんら新しい証拠もなく、無効になった論点を持ち出そうとするならば、その破産した理論に対する説得力ある本書の反論が変わらぬ価値をもってもちこたえられるだろうと確信している。時の経過それ自体は問題を改善する錬金術ではない。もし正しい主張が時を超えられないとするならば、その時は、我々は図書館をも拒絶することになるだろう。

『人間の測りまちがい』の執筆理由・歴史・改訂

1. 執筆の理由

『人間の測りまちがい』を書いた元々の理由は、個人的および職業的な理由の両方からである。まず第一に、この問題に関する強烈な思い入れがあったことを認めよう。私は、伝統的に社会正義運動にかかわってきた家庭に育った。そして、一九六〇年代初めの大きな興奮と大成功に包まれた公民権運動に学生としてかかわり活動した。学者は、たいていの場合このようなかかわりを語るのを警戒する。なぜならば、固定観念として、冷静な公平無私は、感情に左右されない正しい客観性にとって必須要件として働くと考えられているからである。私はこの主張が、私の職業に広くゆきわたった最悪でしかも有害な主張の一つであると考えている。公平無私であること(たとえ望ましいとしても)は、避けられない背景、要求、信念、信仰そして欲望などがあるため、人間には達成できるものではない。学者が、自分は完全に中立を保てると思ったとしたら、それは危険である。なぜならば、そうした時、人は個人的好みとその好みがもたらす影響力に目を配るのをやめてしまっているからである——つまり、その人の偏見の命ずるところへ本当に落ち込んでしまう犠牲者になるからである。

客観性とは、好みがないことではなく、データの公正な処理として操作上で定義づけられねばならないものである。その上、好みの影響力を知るために、逃れることのできない自分の好みを理解し認める必要がある。そうすることによって、データと議論の正しい扱いが可能になる！　自分自身に本来客観性が備わっていると信じることほど最悪の自負心はない。ばかであることを見抜くための処方薬はないのだから（ユリ・ゲラーのようないんちき心霊師がごく普通の舞台奇術で科学者を一杯食わせることに成功してきた。なぜなら、科学者だけが、自分たちは常に厳密で客観的な吟味をしながら観ているのだから決して騙されることなどありえない、と考えるほど傲慢だからである。一方、普通の連中は、すごい奇術のやり手とは人を騙す方法をいつでも見つけられるということを完璧に理解している）。客観性の最善の形は好みをはっきりとさせることであり、その結果、自分の好みの影響が認識でき、その影響を取り除くことができる（我々は、自然界の事実を認めるときはいつでも自分の好みを否定するものである。私は自分が死ぬのはいやであるが、私の生物学的見解はそのような嫌悪に基礎を置いていない。冗談ではなく、ダーウィンが悲惨でぶざまで非効率なやり方と呼んだ自然選択の法則よりも、どちらかといえばラマルク[*12]の進化のやり方の方が私は実際に好きである。しかし自然は、私の好みなど一向に気にかけず、ダーウィンのやり方で動いている。それゆえ、私は自分の職業として人生をこの研究に捧げることを選んだのである）。

我々は自分たちの仕事に及ぼす好みの影響力を抑えるために自分の好みを確認してお

かねばならない。しかし、どのようなテーマを追究したいかを決断する時は、好みを利用することに躊躇すべきではない。人生は短く、我々に可能な研究は無限にある。個人的に情熱を感じている興味に従い、自分にとって最も深い意味のある領域に入り込むとき、意義深い何かを達成できる非常に素晴らしいチャンスにめぐりあう。もちろん、そのような戦略は偏見という危険性を高めるが、我々が公正という何よりも重要で普遍的な目的に、同時にかかわりつづけ、個人的偏向を絶えず警戒し吟味することに積極的にかかわりつづけるならば、そうした専念によって得ることは、心配を補って余りある。

（私は、将来、出会う時のために、マリー氏に有利な情報を与えたいとは思わないが、なぜ彼が率直でない次のような主張の公表に固執したのか全く理解できない。自分は『ベル・カーブ』の主題に個人的利害関係や好みを持っているのではなく、ただ利害を超えた個人的好奇心から自分の研究を取りあげたにすぎない、と。彼がこのように述べたためにまったく信用を失い、ハーヴァードでの我々との論争で彼を無力にしてしまった主張である。なんといっても、彼の政治的立場を示す明白な経歴は、対する私の立場よりずっと揺るぎないものである。彼は数年間、熱烈な自由主義者は雇用しない右翼のシンクタンクで働いていた。彼は著書『共通の基盤』*Common Ground* を書いたが、この本は、マイケル・ハリントンの『もう一つのアメリカ』*Other America* がケネディの民主党員に影響力を与えていたように、レーガンのバイブルになったものである。もし私が彼ならば、次のように言っただろう。「ところで、私は政治的には保守主義者だ。

そしてそのことを誇りに思っている。『ベル・カーブ』の議論は私の政治的見解と調和している。私はそのことを初めから認めている。実際、この認識があったからこそ、私の本のデータ分析に特に警戒をおこたらず、細心の注意を払うことができたのである。だが、私の本のデータは公正で、議論は論理的であり、だから利用可能な情報は私の見解を支持していると信じている。しかも私は気まぐれな理由から保守主義者なのではない。世界はベル・カーブのやり方でまさに機能しているし、私の政治的見解は、こうした現実を考慮して政治を行なうことが最善の方法であることを明らかにしている」と。この議論なら私は尊重できるが、その前提も裏付けになったデータもともに間違いで、誤って解釈されていると思っている）私は異なる政治的見解を持ち、その見解を実現させる——必然ではなく闘争によって達成可能なのは確かだ——方法によって人々が進化的に形成されてきたことも信じている（さもなければ、その理想を主張しないだろう）がゆえに、『人間の測りまちがい』を書いたのである。

だからこそ私はこのテーマに情熱をもって取り組んだ。私は、学生食堂座り込み運動の盛り上がった時期に公民権運動に参加した。シンシナティとケンタッキー州境に近い、オハイオ州南部のアンチアック大学に行った——「辺境」の田舎で、一九五〇年代でも人種差別がひどかった。ここで私は人種差別を撤廃する多くの活動に参加した。例えば、ボウリング場やスケート・リンク（以前は「白人」の夜と「黒人」の夜に分かれていた）、映画館（以前は黒人は階上席、白人は階下）、レストランそして、特に、ゲーグナー（ドイツ語で「敵対者」の意味があるため、象徴的価値があった）という名の頑固な男（私は奇妙ではあるが彼を尊敬するようになった）の経営するイエロー・スプリングという理髪店、この理髪店の主人は、黒人の髪の毛をどうやって切ればよいか分からないから、黒人の髪の毛は切らないと断言していた（私はフィル・ドナヒューと初めて出会った。彼は『デイトン・デイリー・ニューズ』紙の新米のレポーターとしてこの話を取材中だった）。私は、学生時代の申し分のない期間をイギリスで過ごし、もう一人のアメリカ人（私たちの「悪い」アクセントのために公式の代表者にはなれなかったが）とイギリスで最大のダンスホールやブラッドフォードのメッカ・ロカルノ舞踏場の人種差別撤廃のために、多くの運動に効果的に関与し、成功した。私は喜びと悲しみ、そして成功と屈辱を味わった。非暴力人種融和学生委員会Student Non-Violent Cordinating Committeeの黒人リーダーが、嘆かわしくも私には理解できない偏狭さの高まりのなかで、組織から白人を追放すると決定した時、私は言いようもなく落ち込んだ。

私の祖父母は、全員がアメリカへの移民であり、ゴダードとその仲間があれほど厳しい移民制限をした東ヨーロッパのユダヤ人グループにいた。私は『人間の測りまちがい』を母方のハンガリー系の祖父母に捧げた（私は母方の祖父母だけしか知らない）。二人とも正規の学校教育を受けられなかったが素晴らしい人たちである。祖母は四カ国語を流暢に話せたが、彼女が使う英語を発音どおりに書くことができただけである。父は、不況、スペイン内乱そしてナチズムとファシズムの成長期という激動の時期を過ごし、多くの理想主義者とともに政治的左派になった。父は、それ以上のストレスが健康を悪化させるまで政治活動をつづけ、その後も政治的なかかわりをもっていた。父は『人間の測りまちがい』が出版され本になるのを見届けることはできなかったが、ゲラ刷りを読み、学者である息子が自分のルーツを忘れていないことを知ることが（死に臨んだ父親に、コル・ニドレーを歌うアル・ジョルスン[*13]の心の陰影が私にはよくわかる）できるまで長生きしてくれたことを、私はいつも涙がでるほどありがたく思っている。

読者の中には、あまりにも感情的思い入れが深いこの告白は、ノンフィクションという仕事にふさわしくない決定的なしるしだと考える人がいるかもしれない。しかし、こうした情熱こそが本を並以上のレベルにするために必要な中心的な要素であり、また我々の文化の中で古典的あるいは息の長いと考えられているノンフィクションの大部分の仕事は、それら著者の深い信念がその中心に据えられている、と賭けてもいい。だから私は、同僚の多くが企てたいと思っても、自叙伝にまつわるこのような情熱と同じ物語は語ることができないと思っている。もう一つ付け加えるならば、社会正義に関する私の信念に関連して、私個人の人生と活動の中心により近い信念にも、私はずっと熱い情熱を感じている。すなわち私が「学者という古くからの博識な仲間」のメンバーであることである（この素晴らしく古風な文言は、我々の卒業式の学位の授与に際してハーヴァード大学の総長が使ったものである）。この伝統は、人間の優しさとともに、我々が「人間性」と呼ぶものを規定しているさまざまな混成した一揃いの素晴らしさという最も偉大で、最も気高く、最も長続きする特徴を表わしている。私は、優しさよりも学問の方が得意だから、善良な人間性とともに私の忠誠心を学問の分野に投入する必要がある。もし、私が経験的な真理を裏付ける証拠に最も率直な評価や最善の判断を示すことに失敗したとするなら、最後は、地獄の真ん中にいる悪魔の口のなかで、裏切り者のイスカリオテのユダやブルータスそしてカッシウスの隣で果てんことを。

『人間の測りまちがい』を書いた職業上の理由もまた大部分が個人的なことである。学究的生活で最も悲しむべき偏狭性——前のパラグラフで述べた理想とは正反対であり憂鬱になるが——は、つまらない中傷である。こうした中傷は、別の世界で優れていると認められた人物が中傷者の縄張りの活動に口を挟もうとすると、一つの専門知識に狭く固執した人たちにより放たれる。こうしたことは日常茶飯事であり、学問のささやかな楽しみも大きな喜びもともに弱められてしまう。科学者のなかにはゲーテに不満を述べる人もいた。なぜならば「詩人」は経験的な自然を書くべきではない、と(ゲーテは鉱物学と植物学に興味をもち研究をつづけた。幸いなことに、寛大な精神をもったより優れた科学者たちによって、中傷者はその攻撃がかわされるものである。そしてゲーテの支持者の中には多数の生物学者、特にエチエンヌ・ジョフロア・サンチレール[*14]がいた)。また、アインシュタインやポーリングが人間愛を見せたり、平和について書くと、別の科学者はぶつぶつ不平を言ったりした。

『人間の測りまちがい』に対する最も一般的で心の狭い不平は、グールドは古生物学者で心理学者ではないのだから、この主題を彼は知りえないし、彼の本は的外れであるに違いない、である。私は、このナンセンスな不平に二つの明確な反論を提出したいと思っているが、同僚に次のことをまず気づいてもらいたい。我々は全員が、書き手の名前や身分ではなくその内容によって仕事を評価するという理想に対して、リップサービス以上のことをしようと思えばできるのだと。

しかしながら、第一の具体的な反論のために、私は自分の身分を押し通したい。実際、私は心理学者ではないし、知能テストの項目選択の専門的方法や現代のアメリカでその結果が社会的にどのように利用されているかはほとんど知らない。だから、これらの問題には触れないよう注意をはらった（これらの問題が私の意図にとって本質的な題材となる専門知識だと判断していたら本を書かなかっただろう）。ちなみに、私の本は一般に知能テストへの一般的攻撃として描かれ、（残念ではあるが）しばしば称賛されることすらあった。『人間の測りまちがい』はそのようなものではなく、私は知能テスト一般に対しては不可知論的姿勢（主として無知から生まれたものであるが）である。もし、私の批判者がこのことを疑い、この文章を煙幕と読むならば、ビネーの創案したＩＱテストについて述べた私の意見を考慮してほしい——力強く、全面的にビネーのＩＱテストを肯定している（ビネーは遺伝決定論の解釈に異議を申し立て、特別の介護を必要とする子どもたちを確定するための道具としてテストを利用したいと思った。そしてこの人道的な目的の故に、私は手放しで称賛している)。『人間の測りまちがい』は、知能テストの確定したやり方を特異に解釈することによって、しばしば支持されている特殊な知能理論に対する一つの批判である。すなわち、遺伝的であり、変わることのない単一知能という理論に対する異議申し立てである。

『人間の測りまちがい』のために選んだ主題は、私の職業的な専門知識の中心的分野を表わしている——実際、私は一歩踏み込んで言いたい(ここで私の傲慢な流儀が顔をだすのだが)。知能テストの歴史を書いた多くの専門の心理学者より、私の方がこの分野をずっとよく理解している。なぜならば、彼らはこの極めて重大な主題に対する専門知識を持っていない。だが、私は持っているからである、と。私は訓練を積んだ進化生物学者である。変異は進化生物学が焦点を当てる主題である。ダーウィン理論では、進化は集団内の変異が集団間の差異に変換されることによって起こる(しばし専門的な問題点を説明しよう)。すなわち(より簡単にいうと)個体には違いがあり、この個体の変異のうちのいくつかは遺伝的基礎をもつ。自然選択は、変化しつつあるその場の環境によりよく適応できる変異を差異的に保存することによって機能する。戯画化してみると、たとえば、シベリアに氷床が発達したとき、毛の量の多い象の方がより有利だろう。その結果、毛むくじゃらのマンモスが選択によって最終的に進化する。この選択は、絶対ではないが、世代を経るごとに統計的により毛の多い象が残るように働く。つまり、集団内の変異(いつでも他の象より毛の多い象がいる)は、時間の流れとともに差異へと変化していくようになる（普通の量の毛をもった象の子孫が毛むくじゃらのマンモスになったのである）。

今度は次の二つの問題を一緒に考えてみよう。つまり、個体群《ポピュレーション》*15内の遺伝に基礎をもつ変異と個体群間での差異の進展を――そして、あなたはどう考えるだろうか？　そう、ここに『人間の測りまちがい』の主題がある。私の本は、ある個体群の構成員に関して、遺伝に基づくと考えられる知能の変異を測定したことについて書いている（IQ検査官たちが教室のすべての子どもを評価したり、あるいは十九世紀の頭蓋計測学者が工場労働者全員の頭を測定したり、死亡した大学の同僚の脳の重さを量ったことにねらいを定めた）。また、私の本は、グループ間で測定された差の推定されている原因についても書いている（例えば、白人vs.黒人という人種による原因、貧乏人vs.金持ちという階級による原因）。もし私が、ある主題の技術的基礎を知っているとしたら、それを使うのがベストだと了解するだろう（つまり多くの心理学者は、遺伝に基づく変異の測定が、その生物にとって重要だと考える進化生物学のような専門分野で訓練を受けてこなかったから、了解できないのである）。

第二の具体的な反論としては、私の経歴のなかで面白い時期であった一九六〇年代中頃に、私は古生物学を学びはじめたことである。この頃、化石生物の主観的で独特な表現によって記述するという伝統が、より数量的で、帰納化され、理論に基づくアプローチへと変えるように要請され始めた（話のついでだが、私はもう数量化という疑似餌《ルアー》には決して騙されない。だが、私も数量化の訓練を受け、かつては本当に数量化の信徒だった)。この運動の急進改革派の若手である我々全員が、現役の古生物学者たちに(忌み嫌われたわけではない)非常になじみの薄かった統計とコンピュータという二つの分野で専門技術を開発したのである。

こうして、私は個体群内や個体群間の遺伝に基づく変異の統計的分析をするように訓練を受けたのである。やはり、これは『人間の測りまちがい』の鍵となる主題である(なぜならば、人間、ホモ・サピエンスは変異する生物種であり、この点に関しては、私が過去に研究した他のすべての生物と違わない)。つまり、私は、必須であり、従来とは異なる専門知識を用いて適切な専門分野から人間の測りまちがいにアプローチしたと思っている。この専門分野は、多くの場合その中心的問題について特別の発言を十分には進めてこなかった。

私は、これまで科学者の一生について多くのエッセイを書きながら、一般的な話題や学説全体に関する本では、通常ささやかな謎や小さな難問から始まり、自然の全体を知りたいというような抽象的で広大な望みからは始まらないことに気づいた。例えば、十七世紀の聖書を重視する地質学者であるトーマス・バーネットは地球の一般理論を創りあげたが、そのきっかけはノアの大洪水の水の供給源を知りたかったことである。十八世紀の地質学者ジェイムス・ハットンも初めに感じたささいな逆説から同じく込み入った体系を創り出した。万一、人類の農業のために神が土をつくったとしても、しかし土は岩石の浸食により始まるのだが。もし岩石の浸食が究極的に大地を破壊し、大地全体を水没させるならば、神は、どうして我々を支える土をつくった方法を我々の滅亡手段として選んだのだろうか？（ハットンは、深いところから山が隆起する内部力の存在を言及することによって答えた。つまり、浸食と修復の循環理論を展開した――太古の世界は、始まりの形跡も終わりの見通しもないと）

『人間の測りまちがい』も、私に戦慄を感じさせたやはり小さな洞察から始まった。古生物学の急進改革世代の若手である我々が多変量解析の手法を学んだことによって、統計学とコンピュータを結びつけたのである。すなわち、生物で測定された多くの特徴（たぶん化石種の骨の長さや人間の測りまちがいにおける無数の知能テストの成績）の間にある関係を、同時に統計的に考察することである。これらの手法はすべてが概念的に難しいわけではない。これらの手法の多くは、一部は今世紀の初めに構想され開発された。しかし、実際に利用するにはとてつもなく長い計算が必要で、これだけはコンピュータの発達により初めて可能になったものである。

私は、主として最も古くからある多変量解析手法（今でも大流行しており、とても便利である）の訓練を受けた。因子分析である。私は、この手法を抽象的数学理論として学び、因子分析をさまざまな化石生物の成長や進化の研究に応用していた（例えば、バミューダ島の陸ヘビに関する一九六九年に公表された私の学位論文。ペリコザウルス様爬虫類の成長と形態に関する一九六七年に公表された私の初めての論文。ペリコザウルス様爬虫類などの奇妙な生物は背中に翼をもち、これはたいていプラスチックでできた恐竜の玩具のセットに入っているが、実際は哺乳類の祖先で恐竜ではない）。

因子分析をすると、個々に測定された変数のすべての組に影響を与える共通軸を見つけることができる。たとえば、動物の成長とともに、大部分の骨はより長くなる。つまり、一般に骨の大きさの増大は、一つの種内で小から大へ変化する生物の一連の、骨の長さを測定した正の相関の背後にある共通因子として働く。この例は平凡である。非常に複雑な事例では多数の解釈を必要とするのだが、一般に同一人物に行なった複数の知能テスト間で正の相関が測定される。すなわち、一般にそして多くの例外があるが、一種類のテストでうまくいった人は他のテストでもうまくいく傾向がある。因子分析によって、テスト間のこの共通変動における共通要因を数学的意味でとらえることができる一般軸がおそらく検出できるだろう。

私は因子分析の複雑さを学ぶのに一年を費やした。その頃、私は歴史にはうぶで、政治的には重要性がない化石にのみ応用していたこの有用な抽象化が、社会的文脈で一定の政治的意味をもつ特殊な知的機能の理論に売り込むために出てくるとは夢にも思わなかった。ある日、なんの目的もなく暇つぶしに知能テストの歴史に関する論文を読んでいた。そして、スピアマンの*g*――知能の単一理論にとって中心的な主張であり、知能の単一理論がそれまでに行なった唯一の正当化である（『ベル・カーブ』は基本的に、このgの長文の弁護であり、明白にそのように述べられている）――は、知能テストの因子分析の第一主成分以外のなにものでもないことに気づいた。さらに、テスト間の正の相関の背後にある根拠を特に研究するために、スピアマンがすでに因子分析の手法を考案していたことを知った。また、因子分析の主成分は数学的抽象概念であり経験的実体ではないことを知った。つまり因子分析に必要なマトリックスは、別の意味をもつ他の成分によって全く同じように表わすことができ、個別の事例に適用された因子分析のやり方に依存することも知った。どのようなやり方を選ぶかは、主として研究者の好みの問題だから、主成分が経験的実体をもつとは主張できないはずである（こうした主張は別の種類の確実なデータによって裏付けられないかぎり、数学的証拠だけでは決して十分ではない。なぜならば、いつでも全く違う意味をもつ代わりの軸をつくることができるのだから）。

学者の人生には、分かった、ユレーカ、目から鱗が落ちるという瞬間がほんの数回ある。当時、私自身の研究に力を与えた手法であり、私が高く評価していた抽象化は、化石の分析や数学の理想的な楽しみを追究するためにはまだ展開されていなかった。知能テストの確実な解釈を進めるためにスピアマンが因子分析を考案していた。この解釈が生物学的決定論の含意をもつ疾病を今世紀にまき散らしたのである（スピアマンは因子分析を考案する前に別の多変量ではない手法を使って、数年にわたって、知能の単一理論を擁護していたのだから、この因果関係の順序を私は確信している。したがって、彼がその理論を裏付けるために因子分析を開発したことが分かる——つまり、この単一知能の理論は、因子分析の初めての結果に示唆された考え方に伴って出てきたのではない)。放心状態と小さな怒りの混ざった戦慄が私の背筋を上下した。以前の理想化した科学像が私のなかで崩壊した時(最終的にその科学像はずっと人間的で気のきいた見解にとって代わられたのであるが)とちょうど同じように。因子分析が、私の信頼や評価とは反対に、社会的利用のために考案されていたのである。

私は怒りを感じた。つまりこの本は、十数年間は書かないでおこうと思っていたのだが、このような洞察と冒瀆感から生まれたのである。私は『人間の測りまちがい』を書かずにはいられなかった。私の好きな研究道具が全く別の社会的利用のために登場していたのである。その上、さらに皮肉なことだが、IQの遺伝決定論の有害な解釈は、ビネーが博愛的な目的をもってテストを考案したヨーロッパでではなく、平等主義の伝統という名誉を担う私自身の国アメリカで創りだされたのである。心底、私は愛国者である。私は訂正し理解を求めるためにこの本を書かねばならなかったのである。

2. 改訂までの歴史と改訂

私は、『人間の測りまちがい』を一九八一年に出版した。この本が、かつてないほどの活気と魅力的な歴史をつくったのは確かである。『人間の測りまちがい』が、全米図書評論家賞National Book Critics Circle Awardをノンフィクション部門で受賞した時、私は誇りに思った。というのは、この賞は、批評家により与えられ、専門家としての称賛の証だからである。『人間の測りまちがい』の批評それ自体が、おもしろいパターンの展開になった。真面目な大衆雑誌は一様に好意的で、心理学や社会科学の専門雑誌はあらかじめ予想できたように、さまざまだった。遺伝決定論の伝統的立場をとる指導的な知能検査官の大部分が多数の評論を書いたが、彼らの攻撃は十分推測できたものである。たとえば、アーサー・ジェンセンはこの本を好まなかった。しかし、その他の専門の心理学者のほとんどは、たいてい多くの言葉を用いて、無条件に称賛した。

超保守的な雑誌『ザ・パブリック・インタレスト』の一九八三年秋号が発行された頃は、どん底であった（不条理さの中にこっけいなこともあった）。それは気難しい同僚のベルナール・D・デイヴィスが私と私の本に対し、「ネオ・ルイセンコ主義、IQそしてその本」というタイトルで途方もない個人攻撃を発表した。彼の論文を簡単に要約すると次のようになる。グールドの本は大衆誌ではすごい書評を得たが、学者である書き手の全てが無情にもこの本を痛烈にけなしている。ということは、この本が政治的に動機づけられたがらくたで、グールド自身の断続平衡説やすべての進化の考え方を含めて、彼の研究全般はとんでもないものだ、と。

なんとくだらない。私は、不公正で否定的な批評には答える必要はないと確信している。沈黙ほど攻撃者を混乱させるものはないからである。しかし、少し酷すぎたので、友人たちの意見を聴き回った。ともに偉大な学者で、ヒューマニストである哲学者のノーム・チョムスキーと分子生物学者のサルバドール・ルリアも基本的に同じことを言った。明らかに間違っていると証明できるような主張を攻撃者たちがもち出すまで決して答えてはいけない。もし私が答えなければその主張は、当然、「それ本来の寿命」どおりになるだろう、と。私はデイヴィスの烈しい攻撃はこうした種類のものであると思った。そのなりゆきどおり、私は一九八四年の春、同じ雑誌に回答した（この種の雑誌への唯一の公表である）。

私がそこで説明し証拠を提出したように、デイヴィス氏は、おそらく自分の好みの刊行物、あるいは彼と政治的信条を共有する仲間から送られた刊行物など数点の批評を読んでいたにすぎない。私は、私の出版社の膨大な量の切り抜きサービスに感謝しているのだが、すべての批評をもっている。大学の心理学の専門家の書いた二十四本全部、十四本は肯定派、三本は肯定とも否定ともつかぬもの、七本は反対派（これら全ては遺伝決定論の知能検査官たちによる——否定以外の何が期待できるだろうか？）を手に入れた。特に嬉しかったのは、シリル・バートの創刊した、古くからある雑誌『ザ・ブリティッシュ・ジャーナル・オブ・マセマティカル・アンド・スタティスティカル・サイコロジー』が最も肯定的な記事を載せたことである。「グールドは、社会科学の中で最も重要な論争の論理的基礎をあばく価値ある仕事をなし遂げた。この本は、学生や現場にいる人たちにも必読の書である。」と。

本書は出版以来、驚異的に売れ現在二十五万部を超え、さらに、十カ国語に翻訳されている。私は、次々と手元に届く温かいあるいは挑戦的な手紙（ネオナチスや反ユダヤ主義者からの脅迫をふくめ、嫌悪を感ずる手紙のなかにも少なくとも何通かの楽しめるものがあった）に特に満足している。振り返ってみると、出版物としては確かに最高の称賛を受けられるわけではない方法（当面の争点に多くの参考文献をつけた風通しのよい形になった）で書くのを選び、にもかかわらず、そのことが本に力を与え続けていることはこの上なく嬉しいことである（基礎になった議論に焦点を当て、オリジナルの資料をその原語で調べて分析したからである）。

『人間の測りまちがい』は簡単に読める本ではないが、このテーマに関心をもつすべての真面目な人々のためにこの本を計画し、私がエッセイを書くときの二つの基本的な規則に従った。第一は、一般法則に無駄口をたたかないこと（この序論に少し顔を出したのではと心配しているが——明らかに、私が中年であることの罪!）。ささいではあるが魅力的な細部に焦点を当てた。こうした細部は人々の好奇心をそそり、特定の立場を擁護する傾向のある明白な議論よりずっとうまく一般法則を明らかにできるものである。この戦略は、読者にとってはより良い本となり、また私にとってもその構成内容をずっと楽しいものにすることができた。私はオリジナルの資料をすべて手に入れて読むことができた。ブロカのデータを吟味し、欠点や無意識の偏見を見出すこと、ヤーキーズの陸軍の徴兵テストを再構成すること、鉛の弾丸を詰めた頭蓋骨の重さを量ること、すべてが楽しかった。二次的資料に安易に頼ったり、別の注釈者から型にはまった考えを拝借するよりは、どれほど報われることが多いことか。もちろん、概念の質を落とさないこと。妥協もしなければ、やさしく書くわけでもない。大衆化は真摯な学問における非常にヒューマニズム的な伝統の一部分であり、喜びや利益のためにやさしく書きなおす訓練ではない。だからこそ私は、難しい数学的題材も避けて通らなかった。私はこの十五年間自粛してきたのだから、次の数パラグラフで、この本に関して私が最も嬉しかったことを自慢し、公言するのを許してほしい。

二十世紀の知能テストの歴史には二つの主要な撚り糸がある。IQテストによって提示された精神年齢によって評価とランクづけること、そして因子分析で明示されたものとして知能テスト間の相関関係を分析することである。知能テストの一般的研究はどれもIQの撚り糸を効果的に説明してはいるが、事実上、もう一方の撚り糸である因子分析を無視している。この戦略の理由は理解できるし明白である。IQについて語ることは説明も理解も簡単であるが、因子分析と多変量による考え方一般は、多くの人々には極端に難しく、かなり数学を駆使しなければ説明が難しいからである。

しかしながら、そのような従来の研究では、単一の知能という遺伝決定論の歴史を十分に提示できない。なぜならば、この遺伝決定論の概念は二つの部分に決定的に依存しているからである。知的価値——通常十分論じられるのはIQの撚り糸についてである——によって、単線的なランクづけをし、人々を順番に並べられうるとなぜ人々が考えついたのかを、まず理解することが必要である。しかし、次に我々は、それ以前の主張である知能は単一の実体（当時は、IQのような単一の数字で測定できるだろうとされた）として解釈可能であるという主張の論拠を知らなければ、単一の知能理論を理解できないし説明できない。この論理的根拠は、因子分析と因子分析が実証したと考えられるスピアマンの g ——頭のなかにある単一の実体——から引き出された。だが、因子分析はほとんどの場合無視されており、その結果、正しい理解の可能性は全く阻まれてきた。

私は因子分析に真正面から取り組むことを決心し、しかも、その題材を一般読者に分かりやすい方法で説明するために難しい取り組み方はしないことも決心した。数学を散文に翻訳できなかったために、失敗のしどおしだった。とうとう最後に、「アハー」分かったというあの洞察の一つであるが、通常の代数の定式化ではなく、共通点から放射するベクトル（矢）としてテストと軸を幾何学的に表示するサーストンのもう一つのやり方が使えることに気づいた。このやり方は、多くの人々が数値ではなく図で理解できるために、（分かりやすい方法で取り組むという）私の課題を解決した。こうしてできた第六章だが決してやさしくはない。一般の人々からの高いレベルの称賛は得られないだろうが、私が今までに一般向けに書いた他のものも決してそれほど自慢できるものではない。こうして私は因子分析を示すための手がかりを発見した。二十世紀の最も重要な科学的争点の一つは、このテーマを扱わなければ理解されることはないと考えている。

何年にもわたって、専門の統計学者から、思いもかけず、多くの論評を得たことほど私を満足させたものはない。彼らはこの章を書いたことを感謝し、私の因子分析の表現が大成功で、しかも非常に正確で、理解しやすいと断言してくれた。まだ準備はできていないが、最後に、心安らかにシメオンの頌[*16]を歌い退去することにしよう。

因子分析とシリル・バートについて、それほど重要ではない問題が最後に一つ残っている。因子分析に関する私の章は「バートの本当の誤り——因子分析および知能の具象化」というタイトルになっている。長い研究生活の終わりに、バートは、幼い頃に別々にされ異なる社会環境で育てられた一卵性双生児の研究で、そのデータを得る際に明らかにそれと分かる不正行為を行なったという嫌疑がかけられた。確かに、最近の何人かの解説者がそうした嫌疑に疑問を投げかけ、バートを回復しようとしているようである。私はこうした試みが根拠薄弱で運のつきた失敗であると見ている。なぜならば、バートの不正行為の証拠が決定的で、抗しがたいように私には思えるからである。しかし、次のことは強調しておきたい。このような企ては見込みがなく、関心をそらすためのつまらない問題だと私は思っている——私の章タイトルは、かなり分かりにくい語呂合わせかもしれないが、そのことを示そうとしたものである。憐れむべき老人として（私は、彼を暴いてほくそ笑むのではなく、彼に心底同情を感じている。私は最終的に、彼のあのような行動の原因が、個人的苦悩やおそらく精神的な病にあると理解するようになった）、バートが不正をしようがしまいが、晩年の彼の研究は知能テストの歴史の中で、重要性をもちつづけることはなかった。バートの初期の深刻で悪意のない過ちが彼の経歴の魅惑的で不吉な影響力を具体的に表わしている。バートはスピアマン亡き後の因子分析家の中で最も重要な人物だった（彼はスピアマンの大学教授の椅子を引き継いだ）。つまり因子分析の決定的誤りは、具象化したこと、すなわち抽象化したものを推測に過ぎない実体に変換したことにある。晩年の双生児の研究ではなく、遺伝決定論の手法としての因子分析がバートの「本当の」real 過ちを示している――具象化（reification）という単語はラテン語の res すなわち本当のもの real thing に由来するからである。

一九八一年にこの本が出版されて以来、注目を集めた主題に関しては、時には私に有利に、時には不利にと多くの変化があったことは確かである。しかし、単一で、ランクづけでき、遺伝し、しかも変化しない知能という主張の基本的な型は決して大きく変わりえず、その結果、その主張に対する私の批判は同じように微動だにせず痛烈である。そのため私は本そのものも本質的に「そのまま」にしておくことを選んだ。前述したように、一九八一年にトピックスだったいくつかの引用文を削除し、誤植や事実のつまらない間違いを直し、一九八一年の私と現在の私の間の対話を少しつくるためにいくつかの脚注を入れた。その他の点では、この改訂版で、初版の私の本を読むことができる。

この改訂版の主な新しい部分は、初版の私の本を肉とすれば、その肉をはさむ二枚のパンということになる。前に付した序としてのこの言明と、後ろに付した結びとしての五本のエッセイ。私は五本のエッセイを二つのグループに分けて後ろのパンに収めた。

二つのうちの最初のグループには、『ベル・カーブ』に対する全く異なる二本の批評を再掲載した。第一のエッセイ「『ベル・カーブ』」は、一九九四年十一月二十八日付の週刊誌『ザ・ニューヨーカー』に掲載された。マリー氏がこの論文を読んでかんかんに怒ったこと、そして非常に多くの人たちが、理解しやすい公正（たとえ辛辣であっても）な論評であったと感じたことは、この上もなく嬉しいことである。つまり『ベル・カーブ』の四部に分かれた一般的議論の非論理性と、彼らの本には経験的主張が不十分であることの二つを批判したのである（本文で、データを支持できると言いながら、その一方で全く逆のデータを巻末の付録に載せて真実を葬り去ったことをおおむね暴いた）。この私の論評が、完全な読み込みと実際の内容批評に基づいた初めての重要な批評であったことに私は満足している（『ベル・カーブ』の政治学について説得力をもつ解説書を出した人たちもいたが、数学を理解できなかったと弁解し、本文では放棄した！）。第二の「よみがえった亡霊『ベル・カーブ』」は、生物学的決定論の歴史において『ベル・カーブ』の謬論に共鳴する別の議論を考察することにより、『ベル・カーブ』の謬論に対して、より哲学的な文脈を提出する試みである。このエッセイは一九九五年二月の『ナチュラル・ヒストリー』誌に発表されたもので、ビネーとIQテストの起源の項では『人間の測りまちがい』からある題材を再掲載している——しかし、ビネーを引用した別の文脈では読者が面白いと感じるだろうと思ったので、重複はそのままにした。現代の科学的人種差別主義の祖にあたるゴビノーに関する初めの段落は、私がおそらく初めて位置づけた題材で、『人間の測りまちがい』には載せていない。

第二のグループ「三世紀間に見られた人種に関する考えと人種差別主義」は十七世紀、十八世紀、十九世紀、それぞれの世紀の重要な人物を取り上げた三本の歴史的エッセイを含んでいる。第一のエッセイ「古くから見られた思考と悪臭についての謬論」は、トーマス・ブラウン卿と、流言蜚語である「ユダヤ人は臭う」に対する彼の十七世紀の論駁についてである。しかし、私はブラウンの主張に本質的な価値を置いている。なぜならば、それ以後の生物学的決定論への異議申し立ての説得力のある形だからである――だからこそ、彼の古い論駁は今でも変わらず価値がある。このエッセイは、人間の起源に関する現代の遺伝学や進化学のデータによって、人種や人種の意味についての一般概念は変更が必要であるという驚くべき修正を要約して締めくくっている。

第二のエッセイ「人種の幾何学」は現代の人種分類の基礎をつくった文書を分析している。これは十八世紀末に根っからの自由人であるドイツの人類学者のブルーメンバッハにより創案された五人種の体系である。私はこのエッセイを使って、理論や無意識の前提が、我々の分析や客観的と考えられるデータの組み立てに常に影響を与えるそのやり方を示した。ブルーメンバッハは正しいつもりであったが、明らかに悪意からではなく、幾何学や美学への思い入れから、結局は人種の階層性を主張することになった。なぜ白人種がロシアの狭い地域に敬意を表わすコーカサス人種と名付けられたかを不可解だと思うなら、このエッセイのブルーメンバッハの定義に答えを見つけることができるだろう。第三のエッセイである、最後のエッセイ「タヒチの道徳事情とダーウィンのそれ」は、人種の違いについてダーウィンの、時に慣習的な、時に勇気のある見解をまとめ、そして歴史的人物を彼らの時代の文脈の中で、そして我々にとって時代おくれの参考文献としてではなく、理解することを願って締めくくっている。

私は古くなったカビ臭いパンで締めくくりたくはなかったので、この本の最後の部分をこれまでの撰集には入れられていないエッセイでなんとか仕立てようとした。だが五本のうちで一本のエッセイだけは、以前の私自身の作品集に使われている。それはダーウィンに関する最後のもので、エッセイ集『八匹の子豚』から再掲載したものである。私の英雄を削除することはどうしてもできなかったからである。このダーウィンに関する最後のエッセイで（この本を）締めくくることは、私にとっては、初めのパンであるこの序がエピグラフとしてのダーウィンの引用文に始まり、その引用文は、この本『人間の測りまちがい』の本文であるサンドウィッチの肉のために役立っているのだが、その同じ素晴らしい引用文で閉じることを意味し、これによって初めと終わりの調和を保つということなのである。もう一本のエッセイ――『ザ・ニューヨーカー』誌の『ベル・カーブ』に対する批評――は、マリーとヘーンシュタインの本への回答としてすぐさま出版された論集に再掲された。それ以外のエッセイは、今までの撰集に編まれていないし、私は意図的に次のエッセイ集である『干し草のなかの恐竜』から除外した。我々は生物学的決定論のこの主題は長く複雑に入り組んだ論争の歴史をもっている。

抽象的で学問的な議論のささいな点で簡単に迷子になってしまう。しかし、我々はこうしたまちがった議論によって貶められる生命ある人間としての意味を決して忘れてはならない。第一にこの理由から、我々は科学とはなじみのない社会的目的に誤用された科学の謬論を暴く決意を決してやめてはいけないのである。だから、『人間の測りまちがい』に重要な意味をもつ次の文章で締めくくることにしよう。「我々はこの世界をたった一回通過してゆく。悲劇の中でも、生命の成長を阻むことほどむごい悲劇はありえない。また、不公平の中でも、外部から課せられたり、内部にあると間違って決めつけられた限界によって、努力する機会や望みをもつ機会すら否定されることほど深刻な不公平はない」。

　ポリスの市民は、教育を授けられ、長所に応じて統治者、補助者、職人の三つの階級に振り分けられるべきである。これら三つの階級の立場が守られ、市民たちが自分に授けられた地位を受け入れて、初めて安定した社会が築かれる。ソクラテスはそう提言した。しかし、確実に市民がこれを唯々諾々と受け入れるにはどうしたらよいか。論理的な主張を考えつかなかったソクラテスは一つの説話をでっちあげた。少々ためらいながら弟子のグラウコンにこう話しかけた。

「では話そう。とはいっても、これを話すためにどれだけの勇気が必要か、あるいはどんな言葉を使ったらよいのか、困ってしまうけれども。――われわれが彼らを育てて教育していたとき、彼らが自分で経験し自分たちの身に起こったことだと思い込んでいた事柄は、そのすべてがいわば夢のようなものであって、ほんとうは、その間彼らは地下にいて、大地の内部で形づくられ育てられていたのであり……」（プラトン『国家』藤

沢令夫訳、岩波文庫版より）

グラウコンは困惑顔で答えた。「先ほどから、その作りごとを話すのをためらっておられたのも、もっともなことですね」「そうだ」とソクラテス。「しかし、物語の先も聞いてくれたまえ。まだ半分しか話していないんだ」

「君たちこの国にいる者のすべては兄弟どうしなのだが――とわれわれは物語をつづけて、彼らに向かって言うだろう――しかし、神は君たちを形づくるにあたって、君たちのうち支配者として統治する能力のある者には、誕生に際して、金を混ぜ与えたのであって、それゆえにこの者たちは、最も尊敬されるべき人々なのである。またこれを助ける補助者としての能力ある者たちには銀をまぜ、農夫やその他の職人たちには鉄と銅を混ぜ与えた。こうして君たちのすべては互いに同族の間柄であるから、君たちは君たち自身に似た資質の子どもを生むのが普通であろう――鉄や銅の人間が一国の守護者となるときその国は滅びると神託はいう。さあ、こういう物語なのだが、これを何とか彼らに信じてもらうためのてだてを、君は知っているかね」（同じく岩波文庫版より）

グラウコンは、「いいえ、あなたが語りかけている人たち当人に対しては不可能でしょう。しかし、彼らの息子たちやその次の世代の人々、さらにその後に生まれる人々にはこの話を信じさせることができるでしょう」と答えた。

グラウコンはすでに一つの予言をしていたのである。同じような説話がさまざまに形を変えて、それ以来今日まで普及し、信じられてきた。生まれによってグループをランクづけるための論拠は西洋の歴史の流れに従って変化してきた。プラトンは弁証のたくみさに、教会はドグマに頼った。最近の二世紀は、プラトンの説話を立証するために科学による主張が主要な役割を果たしてきた。

本書はプラトンの説話の科学版に関するものである。その主張一般を生物学的決定論と呼んでよいだろう。主として人種、階級、性別など人間のグループ間に見られるそれぞれの行動規範や社会的、経済的差異などは遺伝的、生得的な相違から生じるのであり、その意味で社会は生物学を正確に反映しているものだと考える。本書は生物学的決定論の主要なテーマ、すなわち知能を一つの量として測ることによって個人やグループの価値を表わすことができるという主張を、歴史的展望の下に論じるものである。このテーマを支えたデータは頭蓋計測《クラニノメトリ》およびある種の心理学的テストの二つからもたらされた。

金属は遺伝子に席を譲った。もちろん、人々の価値を論じるとき、「メトル（気性）」というような言葉にプラトンの説話の痕跡が留められてはいる。しかし、基礎になる議論は変わらなかった。すなわち、社会的、経済的役割は人々が生まれつき持っているものを正確に反映している、と。とはいえ、知能に関する戦略の一つの側面は変化した。

ソクラテスは自分が嘘をついたことは知っていたのである。

科学は社会や政治の悪影響を受けない客観的知識であるという伝統的威信が、決定論者によってしばしば使われた。決定論者は自分たちを、無慈悲な真実の提供者であり、自分たちに反対するものは感傷主義者、空想家、希望にすがる思想家であると表現した。ルイ・アガシ（一八五〇年、一一一ページ）は自分が黒人を別の種に仕分けしたことを弁護しながら、こう書いている。「博物学者《ナチユラリスト》は人間の肉体についての問題を純粋に科学の問題として考え、それらを政治、宗教いずれとも関連づけずに研究する権利を有している」と。カール・C・ブリガム（一九二三年）は、生まれつきの知能を測定できるとされたテストで低い点をとった南欧や東欧からの移民の排斥を主張しながら、「現在の自分たちの知的能力を保ったり、高めたりするために講じられるべき方策は、もちろん科学によるべきで、政治的便宜主義によるべきではない」と主張した。また、シリル・バートは、実在しないコンウェイ嬢なる人物によって集められたねつ造データを用いながら、IQの遺伝的基礎を疑うことに対して、それは、「反対の立場を支持する証拠を直接確かめることに基づいているのではなく、社会思想や批判者の主観的好みに基づいたものだ」と主張した（コンウェイ、一九五九年、一五ページ）。

生物学的決定論は、権力をにぎるグループにとってこのように明確な有効性があるのでいくら否定しても政治的文脈から生みだされる、という疑いを人々が抱くのは当然であろう。結局、もし現状が自然の延長であるならば、いかなる大きな変化も、もしそれが可能ならば、人々を不自然な配置に押し込めることになり、個人にとっては心理的に、社会にとっては経済的に、莫大なコストを課すことになるはずである。スウェーデンの社会学者グンナール・ミュルダールは『アメリカのジレンマ』（一九四四年）という画期的著作の中で、人間の本性に関する生物学的、医学的議論に矛先を向けた。「その議論は世界の他の国々と同様、アメリカでも保守的な、ときには反動的なイデオロギーとさえ結びついてきた。長いそうしたイデオロギー支配の下で何の疑問もなしに生物学的因果関係を仮定し、さからうことのできない証拠の包囲にさらされると、初めて社会的要因を認める説明を受け入れる傾向がある。この傾向は政治的問題では現状維持の政策を歓迎した」。かなり以前に、コンドルセも、もっと簡潔にこう述べている。「自然自身が政治的不平等の罪の共犯者にされている」と。

本書は決定論者の主張に見られる科学上の弱点および政治的文脈を明らかにしようとするものである。とはいえ、科学的客観性の道から迷い出た悪しき決定論者と、偏見のない心《マインド》でデータに向かい、真実を見出す賢明な反決定論者とを対比する意図はない。むしろ、科学そのものは客観的営みであり、科学者が自分たちの文化からの束縛を解きほどき、あるがままの世界を見ることができて初めて正しく科学が実行されるのだ、という神話を批判するのである。

科学者の中でも自覚したイデオローグのほとんどは、これらの論争のいずれの側にも立ち入らなかった。科学者たちは、生命に関して人を誤解させるこれらの見方を示すために、自分たちの階級や文化のあからさまな弁解者になる必要はない。私が言いたいことは、生物学的決定論者が悪い科学者だったとか、いつも間違っていたなどということではない。むしろ科学は社会的現象であり、人間の勇気ある営みとして理解されるべきであり、単なる情報を集めるためにプログラムされたロボットの仕事として理解されるべきではない。私はこの考えを、科学のための回復として呈示するのであり、人間の限界という祭壇にいけにえとして捧げられた崇高な希望に対する陰うつな墓碑銘として呈示するのではない。

科学は、人間が行なわねばならなくなって以来ずっと、深く社会に根ざした活動である。科学は予感や直観、洞察力によって進歩する。科学が時代とともに変化するのは大部分が絶対的真理へ近づくからではなく、科学に大きな影響を及ぼす文化的文脈が変化するからである。事実とは情報の中の純粋で汚点のない一部分ではない。文化もまた、我々が何を見るか、どのように見るかに影響を与える。さらに、理論というのは事実からの厳然たる帰納ではない。最も創造的な理論は、しばしば事実の上に想像的直観が付け加わったものであり、その想像力の源もまた強く文化的なものである。

この議論は科学活動に実際にたずさわっている多くの人々にとっては、まだタブーとして感じられるが、ほとんどの科学史家には受け入れられるであろう。とはいえ、この議論を展開するとき、いくつかの科学史家グループに広まっている次のような考えは行きすぎであり、私は同調しない。その考えとは、科学の変化は社会的文脈の変更を反映しているにすぎず、真理は文化的前提を除いたら無意味な概念であり、それ故、科学は永遠の解答を示すことはできない、というものである。まさにこれは相対論的な主張であり、実際に科学活動にたずさわっている一人として、私は同僚たちと次のような信条を共有している。すなわち「事実に基づく《ファクチャル》現実《リアリティ》」があること、また科学は、ときには風変わりで常軌を逸したやり方ではあるが、その現実を知りうるということ。私はそう信じている。ガリレオは月の運動に関する理論上の争いで拷問台を見せられたわけではない。彼はそれ以前に、社会的、教義的安定のため教会が伝統的にもっていた論拠を脅かした。つまり地球は宇宙の中心に位置しその周りを惑星たちが廻っている。司教はローマ法王に従属し、農奴は領主につかえる。こういう静的世界の秩序という見方をガリレオは脅かしたのである。しかし、間もなく教会はガリレオの宇宙論と和解した。彼らはそうせざるをえなかった。地球は現実に太陽の周りを廻っているのである。

しかし、多くの科学的問題についての歴史は、次の二つの主な理由から、実際には、事実このような制約から免《まぬ》かれている。一つは、いくつかの話題は多大の社会的重要性を付与されてはいるが、信頼しうる情報はほとんど与えられていない。社会的影響に対する事実の割合が非常に小さいときには、科学の受け止め方の歴史は社会的変化の単なる間接的な一つの記録にすぎないだろう。例えば人種についての科学的観方の歴史は社会的動向の鏡として役立つ（プロヴァイン、一九七三年）。この鏡は良き時代も悪しき時代も、すなわち、平等の信念に満ちた時代も、激しい人種差別の考えが見られる時代をも映し出す。アメリカでかつての優生学が弔鐘を響かせたのは、遺伝学についての知識が進歩したからではなく、断種や人種の浄化のためにヒットラーが好都合な理論としてそれを利用したからである。

二つ目の理由として、多くの問題は、論理的な答えが社会の好みを立証可能であるという限られたやり方で、科学者によって定式化されることがあげられる。例えば、知的価値の人種的差異をめぐる多くの論争は、知能が頭部に存在する一つの実体《シング》だという前提で展開された。この考えが一掃されるまで、どんなに事実を集積しても、前進的《プログレッシブ》な存在の連鎖の中に関連項目を秩序づけようとする、西洋の強い伝統を追い出すことはできなかったのである。

科学はその奇妙な弁証法を逃れることはできない。科学は周囲の文化に埋め込まれているにもかかわらず、自分を育てている前提を問題にしたり、ときにはひっくりかえしさえする強力な作用因となりうる。科学は社会的重要性に対する事実の割合を少なくするための情報を提供することもできる。科学者たちは自分の仲間の文化的前提を確認し、違った主張の下では、答えがどのように定式化されるかを問いかけたりしようと努力することができる。科学者たちは、同僚たちを仰天させ、問題にされることのなかった手順に対する独創的な理論を提出することができる。しかし、科学者たちが客観性と不変の真理への接近という二つの神話を棄て去らないかぎり、科学にのしかかっている文化的束縛を確認する道具としての科学の潜在力は十分には認識されないはずである。実際、万人の目に入りこんだごみを取りのぞく前に、自分の目のうつばりをつきとめなければならない。そうすることによって、そのうつばりは障害ではなく、促進剤となりうるのである。

グンナール・ミュルダールはこの弁証法の両面をとらえて、次のように述べている(一九四四年)。

「過去五十年間にわたって、少数の社会学者と生物学者は、ばかげた生物学上の誤りのいくつかを棄て去るよう、徐々に知識ある人々を仕向けてきた。しかし、我々を包みこんでいるこの西洋文化という霧のために、現代人が見破ることのできない同じ類《たぐい》の無数の誤りが、他にもまだあるに違いない。文化的影響は、我々が出発点とする心《マインド》、体、そして宇宙についての前提を組み立て、我々が問う問題を提示し、我々が探し求める事実を左右し、我々がその事実に与える解釈を決定し、それらの解釈や結論への我々の態度を導く」

生物学的決定論は一人の人間や一冊の書物にとっては大きすぎる課題である。近代科学の夜明け以来、生物学と社会とのかかわりのすべての面に実質的に関係するからである。そこで私は生物学的決定論という構築物に中心的で、しかも扱いうる一つの議論に絞ることにした。歴史についての二つの章の中で議論は二つの根深い謬論に基づいて、一つの共通したスタイルで進められている。

この議論はまず、一つの謬論、すなわち具象化（reification）から始まる。これはラテン語のres（「実体」という意味）から作られた言葉で、抽象的概念を具象物に変えようとすることである。我々の生活では知力の大切さを認識し、それを特徴づけることが望まれている。これは一つには文化的、政治的制度が命じる国民の分類と区別を可能にするためでもある。それ故、我々はこの驚くほど複雑で多くの側面をもつ人間の能力に対して〝知能《インテリジエンス》〟という言葉を与える。そして、この簡略的記号は具象化され、知能は単一の実体《シング》として、いかがわしい地位を得ることになる。ひとたび知能が実体となると、科学のおきまりの手順として、知能の存在する場所や、その身体的基質が探し求められる。脳は知力の存在する座であるので、知能もそこに存在するに違いない。

さて、もう一つの謬論に話を進めよう。それはランクづけの話である。我々には複雑な変異を漸進的に上昇する段階として秩序づける性癖がある。進歩と漸進主義《グラデュアリズム》[*1]のメタファーは西洋思想に最も浸透したものである。ラブジョイの存在の大いなる連鎖についての古典的評論（一九三六年）や、進歩の観念についてのビュアリの有名な論文[*2]（一九二〇年）を参照してほしい。このメタファーの社会的効用はブーカー・T・ワシントンからのアメリカ黒人への次のような助言に明らかである（一九〇四年、二四五ページ）。

「我々の人種にとって、危険なことの一つは性急に成長することである。すなわち、独り立ちし強くなったすべての人種が追いつかねばならなかった産業・知能・道徳そして社会などの発展という建設段階を経て、一歩ずつ踏みしめることを意味するゆっくりとした確実な歩みよりも、不自然で上すべりの努力によって独り立ちできると感ずることである」

しかし、ランクづけをするのには、すべての人を一つの系列中のふさわしい地位に位置づけるための規準が必要である。客観的数値ほど望ましい規準があるだろうか。というわけで、この謬論の二つを実現させる共通の形式が数量化であった。すなわち、個人個人のために一つの数として知能を測定するという方法である。(1) したがって本書は、一つの実体として知能を抽象化し、脳内に知能を位置づけ、各個人に一つの数値として知能を数量化し、そしてしいたげられ不利な立場にいる人々——人種、階級あるいは性別によって——が生まれつき劣っており、彼らがその社会的地位を甘んじて受けるべきであることを常に確認するために、これらの数値を使って人々を単一の価値体系にランクづけたことについて論じている。つまり本書は、人間についての測りまちがいについて書いたものである。(2)

過去二世紀はランクづけのための論拠が異なっている点でそれぞれ特徴がある。頭蓋計測学は十九世紀における生物学的決定論の指導的な数量科学であった。第二章では、ダーウィン以前、脳の大きさによって人種をランクづけるために収集された大規模なデータ、すなわち、フィラデルフィアの医者サミュエル・ジョージ・モートンの頭蓋骨のコレクションについて論じる。第三章では、十九世紀末のヨーロッパで開花したポール・ブロカ学派の厳格な、尊敬に値する科学としての頭蓋計測学を扱う。そして第四章では、十九世紀の生物学的決定論における人体解剖学に対する定量的方法の影響を強調する。その場合、二つの事例研究を紹介する。一つは人間の諸グループを一直線にランクづけるため進化の主な規準として反復発生説を採用した事例。もう一つは殺人者やその他の極悪人の形態がサルに似ているとして、生物学的先祖返りで犯罪行為を説明しようとした企て。

頭蓋計測学が十九世紀を代表したものとすれば、知能の少なくともその重要な部分が、生得的で、遺伝しうる測定可能な実体であるとして知能《インテリジェンス》テストは二十世紀を代表するものとなる。第五章と第六章では知能《メンタル》テストへの論拠薄弱な二つのやり方にかかわる問題、すなわち、アメリカの産物であるIQ遺伝論、および因子分析という数学的手法によって知能を一つの実体《エンティティ》として具象化する論をとりあげる。因子分析は専門でない人のために書かれたものからはきまって削除される数学上の難しい事柄である。しかし、図を用い、数字を使わない方法で、とっつきやすく説明できると思う。それでも第六章の資料は〝読みやすい〟ものではない。しかし、それを省略することはできない。というのは、知能テストの歴史は因子分析の論拠を把握し、それのもつ深い概念的誤りを理解することなしにはわかりようはずがないからである。あのIQ大論争は、一般的に見逃されている問題をはずしては無意味である。

私は科学者や歴史家のそれぞれが使っている方法を従来の分野以外で自由に使ってこれらの課題を扱ってみた。歴史家たちは一次資料の中の数量を詳細に扱うことはめったにない。私にはうまくできないが、歴史家たちは社会的文脈や伝記、あるいは概説的な知性の高い歴史を書くものである。科学者たちは自分たちの仲間のデータを分析することには慣れているが、先達に対してその分析方法を適用するほど歴史に興味を示す人はほとんどいない。したがって、多くの学者がブロカの影響について記述してはいるが、ブロカの数値を計算しなおしたものはいない。

私は頭蓋計測学および知能テストの古いデータを分析しなおすことにした。他に実りある方法で進めるのには力不足であり、いっぽうで、いくらかなりとも違ったことをやってみたいという思いもあるのだが、それにもまして分析しなおそうと決めたのには二つの理由がある。まず第一は、悪魔もまた、ささいなことの中に神とともにいると思うからである。もし科学への文化の影響が、客観的でほとんど無意識と考えられる定量化という退屈でささいな事柄の中にも見出されうるならば、生物学的決定論が科学者による自分たち自身の特定の手段に反映された社会的偏見であるということは確保されると思う。

数量的データを分析しようとする第二の理由は、数というものがもっている特殊性から生じる。科学の秘儀は、数が客観性の究極的試金石であることを主張する。たしかに、我々は、自分の社会的な好みを示さないで脳の重さを量ったり、知能テストの点数を出すことができる。もし、ランクが精密な標準化された方法で得られた正確な数値で示され、その数値が我々が初めから信じたいと願っていたことをたとえ立証していたとしても、それは現実を反映しているに違いない。反決定論者たちは数のもつ特別な威信というものを理解し、自分たちの論駁が大変困難であることを悟った。ブロカの仲間のやっかいもので非決定論者ですぐれた統計学者であるレオンス・マヌーヴリエは、女性の小さな脳に関するブロカのデータについて、次のように述べている（一九〇三年）。

「女性たちは自分たちの才能と卒業証書を見せびらかした。彼女たちは哲学上の権威にもうったえた。しかし、彼女たちは、コンドルセやジョン・スチュアート・ミルにとって未知だった数字というものによって反撃された。これらの数字は、あわれな女性たちの頭上に大槌のように振り下ろされた。また、ある教会の神父たちの最もひどい女嫌いの祈りよりも、さらに残忍な注釈と皮肉がつけ加えられた。神学者たちは女性に魂があるかどうかを疑ったことがあるが、それから数世紀後、一部の科学者たちは女性たちに人間的知性を認めることを拒否しようとしていた」

すでに示したと思うのだが、もし数量的データが科学の他の側面と同じように文化の束縛を受けるならば、それらのデータは最終的な真理に何ら特別で正当な資格をもたない。

　これら古いデータを分析しなおして、私は、適切なデータから無意味な結論を科学者に出させたり、データの収集で不正行為をさせたりするア・プリオリな偏見があることをつきとめた。一卵性双生児のIQに関するシリル・バートによる資料偽造、ゴダードがカリカック一家の精神的遅れを示すために写真に手を加えたことについての私の発見など、いくつかの事例において、社会的偏見がさしはさまれる原因としての故意の欺瞞があることを指摘できる。しかし、欺瞞はゴシップ以外には歴史的に興味を起こさせない。なぜなら、加害者は自分が何をしているかを知っているし、とらえにくく、避けがたい文化の束縛を記録する無意識の偏見は明らかにされないからである。本書でとりあげた多くの事例で、次のことが確かめられるはずである。すなわち、故意の欺瞞の場合におけるのと同じように、偏見はしばしば実にひどい表現をされるのだが、気づかれずに影響を及ぼすということ。また、科学者たちは汚れなき真理を追究していると信じていること。

　ここに示した多くの事例は、今日の標準に照らしてみればじつにわかりきったことであり、おかしくさえある。それ故、私は知名度の低い人々の卑劣な行為をとりあげたのでないことを強調しておきたい（第三章のビーン氏のものは例外で、一般的なことを示すための開幕劇としてこれをとりあげた。また、第二章のカートライト氏の言明も貴重であり、はずすことはできない）。卑劣な行為が厚い目録《カタログ》をつくりあげる。夜の押し込み強盗をみんな炭酸ガスで殺すべきだと考えた優生学者のW・D・マキム博士（一九〇〇年）の事例に始まり、アイルランド人ひとりひとりが、黒人をひとり殺し、絞首刑に処せられれば、人種問題は解決するだろうと十九世紀末、アメリカ合衆国を旅行中に、余計な提言をしたイングランドのある教授の事例に至るまでの目録《カタログ》である。(3) 卑劣な行為はゴシップでもあるが、歴史ではない。それらは面白いけれども、短命であり影響を与えない。私はそうした時代の、指導的で、最も影響力のあった科学者に焦点を当て、彼らの主な研究を分析した。

私は本書でとりあげたほとんどの事例研究で探偵をやって楽しんだ。出版された手紙でことわりなしに削除された文節を発見したり、予想どおりの計算違いを突きとめるために計算をやりなおしたり、適切なデータが先入観というフィルターを通って予め決められている結論へ濾過されていくのを発見したり、読み書きのできない人間の陸軍知能《アーミー・メンタル》テストを私の学生たちにやらせて興味ある結果を得たりした。しかし、すべての研究者は細部の研究にどれほど熱心にとり組まねばならないとしても、一般的メッセージを曖昧にしたわけではない。つまり、たとえ現在から見て数的に洗練されていようとも、知能という一つの尺度で人々をランクづけるための決定論の主張は、社会的偏見を記録したにすぎない。だからこそ、我々はこうした分析をすすめる中で、科学の本性について希望に満ちた何かを学びうると信じている。

もし、この主題が単に学者の抽象的関心事であるならば、私はもっと控え目な調子でこれを論じることができるだろう。しかし、何百万という人々の生活により直接的影響を及ぼすような生物学上の主題は、他にはないのである。生物学的決定論はその本質において限定理論であり、それぞれのグループの現在の地位を、当然であり、そうあらねばならない一つの基準としてみなしている（たまたま稀有な人物が恵まれた生物学的資質の結果、出世することは許されるとしても）。

私は生物学的決定論の最近における復活の状況にはあまり言及しなかった。生物学的決定論の個々の主張は一般に非常に短命であるため、それらに対する反論は雑誌論文や新聞記事がふさわしいのである。誰が十年前の〔一九八一年当時〕次のようないくつかのホットな話題を思い出すであろうか。ＩＱが一〇〇点以下のものが自主的に断種した場合に補償金を与えるというショクレイの提案とか、ＸＹＹの大論争、あるいは都市の暴動を暴徒についての不健全な神経病理学を使って説明しようとする企てなど。我々の周囲になおも見られるこれらの議論の源を調べることは大いに価値があり、興味もあることであろう。これらは少なくとも我々を啓発してくれる重大な思い違いを示している。しかし、生物学的決定論が再び人気をもちつつあるので、私は本書を執筆する気になった。政治的な経費削減の時代には、いつもこうした動きが見られるものである。カクテルパーティの周辺は、生得的攻撃性、性の役割、裸のサルについての深遠な話で賑わっている。多くの人々は、それらの社会的偏見が科学的事実であるなどということを今では疑っている。しかし、新しい事実《データ》ではなく、これらの潜在的な偏見自体が生物学的決定論を再び注目させる第一の源なのである。

我々はこの世界をたった一回通過してゆく。悲劇の中でも、生命の成長を阻むことほどむごい悲劇はありえない。また、不公平の中でも、外部から課せられたり、内部にあると不正に決めつけられた限界によって、努力する機会や望みをもつ機会すら否定されることほど深刻な不公平はない。キケロはゾピラスの物語をしている。ゾピラスはソクラテスが生まれつき悪徳をもっていたこと、それが骨相から見てはっきりしている、と主張した。ソクラテスの弟子たちはそれを否定したが、ソクラテスはゾピラスの言うことを弁護し、実際、自分には悪徳がある、しかし、理性を行使することによってその影響をなくしたのだと論じたと。我々は人間の差異と好みの世界に住んでいる。しかし、こうした事実を厳密な限定理論に外挿することはイデオロギーである。

ジョージ・エリオットは、不利な立場にいる人々に生物学的レッテルを貼ることが、いかに悲劇であるかを十分に認識していた。彼女は自分自身のような人々のためにそのことを表現した。非凡な才能をもった女性たちのために。私はこれをもっと幅広く適用しようと思う。自分が見た夢さえ軽蔑される人々、また夢を見ることができることさえ気づいていない人々に。しかし、私は彼女の次の文章（『ミドル・マーチ』の序文）に匹敵するほどふさわしいものを見つけることはできない。

「彼女らが、このように間違いだらけの、へまな生き方をするのは、造物主が不都合にも女性の本性を、よければよい、悪ければ悪い、とはっきりきめて形づくらなかったことに起因すると見るむきもある。もし、女性の無能の程度を、たとえば三以上の数は数えることができない、というように正確に限定することができるならば、女性の社会的宿命は科学的確実さによるのかもしれない。実際には婦人の髪かたちや、彼女たちの好む散文や韻文の恋物語の一様さから想像される以上に彼女たちは多岐をきわめている。ここかしこの古池には白鳥のひながアヒルのひなに混じって居心地悪そうに育っているが、自分と同じ水かきを持った仲間とつれだって生命の流れの中を泳ぐ、というわけにはいかないのである。ここかしこに聖テレサは生まれるが、何もつくり出せずに終わってしまう。到達しがたい善を求める慈愛にみちた胸の鼓動も、むせび泣きも、長く歴史に残るほどの行為に集中することもなく、もろもろの障害にあって、力つき、ふるえながら消え失せてしまうのである」（『世界文学全集、ジョージ・エリオット』講談社、工藤好美・淀川郁子氏訳を補訳）

第二章　ダーウィン以前のアメリカにおける人種多起源論と頭蓋計測学

白人より劣等で別種の黒人とインディアン

秩序は神の第一法則だ、それを明らかに語るならば
人間に大小・貧富・賢愚のあるのは当然である
——アレキサンダー・ポープ『人間論』（一七三三年）（岩波文庫版より）

現存する社会の階層は正当なものであり、必然的なものであるとするために、理性に、あるいは宇宙の本質に訴えることが歴史上しばしばなされてきた。そうした階層が数世代以上も続くことは稀であるが、その議論は社会制度が改められると、磨きなおされて再登場し、こうして、果てもなく繰り返される。

自然に基づいて階層を正当化しようとした動きのカタログは幅広い。支配者と被支配者階級の階層性を、中心に地球が位置し、その周りを階層化された諸天体が廻るという

プトレマイオスの宇宙論に巧妙に類比させたり、アメーバから神まで一つの系列に位置づけられている「存在の大いなる連鎖」――この連鎖の頂点近くには階層づけられた人種および階級が含まれている――という普遍的秩序に訴えるなど。ここで再びアレキサンダー・ポープの詩を引用しよう。

もし、この正しい段階がなければ
これをあれに、すべてを汝に
従わせることができるだろうか
…………
自然の鎖のどの環を破壊しても
――十番目でも、一万番目でも――
鎖は同じように壊れるのだ

（岩波文庫版『人間論』より）

最高の身分のものも、最低の身分のものも、宇宙の秩序の連続性を保つために、それぞれ自分たちの持ち場を保って、定められた任務を果たしている。

多くの読者は驚かれるだろうが、本書では、新参者であると思われる一つの議論――生物学的決定論をとりあげる。この生物学的決定論によれば、社会の底辺にいる人々は本質的に劣った素材（貧弱な脳、悪質な遺伝子、その他もろもろ）でつくられているという。すでに見てきたように、プラトンは『国家』の中でこの提案を注意深く展開したが、最後にはそれが嘘であるという烙印を押している。

人種に対する偏見は有史以来、古くから見られるものであるが、その生物学的正当づけによって、蔑視されたグループの上に、本質的な劣等性という余分の重荷が付け加えられ、改宗や同化による救済が妨げられた。この「科学的」議論が一世紀以上もの間、攻撃の第一線を形成してきた。多くの数量的データに支えられた最初の生物学上の理論である十九世紀初期の頭蓋計測学を論じるにあたって、因果関係についての疑問から始める必要があろう。帰納科学が導入されたことによって、人種のランクづけのために生まれつつあった主張を変更したり強化したりするための適切なデータが追加されたのか。それとも、ランクづけへのア・プリオリなかかわりが、あらかじめ決められた結論を支持するために問うべき「科学的」問題や、集めるべきデータさえをもつくり上げたのだろうか?

共有された文化の状況

十八世紀および十九世紀の人種観に対して科学がどのような影響を与えたかを評価する場合、当時の社会的指導者や知識人たちが人種のランクづけの妥当性を疑わなかった、という文化的状況があったことをまず認識する必要がある。彼らは、インディアンが白

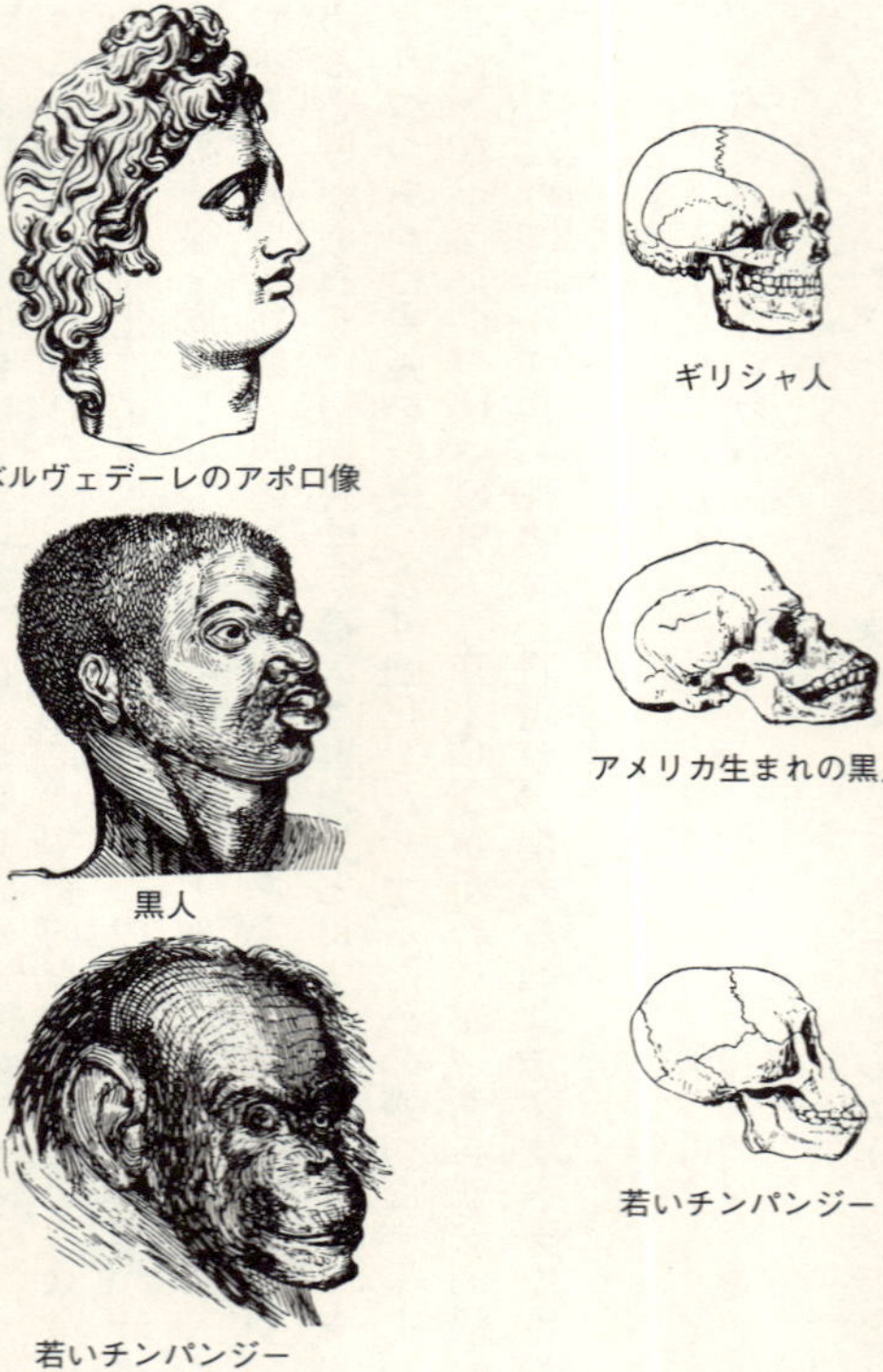

図2・1　ノットおよびグリッドン（1868年）による人種および人間より下等な近縁動物の単線的尺度。チンパンジーの頭蓋骨が膨らんでいるのは正しくない。黒人のあごは伸びている。黒人がサルよりずっと低位にランクづけられることを印象づけるためである。

人より、黒人は他のすべての人種より低いランクにあると考えていた（図2・1）。こうした状況の下では、平等と不平等を対比するような議論は見られなかった。あるグループ――それを強硬派《ハード・ライナー》と呼ぼう――は、黒人は劣等であり、その生物学的地位は、奴隷化や植民地化を正当化するものであると考えた。他のグループ――もし、認めてもらえるのなら、柔軟派《ソフト・ライナー》と呼ぶ――は、黒人は劣等だが、人々の自由に対する権利はその人の知能レベルに依拠するものではないと考えた。「人々の才能がどの程度であろうが、それは人々の権利の物指しではない」と、トーマス・ジェファソンは書いている。

柔軟派のグループの間には、黒人の不利な立場の本質についてはさまざまな受け止め方があった。ある人は適切な教育を授け、標準的生活をさせれば白人のレベルにまで「高める」ことができると論じているし、他の人々は、黒人は永遠に愚かであると主張した。彼らは、黒人の劣等性の生物学的、文化的根源についても意見を異にしていた。とはいえ、ヨーロッパの啓蒙主義やアメリカ独立戦争における平等主義の伝統を通じては、（少なくともリップ・サービスで）今日のリベラルなサークルで流行している「文化の相対主義」にかすかにでも似かよった俗受けする立場は見出されない。それに一番近いものとしては、黒人の劣等性は純粋に文化的なものであり、教育によって完全になくすことができるし、コーカサス人種の標準にまでなりうるという論があげられる。

アメリカのすべての文化英雄たちは、公立学校についての神話を作った人々を当惑させる人種差別的態度を受け入れている。ベンジャミン・フランクリンは、黒人の劣等性は純粋に文化的なものであり、完全に回復できると考えていたが、いっぽうで、アメリカは白人の領土であり、好ましくない有色人で薄められないよう願っていた。

「彼ら〔白人〕の人口がもっと増えるのを望みたいぐらいだ。我々はアメリカの森を切り開き、自分たちの惑星を磨き、火星や金星の住人たちが地球のアメリカ側をまぶしく感じるほどにしているのに、どうして、この国民を黒くしなければならないのだろうか。すべての黒人や黄色人種を排除することによって、愛すべき白人や北米インディアンを増やすチャンスを順調に得ているアメリカに、なに故にアフリカの息子どもを移民させ、増やすのか(1)」(『人類の増加に関する考察』一七五一年)

他の英雄たちも生物学的劣等性を支持する意見を述べている。トーマス・ジェファソンはためらいがちにではあるが、次のように記している。「黒人は初めから別個の人種であるにせよ、時間や環境によって異なったものになったにせよ、ひょっとしたら肉体的にも精神的にも白人よりその資質が劣っているのではないか、と私は提言したい」(ゴセット、一九六五年、四四ページ)。北軍での黒人兵士の功績に喜んだリンカーンは、自由民や奴隷出身者を大いに尊敬した。しかし、自由は生物学上の平等を意味するものではない。ダグラス論争*1(一八五八年)でリンカーンが強硬に表明した次のような基本的態度は決して棄てなかった。

「白人と黒人の間には肉体的相違があり、そのため、社会的、政治的平等の名の下に一緒に生活することは永久にできないであろう。彼らはそのようには暮らせないのだから、一緒に留まる場合は、優劣の立場が生じるに違いない。他の人々と同様、私も白人に優位な立場が与えられることを支持する」

これが単にキャンペーン用のレトリックであると受けとられないために、一八五九年の紙きれに書き留められた個人的メモを引用しておこう。

「黒人の平等だって！　ごまかしだ！　宇宙を造り、それを支配する偉大な神の統治下で、いつまで、こんな低級なデマゴギズムを、ならず者どもはわめき続け、馬鹿者どもはほざき続けるのか」（シンクラー、一九七二年、四七ページ）

昔の恥をさらけだすためにこうした発言を引用するのではない。西欧諸国の白人指導者たちが十八〜十九世紀における人種のランクづけを当然のこととして少しも疑問を抱かなかったことを示すために、我々から最高の尊敬を受けている人々をとりあげているのである。科学者たちが慣習的なランクづけに賛成したのは、このような状況のもとで社会的通念を共有したからであり、未解決の問題を明らかにするために集められた客観

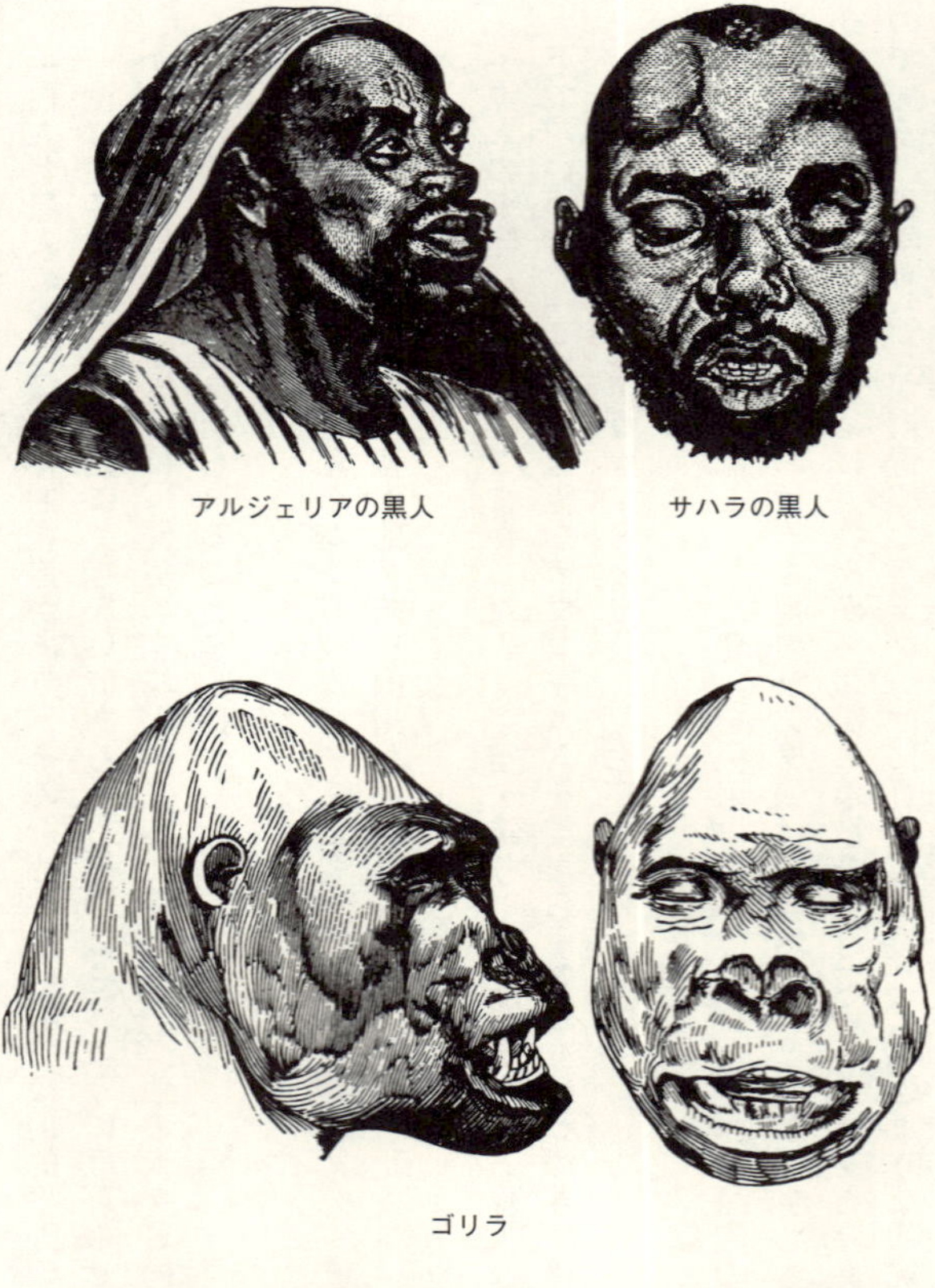

図2・2　黒人とゴリラの間に強い類似性があることを示そうとした不器用な企て。ノットおよびグリッドンの『人類のいろいろな型《タイプ》』(1854年) より。ノットとグリッドンはこの図につぎのような注釈を付け加えている。「人類の劣等な型《タイプ》とサルの優秀な型《タイプ》の間における明らかな類似性と相違性は何ら注釈をする必要もない」。

的データによったのではない。しかも、逆の因果関係という好奇心をそそる事例においては、これらの発言は政治的文脈への独自の裏付けとして読まれたのである。

すべての指導的科学者は社会的慣習に従った（図2・2および図2・3）。リンネが近代分類学の用語ではじめて人種を公式に定義づけたとき、彼は性質《キャラクター》と解剖学上の構造とを混同した（『自然の体系』一七五八年）。ホモ・サピエンス・アフェル（アフリカの黒人）は「気まぐれに支配され」、ホモ・サピエンス・エウロパエウスは「慣習に支配される」と彼は述べている。アフリカの女性については、mammae lactantes prolixae（乳房は豊かに乳を出す）と書いている。さらに付け加えて、男性は怠けもので、油をぬりたくるとも述べている。

十九世紀の偉大な三人の博物学者は黒人を高くは評価しなかった。フランスでは、当代のアリストテレスと広く呼ばれ、地質学、古生物学、近代比較解剖学の創始者とされるジョルジュ・キュヴィエが、土着のアフリカ人を「最も退化した人種であり、その形態は動物のそれに似ており、秩序整然とした政治を行なうのに十分な能力はどこにもない」と述べている（キュヴィエ、一八一二年、一〇五ページ）。一般に近代地質学の創始者とされるチャールズ・ライエルは次のように記している。

「ブッシュマン[*2]の脳は……類人猿の脳に通じている。このことは知能の欠如と形態的類似性に関連があることを示唆している。より下等な動物と同様、それぞれの人種に

オランウータン

ホッテントットの御者

チンパンジー

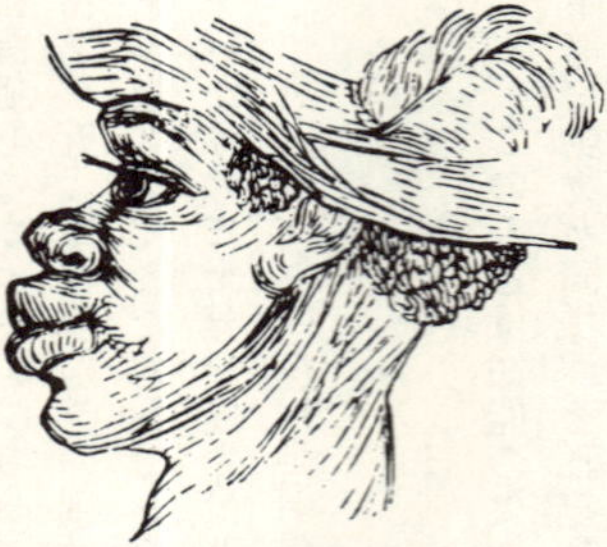

サマーセット州から来たホッテントット

図2・3　ノットおよびグリッドン（1854年）にある黒人とサルの比較。本書は非主流的資料ではなく、人種の差異に関するアメリカの指導的教科書であった。

はそれ相応の位置がある」（ウィルソン、一九七〇年、三四七ページ）

思いやりがある自由主義者で、情熱的な奴隷制廃止論者のチャールズ・ダーウィンは（2）チンパンジーやホッテントット*3のような中間型が絶滅した場合を予想し、そのときには人間と類人猿間のギャップはさらに増大するであろうと考え、そうした未来に関して次のように述べている。

「そのとき、このギャップはもっと広くなるだろう。というのは、現在このギャップは黒人やオーストラリア原住民とゴリラの間に位置しているが、それに代わってコーカサス人種よりもっと文明化された人間（私はそうなることを望んでいるのだが）と、ヒヒのような下等なサルとの間に介在することになるからだ」（『人間の由来』一八七一年、二〇一ページ）

もっと教訓的なのは文化の相対主義者とか平等論者として、しばしば引用される何人かの科学者の信念である。J・F・ブルーメンバッハは人種の差異を気候の影響であると考えた。彼は美しさや推定に基づく知的能力によってランクづけすることに抗議し、黒人によって書かれた著作を集めた。それにもかかわらず、白人が一つの基準であり、他の人種はすべてがそこから離反したと見るべきであるという考えを疑おうとはしなかった（ブルーメンバッハについて詳しくは本書の巻末エッセイを参照）。

「すべての生理学的原理に基づいて、コーカサス人種はこれら五つの主な人種の基本型または中間型と考えられるべきである。その中で極端になった二つの人種、一方はモンゴル人種であり、もう一方がエチオピア人種（アフリカの黒人）である」（一八二五年、三七ページ）

世界旅行家、政治家、十九世紀科学の最大の啓蒙家であるアレキサンダー・フォン・フンボルトは、歴史に自分たちの先駆者をさがし求めている現代のすべての平等主義者にとっての英雄であろう。彼は当時の科学者の誰よりも、知的、審美的基盤で人間をランクづけることには、強硬に、延々と反対論を展開した。また、自分の信念を政治的な意見に反映させて、どのような形の奴隷制もまた従属も、知的に向上しようとする人々の自然の努力を妨害するものだとして、反対のキャンペーンを張った。彼は五巻からなる『コスモス』の中の最も有名な一節で次のように述べている。

「我々は人間の種が一つであることを主張すると同時に、すぐれた人種とか、劣った人種とかという気の重くなる仮定をもしりぞける。他の民族にくらべて文明化されやすい民族はある。しかし、民族自身が、他の民族よりすぐれているということはない。

どの民族も自由に対しては平等につくられている」（一八四九年、三六八ページ）

とはいえ、フンボルトでさえ、人類史上のいくつかのジレンマを解決するのに生得的な知的差異を援用している。『コスモス』の第二巻でこう問いを発している。東南ヨーロッパのスキト人たちは相変わらず昔ながらのやり方に固執していたのに、どうしてアラブ人はイスラム教が生まれると間もなく文化や科学の花を咲かせたのだろうか。いずれも遊牧生活を営み、共通の気候風土を持っていたではないか。フンボルトはそこに一つの文化的違いがあることを見出した。すなわち、アラブ人は周辺の都市文化とより巧みに接触したという点である。しかし、フンボルトは最後には「知的洗練に生まれつき適応力をもつ、より有能な人種」であるというレッテルをアラブ人に貼った（一八四九年、五七八ページ）。

ダーウィンとともに自然選択説を発見したアルフレッド・ラッセル・ウォーレスは反人種差別主義者と呼ばれている。事実、すべての人の知的能力は生まれつきほぼ等しいと断言している。奇妙にも、この信念こそが彼に自然選択の考えを放棄させることになり、人間の精神《マインド》を説明するのに、ダーウィンが大いに嫌った神による創造説へと戻らせたのである。ウォーレスは次のようにも論じている。自然選択は動物にとって直接役立つ構造をつくりうるのみである。奴隷の脳は潜在的には我々の脳と同様にすぐれている。しかし、彼らの文化の未熟さや劣等さが示しているように、彼らはそれを十分に使っていないのである。今日の奴隷たちは人間の祖先によく似ているので、我々の脳は、我々がそれを使うはるか以前に、より高い能力を発達させていたに違いないと。

進化論登場以前の科学的人種差別論の二つのスタイル——人種単起源論と多起源論

進化論が登場する以前、人種のランクづけを正当化する流儀には二通りのものがあった。現代の見方からすれば不適当な定義であるが、それを再び用いるとすれば、一つは「より柔軟な《ソフト》」論であり、すべての人々は聖書に示されたアダムとイヴの一つの創造に結びつけられているとする。これは「人種単起源論《モノジェネシス》」と呼ばれ、人類は一つの源から生じたという。人間はエデンの完璧さから退化した産物であり、退化の度合は人種によって異なる。白人では小さく、黒人では大きい、というわけである。人種の違いの主な原因として、最もポピュラーだったのが気候である。退化論者たちは、退化によって生じた人種の現在の欠陥を改善しうるかどうかに関しては意見を異にした。ある人はその差異は気候の影響によって、徐々に発達したのだが、今では固定されており、元に戻すことはできないと主張する。また他の人々は、徐々にその差異が発達したのであれば、適当な環境下におけば元に戻りうると論じる。ニュージャージー・カレッジの学長（のちにプリンストン）のサミュエル・スタンホープ・スミスは、コーカサス人種の気質に適した気候ではアメリカの黒人はすぐに白くなるであろうと期待した。しかし、他の退化論者は、慈悲深い風土では人類史に何らかのインパクトを与えるほど急速には改善されえないと感じていた。

「より強硬《ハード》な」論では、聖書を寓話として捨て去り、それぞれの人種は生物学的に別個に創造された種であり、別々のアダムの子孫であるという主張がなされた。黒人は人間とは違う別の生物なのだから、「人間の平等性」にかかわる必要などないとも言う。こう主張する人々を「人種多起源論者《ポリジェニスト》」と呼ぶ。

聖書を軽率に見捨てるべきでないというだけの理由だったのであろうが、退化論のほうが人気があった。さらに、すべての人種間で生殖が可能だということは、ビュフォンの次の規準に照らすと、それが一つの種であることを保証していると考えられた。ビュフォンは同一種内の成員は互いに交雑しうるが、他のグループのものとは交雑することはできないとした。彼自身、十八世紀フランスの最も偉大な博物学者《ナチユラリスト》であり、強力な奴隷制廃止論者であった。また、適切な環境のもとにおけば劣等人種を改良することができると考えた代表的人物であった。しかし、次に示すような白人の標準が本質的に正しいことを決して疑わなかった。


「最も温和な気候は北緯四〇度から五〇度の間に見られる。そこでは最も目鼻だちの整った美しい人間が生まれる。この気候からこそ人類の本来の皮膚の色や、さまざまな美人についての理想が引き出されるべきである」

退化論者の中には、人類同胞主義という名目で自分たちの責任に言及している者もいた。フランスの有名な解剖学者エティエンヌ・セールは、一八六〇年に、より下等な人種が完全なものになりうるということは、人間が自分の努力によって改良されやすい唯一の種であることを特色づけていると記している。彼は、「コーカサス人種にくらべ文明が進んでいない人種を奴隷にすることに科学的支持を与える」「野蛮な理論」であるとして、多起源論をひどく非難している。

「彼らの結論は、ロバがウマでもシマウマでもないように、黒人が白人でないということである。この理論はアメリカ合衆国で実行に移され、文明の面目をつぶした」（一八六〇年、四〇七〜四〇八ページ）

それにもかかわらず、セールはより下位の人種の中にみられる劣等性の徴候の証拠を示そうとした。解剖学者として、彼は自分の専門分野でその証拠を探し求めたが、規準も事実も両方とも確定するのはむずかしいと白状している。彼は、より高等な動物は成長の過程で、より下等な動物の成体の段階を繰り返すという反復説に解決を求めた（第四章）。大人の黒人は子どもの白人に似ており、大人のモンゴル人種は青年期の白人に相当するという。彼はこつこつと調査を重ね、人間の胎児期の消しえない印である臍《へそ》とペニスの間の距離という、この上もない物指しを考え出した。この距離は、すべての人種で赤ん坊のときには身長にくらべ相対的に短く、成長に伴い臍が上の方へ移動し、長くなる。しかし、白人の方が黄色人種より長くなり、黒人では決して伸びないで、白人の子どもの状態に永久に留まっている。このことから彼らが劣等であることが分かると。

多起源論はあまり人気はなかったが、それでも有力な支持者たちがいた。デイヴィッド・ヒュームは思索にのみふける生涯を送ったのではない。一七六六年にイギリス植民地局の幹事になったのを含めて、多くの政治的ポストについている。ヒュームはそれぞれの人種が個別に創造されたこと、また、非白色人種が生得的に劣っていることを唱えている。

「私は黒人や一般に他のすべての人間の種（四～五の違った種類がみられる）が白人にくらべて、もともと劣っていると思いたくなる。白人以外で文明化した国は決してみられないし、行動においても、思索面においても、個人的に卓越したものはみられない。(3)彼らの中にはすぐれた手工業も、芸術も、学問もみられない……もし、こうした一定の差異は、これら人間の種に自然が初めから区別をもうけなかったとしたら、これほど多くの国や時代に起こりえたであろうか。我々の植民地はともかく、ヨーロッパ中に黒人の奴隷は散らばっており、彼らの中に発明の才の兆しが見出された例はいまだかつてない。もっとも、教育のない身分の低い人々が我々の中で仕事をはじめ、あらゆる職業で目ざましい働きをすることはあるが。事実、ジャマイカには、有能で博識であるといわれている一人の黒人がいるらしいが、彼は、はっきりといくつかの言葉を話すオウムのように、わずかな成果でほめられているようである」（ポプキン、一九七四年、一四三ページ。多起源論者としてヒュームを長らく分析したポプキンのすぐれた論文を参照のこと）

イギリスの外科医、チャールズ・ホワイトは一七九九年に『人間における規則的な階級の格づけについての説明』を著わし、多起源論を強力に擁護した。彼は、キツネ、オオカミ、ジャッカルのような慣習的な区分によるグループ間で交雑が成功する事実を指摘し、ビュフォンの種の定義の規準――交雑可能性――を放棄した。[4] 彼は気候が人種の差異を生みだすという考えには反対し、そのような考えは拡張されると種間の進化という「下劣な概念」に行きつくかもしれないと論じた。彼は「自然誌の命題を研究する」ためにいかなる政治的動機をも放棄し、汚れのない目的を発表した。また「人類を奴隷化するような有害なことを認める」のに多起源論を拡張することにはっきりと反対した。ホワイトはランクづけの規準に審美的なものを用いるようになった。彼の議論には、しばしば引用される次のような珠玉《ジエム》の文章が含まれている。彼は、コーカサス人種以外のどこで、次のようなことが見られるかと論じる。

「そのような大きな脳をもった気高いアーチ型の頭。……さまざまな容貌、豊かな表情、その長くたれさがった優美な巻毛、堂々たるあごひげ、そのバラのようなほお、紅色の唇を、どこで見出せるか。崇高な歩きぶりは……どこで。ヨーロッパの美しい女性たちの柔かな容貌にまき散らされる恥じらい、つつしみ深さと、繊細な感情の象徴でもあるその恥らいが、地球上の他のどこかで見られるであろうか。ヨーロッパの女性の胸以外、どこで、そのような豊満な、雪のように白い、そして先端が朱色に染められた二つのふくらみが見られるであろうか」（スタントン、一九六〇年、一七ページ）

ルイ・アガシ――アメリカの多起源論の理論家

ラルフ・ワルドー・エマーソンは、知的解放は政治的独立の次になるはずだと主張した。アメリカの学者たちはヨーロッパのやり方や理論に追従することをやめるべきである。我々はあまりにも長くヨーロッパの上品な黙想《マインド》に耳を傾けすぎてきた。我々は自らの足で歩き、自らの手で働き、自分たち自身の精神を語ろう。エマーソンはそう述べている（スタントン、一九六〇年、八四ページ）。

十九世紀中葉に至るまでに、芽生えつつあったアメリカの科学者集団は、エマーソンの忠告に従い、体制づくりを行なった。折衷主義のアマチュアたちがヨーロッパの理論家の威信の前に屈伏しながらも、アメリカ固有の思想とヨーロッパからの恒常的な燃料の供給を必要としない精神的原動力とをそなえた専門家グループに育っていった。多起源論はこの転換に重要な役割を果たした。というのは、この理論はヨーロッパの科学者たちの注目を集め、尊敬を勝ちえたアメリカ起源の初めての理論だからである。ヨーロッパ人たちは多起源論を「人類学のアメリカ学派」として言及しているほどである。すでに見てきたように、ヨーロッパには多起源論の先行者がいた。しかし、この理論を支持するのに引用されるデータは、アメリカ人が生みだしたし、また、彼らはその信条に基づいて多くの研究を発展させた。私は二人の著名な多起源論者にしぼって話を進めようと思う。一人は理論家のアガシであり、もう一人はデータ分析家のモートンである。まず手始めに、私は、かくされた動機および、その支えの中心となったデータのごまかしの双方を掘り起こしてみたい⑤。いぜんとして奴隷を使い、原住民を故郷の土地から追い出している国が、黒人とインディアンは白人とは別の種であり、劣等だという理論の基礎づくりをしたのは決して偶然ではない。

スイスの偉大な博物学者《ナチユラリスト》のルイ・アガシ（一八〇七〜一八七三）はヨーロッパで名声をえた。もともとはキュヴィエ学派に属し、魚の化石の研究者であった。一八四〇年代にアメリカに移住し、ただちにアメリカの自然誌研究の地位を高めた。ヨーロッパの偉大な理論家は初めてアメリカへ来てみて、そこに留まる価値が十分あることを知った。アガシはハーヴァード大学教授となり、比較動物学の博物館を創設、一八七三年に死ぬまでそれを主宰した（私は現在この建物の一角に事務室を置いている）。アガシは魅力的な人物だった。ボストンからチャールストンに至る社交的、知的サークルでもてはやされた。彼は情熱を傾けて科学について語り、建物、収集物、出版を支えるため資金集めに尽力した。アガシほど十九世紀におけるアメリカの生物学の威信を確立し、高めるのに努力した人物は他にいない。

アガシはアメリカでの多起源論の指導的スポークスマンにもなった。彼はこの理論をヨーロッパから持ち込んだのではない。アメリカの黒人とはじめて接した経験が、彼をして黒人は別の種であるという人種理論に変えさせたのである。

アガシは政治的教義として意識的に多起源論を受け入れたのではない。人種をランクづけることの妥当性は決して疑わなかったが、奴隷制の反対者として自分を数えていた。彼が多起源論を支持したのは、もっと早くから別の目的で行なっていた生物学の研究によるものである。まず、彼は信心深い創造論者であり、反進化論者として唯一のちのちまで留まった一流の科学者である。一八五九年以前は、ほとんどの科学者は創造論者であり、多起源論者にはならなかった（同一種内における人種的差異は特殊創造説をおびやかすことにはならない。イヌや家畜の品種を考えてみればわかる）。アガシが多起源論者になったのには、次に示す彼の個人的理論と方法の二つの面が素因として存在する。

1．アガシは動植物の地理的分布を研究し、「創造の中心」に関する理論をつくり出した。それぞれの種はそれ固有の場所で創造され、一般にはこれらの中心から遠くへは移動しなかった。アガシはそう信じたが、他の生物地理学者たちは、生物は一カ所で創造され、そのあと大移動があったと主張した。もともとは一つの種であったものがその後広く分布し、かなりはっきり区別される地理上の品種に分かれたと見なされているものを研究するさいでも、アガシはそれらが別々の「起源の中心」で創造された別種であると考えて命名する傾向があった。ホモ・サピエンスは世界的に分布し、変異しうる種の主要な例である。

2．アガシは分類を行なうときには極端なスプリッターであった。分類学者は二つの陣営に入る傾向がある。一つは「ランパー」と呼ばれるもので、類似性に着目し、小さな差異をもつグループを一つの種に合併させる考えの人々。もう一つは「スプリッター」で、小さな違いに焦点をあて、最小の特徴に基づいて種を決める人々。アガシは「スプリッター」中の「スプリッター」であった。彼はかつて、その後の古生物学者によって、一個体に属する歯列の変異したものであると指摘された数個の歯をもとにして、魚の化石に対して三つの属名を与えた。また、ある淡水魚に対して、同一種の変異型に属する特殊な個体をもとに数百もの無意味な種名をつけている。生物はその全分布範囲において創造されたと考える極端なスプリッターは、人種が個別に創造されたものだと考える誘惑にかられるはずである。にもかかわらず、アガシはアメリカへ渡ってくるまでは、人間は一つの種であると主張していた。ただ彼は我々人間の変異は例外的であると考えてはいた。彼は一八四五年に次のように述べている。

「ここには、改めて、人類の優秀さと、自然における偉大なる独立性が明らかにされている。動物の場合、それぞれが属する動物学上の分布域に別々の種が存在するのに対して、人間では人種の分岐は見られるものの、地球全域にわたって同一の種が存在する」（スタントン、一九六〇年、一〇一ページ）

アガシは生物学上の信念によって多起源論に傾いたのかもしれない。しかし、もしアメリカ黒人に会わなかったり、多起源論の同僚たちの説得を受けていなかったならば、この信仰深い男が一人のアダムという聖書の正統な考えを捨てたかどうか疑わしい。アガシは多起源論のためのどんなデータも生みだしてなどいない。彼の転向は友だちによる露骨な直接的批判と、執拗な説得の結果なのである。彼のおくればせの多起源論支持は生物学の分野の知識により深く根ざすものではなかった。

アガシはヨーロッパでは黒人に会ったことがなかった。一八四六年、フィラデルフィアのホテルで召使いの黒人にはじめて会ったが、そのとき心の底からはげしい嫌悪を感じた。この不快な体験は異人種間の結婚に対する性に関する不安も重なって、黒人は別の種だという確信を彼に抱かせることになった。アメリカから母親あてに、自分の気持を素直に打ちあけた手紙を送っている。

「黒人とはじめて長時間接触をもったのはフィラデルフィアにおいてでした。ホテルに雇われている人は、みんな有色人種でした。私の受けた耐えがたい印象を母上にお伝えすることはとうていできません。とくに彼らが私に吹き込んだ感情は、人間は仲間同士で、その起源も一つだという私たちの考えに反するからです。しかし、真実はすべてのことに優先します。でも、この低級な、退化した人種には同情を禁じえませんし、彼らが実際に人間であることを考えますと、彼らの運命にあわれみさえ感じます。それにもかかわらず、私たちと同じ血が彼らの体の中に流れているはずがないという感情を抱かざるをえません。厚い唇とゆがんだ歯をもつ顔、ちぢれ毛の頭、曲がったひざ、長く伸びた手、カーブした大きな爪、そして何よりも鉛色をした手のひら、それらを見ると、もっと離れてくれと命じるときでも、彼らから目をそらすことができませんでした。また、給仕しようとして私の食器にものすごい手を伸ばされるときなど、そんなサービスを受けながら夕食をとるよりも、どこか他所へパンでも食べに行けたらと思いました。国によっては、これほど身近に黒人と接して一緒に生活しなければならないなんて、白人にとって何と不幸なことなのでしょう。神よ、そうした接触から私たちをお守りください！」（アガシから母へ、一八四六年十二月）（アガシの妻によって編集された標準版『生涯と書簡』では、この有名な手紙の中の不適切な部分が削除されている。他の歴史家たちは、この部分を言い換えたり、無視したりしたが、私はハーヴァードのホウトン・ライブラリーにある元の手稿からこの部分を見つけ出し、私の知るかぎり、はじめて逐語訳出した）。

アガシは一八五〇年の『クリスチャン・エグザミナー』誌で人種に関する大論文を公にしている。彼はこの論文を始めるにあたって、多数のアダムという説を唱えることで不信心者だと彼を非難するであろう神学者、また、奴隷制の擁護者というレッテルを彼に貼るかもしれない奴隷制廃止論者、このいずれをも煽動家であるとしてしりぞけている。

「ここに提唱した見解に対して、それは奴隷制を支持することになるとして非難されるが……それは哲学的研究に対する公正な反論であろうか。ここでは人間の起源の問題についてのみ論じられるべきである。その結果によって、政治家や、社会の管理を求められていると自認している人々に自分たちが何をなしうるかを見せてやろう。……とはいえ我々は政治的内容を含むいかなる問題ともかかわりあうことは拒否する。我々がここで人種に関するいくつかの事実について追跡を試みたのは、異なった人々の間に存在する差異が認められるかどうか、その結果として彼らが地球上のあらゆるところで生じたと断言できるかどうか、また、その場合どのような環境の下で生じたか、という問題にかかわっているからである」（一八五〇年、一一三ページ）

そこでアガシは、次のような論を提示する。多起源論は人間の単一性という聖書の教義を攻撃することにはならない。たとえそれぞれの人種が個別の種として創造されたとしても、人間は共通の構造と、共感によって結ばれている。聖書は古代の人々には世界の未知だった地域については語っていない。アダムの物語はコーカサス人種の起源のみに言及しているのである。エジプトのミイラの場合でも、黒人とコーカサス人種とでは現在見るように明らかに異なっている。もし、人種が気候の影響によって生じたものであれば、三千年もたてば大幅に変化しているだろう（アガシは人間の古さについては何も語っていない。彼は三千年という期間に人類史の主要な部分が含まれていると信じていた）。現代の人種がそれぞれ占めている地域は、移住によってある程度ぼやけたり、消滅したりしているものの、一定であり、重なりあわない。人種は別々の地理的範囲をもって生活しており、身体的にはっきりと識別でき、時間とともに変化しない集団であるので、アガシが定めた別個の種のための生物学的規準にすべて適合していた。

「これらの人種は……同じ数の割合で、現在彼らが住んでいるのと同じ地域に起源をもったに違いない。……彼らは一個体で発生したはずはなく、それぞれの種に特徴的な数的調和の下で創造されたに違いない。人間は、ミツバチが分封群として始まるのと同様に、民族として発生したはずである」（一二八〜一二九ページ）

アガシは自分の研究が博物学《ナチユラル・ヒストリー》の客観的探究として問いを投げかけることにより、

その問いを正当化したにもかかわらず、この論文の終わりに近づくと、突然立場を変え、道義的責務を持ち出す。

「地球上では、いろいろな場所に、さまざまな人種が生活している。彼らは肉体的にも特徴が違っている。この事実は……科学的観点から、これらの人種を相対的にランクづけ、それぞれ固有の特徴を相対的に評価する義務を我々に課する。……哲学者としてまともにそれをさぐるのが我々の義務である」（一四二ページ）

人種の価値に差があり、それが生得的なものだという直接的証拠としてアガシが試みに持ち出したのは、コーカサス人種の文化のステレオタイプ以上のものではなかった。

「屈服しない、勇気ある、自尊心の高いインディアン――服従的で、こびへつらい、ものまね好きな黒人、あるいは油断のならない、ずるく、臆病なモンゴル人種、それらに比べてインディアンはいかに違った光の下に立っていることか。この事実は自然では異なった人種を同一のレベルにランクづけられないことを示していないのだろうか」（一四四ページ）

どのように客観的にランクづけされようが、黒人はその梯子の一番低いところを占めるに違いないとアガシは断言する。

「全ての人種が同じ才能をもち、同じ能力を享受し、同じ生まれつき（氏）の素質を示すと仮定し、そして、このような平等から、全ての人種が社会において同じ地位につく資格があると仮定するのは、偽りの博愛主義であり、偽りの思想であると思われる。そのことは歴史が物語っている。……このアフリカというコンパクトな大陸には、白色人種と絶えず交流し、エジプト文明、フェニキア文明、ローマ文明、アラブ文明の恩恵を享受してきた集団がみられる。……それにもかかわらず、この大陸には、黒人の支配する社会は全く存在しなかった。このことは文明社会がもたらす利点に対して、この人種はもともと無関心で、無頓着であることを示しているのではないだろうか」（一四三〜一四四ページ）

アガシは自分の政治的態度を明確にしなかったが、特別な社会政策を提唱してこの論文をしめくくっている。彼によれば、教育は生得的能力にあうようになされるべきだという。黒人には手作業、白人には知的作業というように。

「根本的に差異のあるさまざまな人種に対して授けられるべき最良の教育とはどのようなものだろうか。……平等という名目の下で有色人種を扱うよりも、むしろ我々と彼らの間に存在する真の差異を十分に認識し、彼らの中に非常に目立つ気質をはぐくみたいと願いながら彼らと交流するならば、有色人種への人事はずっと思慮深く行なわれるであろうということに我々は少しも疑問をもっていない」（一四五ページ）

「非常に目立つ」気質とは、柔順に人に従い、すぐまねをするというものであるが、この表現からアガシが心に抱いたことがどのようなものか、容易に想像することができる。私がこの論文をくわしくとりあげたのは、この論文こそが、科学的事実の先入観のない探究として社会政策の提唱を暗示するというその種の典型的例であると考えたからである。この戦略は今日でも決して死んではいない。

南北戦争のただ中で書き続けたその後の手紙で、アガシはもっと強烈に、もっと長々と自分の政治的見解を示している（これらの手紙もアガシの妻によって出版された書簡集からことわりもなく削除されている。私はこれもハーヴァードのホウトン・ライブラリーの元の手紙の中から文章を復元した）。リンカーン調査委員会のメンバー、S・G・ハウは、アガシに、南北統一後の国家における黒人の役割について意見を求めている（ハウは刑務所のあり方、盲人の教育でよく知られた人物であり、『共和国の戦いの賛歌』の著者ジュリア・ワード・ハウの夫でもある）。アガシは自分の立場を長い熱烈な四通の手紙で論じた。アメリカで黒人の人口が増加し、永久にそれが続くことを厳然たる現実として認めなければならない。立派な誇りに支えられたインディアンは戦いで死ぬであろうが、「黒人は生まれつき、言いなりになる性格ですし、環境に同化しやすく、一緒に生活する人のまねをします」(一八六三年八月九日)。

法律上の平等はすべての人に許されるべきだが、社会的平等を黒人に与えるべきではない。でないと、白色人種は黒人と混ざりあい薄められてしまう。「社会上の平等などいつの時代にも実行不可能だと思います。それは黒色人種の性格からみて当然のことです」(一八六三年八月十日)。というのは、「他の人種と違って黒人は怠けもので、遊びずきで、感覚的で、すぐ人のまねをし、卑屈で、お人好しで、きまぐれ、目的が変わりやすく、何にでも夢中になり、ほれこみます。彼らは子どもの心のまま大人の背丈になった子どもと比べうるでしょう。……ですから、社会的混乱をまねくことなしに同じ一つの社会で白人と平等に生活するのはむずかしいと思います」(一八六三年八月十日)。黒人は統制を受け、制限されるべきである。社会的特権を無分別に与えられると、あとで不和の種をまくことにならないように。

「資格がないのにそれを使う権利をもつものなどいません。……黒色人種に対して、はじめに余りにも多くのものを与えすぎないよう気をつけるべきでしょう。そうでないと、我々の不利にもなり、彼ら自身の損害にもなるような使われ方をするかもしれない特権のいくつかをきびしく撤回することが必要となります」(一八六三年八月十日)

アガシにとって、混血によって人種が混ざりあってしまうことほど恐ろしいことは考えられなかった。白人は黒人から隔てられているから強いのである。「混血は、文明社会での近親相姦が人格の純潔さに対する罪であるのと同じように、自然に対する罪です。……人種混交の考えは、私たちがかかえる困難を自然に解決することになるどころか、私にとってはただただ、おぞましく感じられることですし、あらゆる自然な感情の悪用です。……いずれが私たちのよりよい本性、また、より高い文明やより純粋な道徳の進歩と相容れないかを調べる努力を惜しむべきではないと思います」（一八六三年八月九日）。

ところでアガシは自らを窮地に追いこんで論じたことを認めている。人種（アガシにとっては別の種）間での混交が不自然で、おぞましいものならば、なぜアメリカには混血児が普通に見られるのか。この嘆かわしい事態が生じるのは、性的に感じやすいハウスメイドと純真な南部の若き紳士のためであるとアガシは言う。召使いはすでに混血だと思われる（その両親が互いにどのようにして自然の嫌悪感を克服したかについては語られないが）。青年は白人のハーフに美しさを感じる。いっぽう黒の遺伝的度合いによって、より高等な人種の自然な抑制が解放される。いったん馴れると、あわれな青年はうまくつかまえられ、純粋な黒人に趣味をいだくようになる。

「南部の青年は、性欲が起こるとすぐに、手近にいる有色（混血）の召使いによって手がるに自分を満足させられることが容易だと知ります。……このことはこの面での青年の、よりよい本性をにぶらせ、だんだんと、より刺激の強い相手を探させることになります。純粋な黒人がふしだらな青年に求められると聞いたことがあります」(一八六三年八月九日)

最後にアガシは、混血によって虚弱になった人々への究極の危機を警告するために、強烈なイメージとメタファーを結びつけている。

「もし、この合衆国に、祖先を同じくする国々から渡ってきた雄々しい人々に代わって、白人の血が混ざった混血人種、ハーフのインディアン、ハーフの黒人など女々しい子孫が住むようになったら、共和国の制度や、ひろく私たちの文明の将来がどうなるか、その重大な変化を少し考えてみましょう。……私はその結果に身震いを感じます。すでに私たちは、個人的名声の獲得や、上流社会で育てられてきた上品さや教養という宝を保持することがむずかしくなるとして、進歩の過程で普遍的平等の影響に反対して戦いをいどんできました。もし、これらの困難に、よりはるかに頑固な肉体的無能力の影響がつけ加わったら、私たちの状況はどうなるでしょうか。……いったん、下等な人種の血が、私たちの子どもたちの血の中を自由に流れるようになったら、どのようにして、その下等な人種の汚れを根絶したらよいのでしょうか。」(一八六三年八月十日)(6)

アガシは、解放された奴隷に法律上の自由が与えられると、人種間にきびしい社会的分離を早急に実施しなければならないと結論する。幸い、自然は倫理的美徳の協力者である。選択の自由があるので、人々は自分たちの生まれ故郷に似た風土へと自然に引きつけられる。暑く湿った環境で創造された黒色の種は、南部の低い土地に広がるであろう。いっぽう白人は海岸の隆起した土地を所有しつづけるであろう。新しい南部には黒人の州ができるであろう。我々はこの必然性に従い、合衆国の中に彼らを迎え入れるべきである。つまり、我々はすでに「ハイチとリベリア」の両方を認めている(7)。しかし、さわやかな北部は、より暖かい地域のために創造された、不注意で、怠惰な人々にとっては心地よいところではない。純粋な黒人は南部へ移住し、北部に残った頑固な黒人はだんだん減少し死に絶えるであろう。「不自然な足がかりしかない北部では、だんだんと死に絶えることを私は願います」(一八六三年八月十一日)。白人と黒人の混血《ムラート》に関するかぎり「病弱な身体や弱められた生殖能力」によって、かつて奴隷制の足かせとなっていた彼らの死により、もはや不自然な交わりの機会はなくなることは確実である。

アガシの世界は彼の生涯の最後の十年間でくずれた。弟子たちは彼に従わなかったし、支持者たちはいなくなった。彼は社会的には英雄としてたたえられていたが、科学者たちは、彼をダーウィンの季節以前の古典的信念を強固にいだく、こちこちの老いぼれたドグマティストであると考え始めた。しかし、人種隔離に対する彼の社会的好みは広まった。当然、黒人たちとの自発的地理的分離という彼の非現実的な希望は広まらなかった。

サミュエル・ジョージ・モートン——多起源論の経験主義者

アガシはフィラデルフィアで、黒人の召使いの悪口ばかり言って過していたのではない。母親にあてた同じ手紙の中で、フィラデルフィアの著名な科学者であり医者でもあるサミュエル・ジョージ・モートンの解剖コレクションへ夢中で通ったときのことを書いている。「アメリカ全土に住む、あるいはかつて住んでいたすべての種族、ほとんどはインディアンのものですが、六百個もの頭蓋骨を想像してみてください。これほどのコレクションのあるところは他にないでしょう。これだけでもアメリカへ旅をする価値があります」（母へのアガシの手紙、一八四六年十二月、ハーヴァード大学、ホウトン・ライブラリーにある元のままの手紙から訳出）。

アガシは、自由に、詳細に思いをめぐらせた。しかし、多起源論を支持するデータを集めなかった。フィラデルフィアの貴族で、二つの医学博士号——一つは流行のエジンバラからのもの——をもつモートンが、多起源論の「アメリカ学派」を世界的に有名にする「事実」を提供した。モートンは一八二〇年代に人間の頭蓋骨を集め始めた。一八五一年に亡くなるまでにそれは千個以上の数に達していた。友人たち（そして論敵たち）は彼の大納骨堂を「アメリカのゴルゴタ」と呼んだ。

モートンはアメリカ科学における偉大なデータ収集家、客観主義者としての名声を勝ちえたが、空想的思弁の泥沼からおそまつな企てを行なった人物でもあった。オリヴァー・ウェンデル・ホームズは彼の研究が「厳密で注意深い」「その性格上、将来のすべての民族学研究者にとって永遠のデータとなる」と称賛した（スタントン、一九六〇年、九六ページ）。すべての人種は生まれつき平等だと主張したあのフンボルトも同じようなことを書いている。

「あなたが大変幸運にもご自分のコレクションに結びつけることのできた頭蓋計測学の宝物は、あなたという立派な解釈者を見出した。同時にあなたの研究は、その解剖学的観点の深遠さ、生物的配列関係についての数的な詳細さ、そして現代生理学では神話的となっている詩的な空想のないことで、すぐれている」（メイグス、一八五一年、四八ページ）

一八五一年にモートンが死んだとき、『ニューヨーク・トリビュン』誌は、「モートン博士ほど世界の学者の間で高名を得たアメリカの科学者はおそらくいなかったであろう」と記している（スタントン、一九六〇年、一四四ページ）。

しかし、モートンが頭蓋骨を収集したのは、抽象的関心という道楽による動機のためでもなければ、完全に表示しようとする分類学者の熱意からでもなかった。彼には確かめたい一つの仮説があった。それは脳の物理的な特徴、特にその大きさから客観的に人種をランクづけられるというものである。モートンは先住のアメリカ人に特に関心をもった。彼の友人であり、熱烈な支持者でもあるジョージ・コームは次のように述べている。

「この大陸の歴史で、最も奇妙なことといえば、先住民が、いくつかの例外はあるが、アングロ・サクソンを前にして滅びてしまったか、不断に後退しているという事実である。アングロ・サクソンと対等に交際したり、その生活態度や文明を取り入れようとした例はない。これには何か原因があったに違いないし、その原因が先住のアメリカ人種と征服者との間の頭脳の違いと関連があるかどうかを確かめる努力をすることほど興味ある、哲学的な研究が他にすぐに見出しうるだろうか」(コームおよびコーテス、モートンの『クラニア・アメリカーナ』の書評、一八四〇年、三五二ページ)

さらにコームはこう論じている。脳から精神的《メンタル》、道徳的価値が読みとりうる場合にかぎり、モートンのコレクションは真の科学的価値を獲得するであろうと。「もし、この見解《ドクトリン》が根拠のないものであるならば、これらの頭蓋骨は人々の知的属性に関して何も特別な情報を提供しない単なる博物学における事実にすぎない」(コームのモートン『クラニ

ア・アメリカーナ』一八三九年、二七五ページへの補遺より）

モートンは研究初期のころは動揺していたが、まもなくアメリカの多起源論者の中の指導者となった。彼は数編の論文を書き、人種が別々に創造された種であるという立場を守った。多起源論、単起源論両方の立場から論じながら、すべての人種が交雑可能であると強く主張する反対派に食ってかかった。いくつかの人種、とくにオーストラリア原住民とコーカサス人種との間では非常に稀にしか生殖能力のある子孫ができないという旅人たちの報告を頼りにした（モートン、一八五一年）。彼はこの生殖不能を「根源的な生物の体制の不一致」のせいにした。しかし、彼はつづけて、ビュフォンの種の規準はどのような場合でも放棄されなければならない、なぜなら、交雑は自然界ではありふれたものであり、異なる属間の種どうしでも見られるからだと述べている（モートン、一八四七年、一八五〇年、一八五〇年）。種は「根源的な生物の型」として定義しなおされるべきである（一八五〇年、八二ページ）。アガシは手紙で、「親愛なる閣下、あなたはついに真の哲学上の種の定義を科学に与えられた」と述べている（スタントン、一九六〇年、一四一ページ）。しかし、どのようにして根源的な型を認めるのだろうか。モートンはそれに答え、「もし、ある現存する生物の型が、現在我々が見るのと似てはいないが、〝太古〟にまで遡って見出しうるのならば、それらを、我々には未知の、太祖の孤立した幹から単に偶然に分かれたものと考えるよりも、それらをもとからある型と認めることがもっと合理的ではないだろうか」という（一八五〇年、八二ページ）。モートンはいくつかのイヌの品種を別個の種であると考えた。それはエジプトの地下墓地に埋められていたイヌの骨も現在のイヌのように他の種類から識別しうるし、明確に違っていたからである。モートンはノアの箱舟がアララト山に漂着した日付を四一七九年前、エジプトの墓はそれからちょうど千年あとであると計算した。あきらかにノアの子孫たちが人種に分かれるのには十分な時間ではない（彼は問いかけている。人種が千年間でそんなに急変し、それ以来三千年間全く変わらなかったなどどうして信じられるだろうかと）。人種ははじめから別々であったに違いない（モートン、一八三九年、八八ページ）。

しかし、かつて最高裁判所が言ったことだが、別々であることが不平等であることを意味する必要はない。そこで、モートンは「客観的」基盤をもつ相対的ランクづけを確立しようと企てたのである。彼は古代エジプトの絵を調べ、黒人がやはり召使いとして描かれているのを見出した。これは彼らがいつも自分たちにふさわしい生物学的役割を演じていた確かな印である。「エジプトには黒人が多数暮らしていた。しかし、古代における彼らの社会的立場は現在と同じであり、召使いか奴隷だった」（モートン、一八四四年、一五八ページ）（もちろん、奇妙な論である。この黒人たちは戦争の捕虜だったのだ。サハラ砂漠以南の社会では、黒人は支配者として描かれている）。

しかし、モートンが科学者として名声を得たのは、頭蓋骨のコレクションと、それを用いて人種のランクづけをしたことによっている。人間の頭蓋腔はそこに含まれていた脳の量を忠実に表わしてくれる。そこでモートンは脳の平均的大きさを用いて人種のランクづけに着手した。ふるいにかけたシロガラシの種子を頭蓋腔の中につめ込み、そのあと目盛のついたシリンダーへ戻して頭蓋骨の容積を立方インチで読みとる。のちに彼はカラシの種子では一貫したデータが得られず満足できなくなった。カラシの種子はうまくつめ込めない。というのは、軽すぎるし、ふるいにかけても大きさにばらつきがでるからである。一つの頭蓋骨を何回か測ると、五パーセント以上、すなわち平均容量が八〇立方インチほどの頭蓋骨で四立方インチの違いがみられる。そこで彼は「ＢＢと呼ばれる大きさ」の直径が八分の一インチの鉛玉に切りかえ、同じ頭蓋骨で一立方インチ以上決して変化しない一貫した結果を得ることができた。

モートンは人間の頭蓋骨の大きさに関して三つの大著を発表している。一八三九年に出版されたアメリカ・インディアンに関する『クラニア・アメリカーナ』。これには美しい図が多く含まれている。また一八四四年には、エジプトの墓から掘り出された頭蓋骨に関する研究を公にしたもので、『クラニア・エジプティアーカ』。さらに一八四九年には彼の全コレクションについての梗概を発表している。それぞれには表があり、人種ごとに配列された頭蓋骨の平均容量がまとめられている。私は本書にこれら三つの表全てを再録した（表2・1〜2・3）。これらの表は人種ランクづけ論争に対してアメリカの多起源論が重要な貢献をしたことを表わしている。また、これらの表は個別創造説よりも後まで生き残り、十九世紀を通じ人種の知的価値に関する論破しえない「証拠のある」データとして、繰り返し刊行された（一七六〜一七七ページ参照）。いうまでもなく、

表2・1　人種別頭蓋容量についてモートンがまとめた表

（内容量：立方インチ）

人　種	個数	平均	最大	最小
コーカサス人種	52	87	109	75
モンゴル人種	10	83	93	69
マレイ人種	18	81	89	64
アメリカ・インディアン	147	82	100	60
エチオピア人	29	78	94	65

表2・2　エジプトの墓地から発掘された頭蓋骨の容量

民　族	平均容量（立方インチ）	個数
コーカサス人：ペラスギ族	88	21
〃　：ユダヤ人	82	5
〃　：エジプト人	80	39
ネグロイド	79	6
黒人	73	1

これらのデータは白人が頂点に、インディアンが中位に、黒人が最下位に位置し、さらに白人の中ではチュートン人とアングロ・サクソン人が頂点に、ユダヤ人が中位に、インド人が底辺に位置するという、すべての善良なヤンキーたちの持つ先入観に好都合なものだった。さらにこのパターンは有史以来変わることのないものだった。なぜなら古代エジプトにおいても白人は黒人に対し優位な立場にあった。モートンの描いたアメリカでの地位や権力への近さは生物学的優秀さを忠実に反映していた。感情家や平等主義者は自然の命じるところにどうやって反

対しえただろうか。モートンは世界で最大の頭蓋骨のコレクションをもとにして、全く新しい客観的データを提供していたのだった。

一九七七年の夏、数週間を費やして私はモートンのデータを分析しなおした（自称客観主義者のモートンは、すべて自分の生《なま》の情報を公にしている。したがって彼がどのようにして生《なま》の測定値から表をまとめたかをためらいなく引き出すことができる）。要するに、率直に言えば、モートンのまとめたものはア・プリオリな確信と照合させるためのごまかしとペテンのごちゃまぜである。とはいっても――これがこの事例で最も興味を引くことであるが――私には意識的な詐欺行為の証拠を見出すことができなかった。事実、もし、モートンが故意にごまかしたのであれば、これほどまでに自分のデータをオープンにしなかったであろう。

故意の詐欺は科学ではおそらく珍しいことである。また、それは科学活動の本質について我々に何も教えてくれないので、そんなに関心をひくことでもない。もし、見つかれば、嘘つきは除名されてしまう。つまり科学者たちは自分たちの専門職はきちんと自己統治されてきたと言明し、彼らは研究に戻り、科学研究の神話は傷つけられず、客観的に正当化される。いっぽう、無意識のペテンがはびこるということは、科学と社会の関係についての一般的結論を示唆している。というのは、もし科学者たちがモートンと同じ程度に善意な思い違いをするならば、あらゆるところに骨の測定や足し算の合計という基本数値にさえも。先入観が見出されるであろう。

表2・3　人種別頭蓋容量についてのモートンの最終的まとめ

（内容量：立方インチ）

人種と種族	個数	最大	最小	平均	平均
近代コーカサス人種					
チュートン族					
ゲルマン人	18	114	70	90	92
イギリス人	5	105	91	96	
アングロ・アメリカ人	7	97	82	90	
ペラスギ族	10	94	75	84	
ケルト族	6	97	78	87	
ヒンズスタン族	32	91	67	80	
ユダヤ族	3	98	84	89	
ナイル族	17	96	66	80	
古代コーカサス人種					
ペラスギ族	18	97	74	88	
ナイル族	55	96	68	80	
モンゴル人種					
中国人	6	91	70	82	
マレイ人種					
マレイ族	20	97	68	86	85
ポリネシア族	3	84	82	83	
アメリカ人種					
トルテカンズ族					
ペルー人	155	101	58	75	79
メキシカン	22	92	67	79	
バーバラスな種族	161	104	70	84	
黒人種					
アフリカ原住民	62	99	65	83	83
アメリカ生まれの黒人	12	89	73	82	
ホッテントット族	3	83	68	75	
オーストラリア原住民	8	83	63	75	

インディアンの劣等性の事例――『クラニア・アメリカーナ』(8)

モートンは彼のはじめての大作『クラニア・アメリカーナ』(一八三九年)を人種の本質的な特徴についての論議で書き始める。彼の発言はすぐに自分の先入観をさらけだしている。「グリーンランドのエスキモー」についてこう述べている。「彼らは、ずるく、快楽的で、恩知らず、頑固で冷酷である。また、自分たちの子どもに対する愛情は多くが純粋に利己的な動機によっている。彼らは料理もしない、洗濯もしない、気分の悪くなるような食べものをむさぼり食う。さらに今という瞬間以上のことについては何も考えないようだ。……赤ん坊から年寄りに至るまで、知的能力は子どもの頃のままだ。……大食漢、利己的、恩知らずという点で、他のどの国の人たちとも違っている」(一八三九年、五四ページ)。モートンは他のモンゴル人種についても良く思っていなかった。彼は中国人について、次のように書いている(五〇ページ)。「彼らの感情や行動は非常に変わりやすいので、サルの種類と比較されてきた。サルたちは一つのことから他のことへと絶えず関心が移っている」。また、ホッテントットについては「もっと下等な動物に似ている。……彼らの顔色は黄褐色をしている。旅行者たちは黄疸の末期状態にあるヨーロッパ人の顔色と比べたくらい……。女性は男性よりもなおひどい風貌をしている」と主張している(九〇ページ)。ところがある白色人種を「単に貪欲な山賊の群れ」

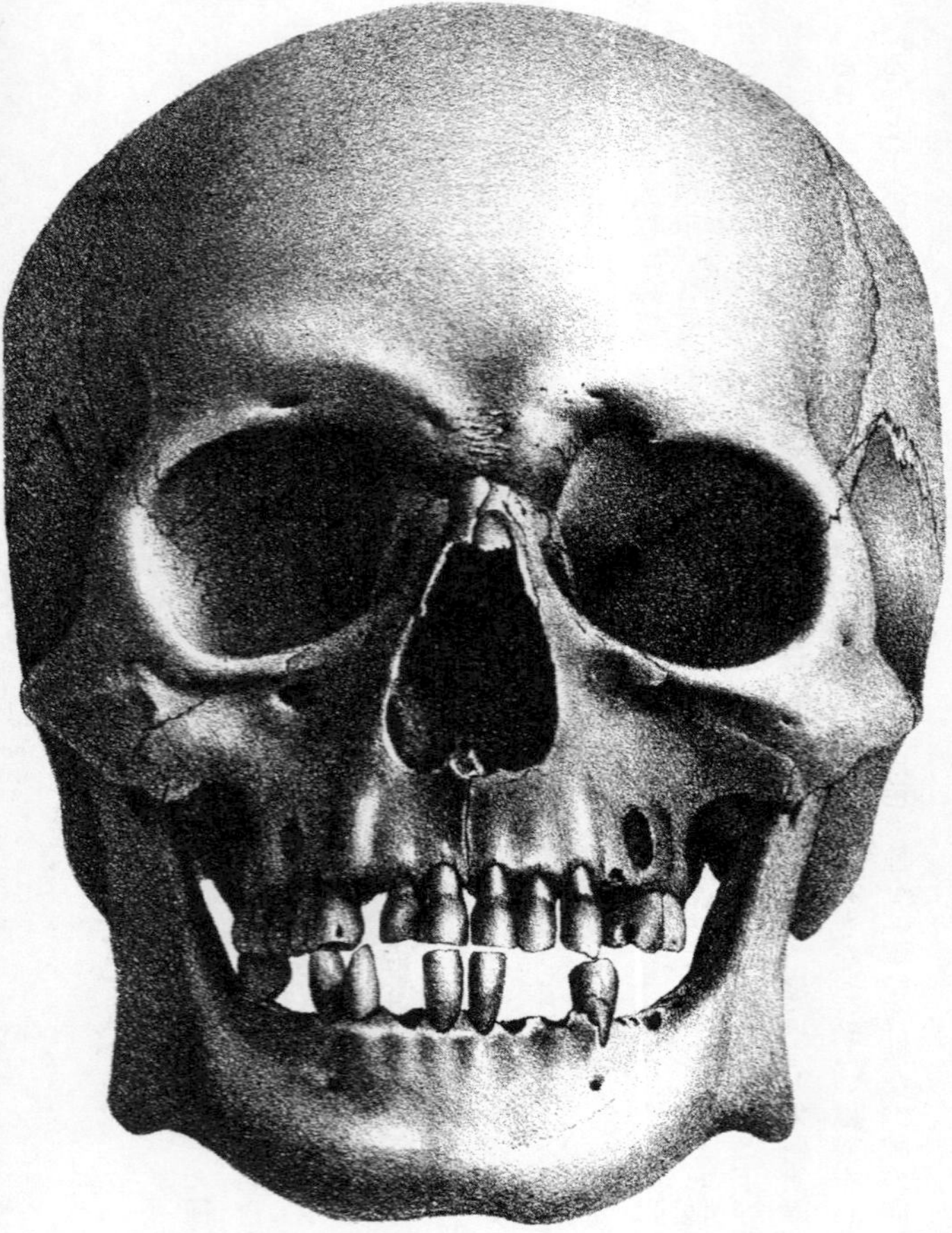

図2・4　アラウカノ族（チリ中部のインディアン）の頭蓋骨。この図と次の図2・5の石版画は今日では不幸にも認められていない偉大な科学アーティスト、ジョン・コリンズが描いたものである。これらはモートンの『クラニア・アメリカーナ』（1839年）にみられる。

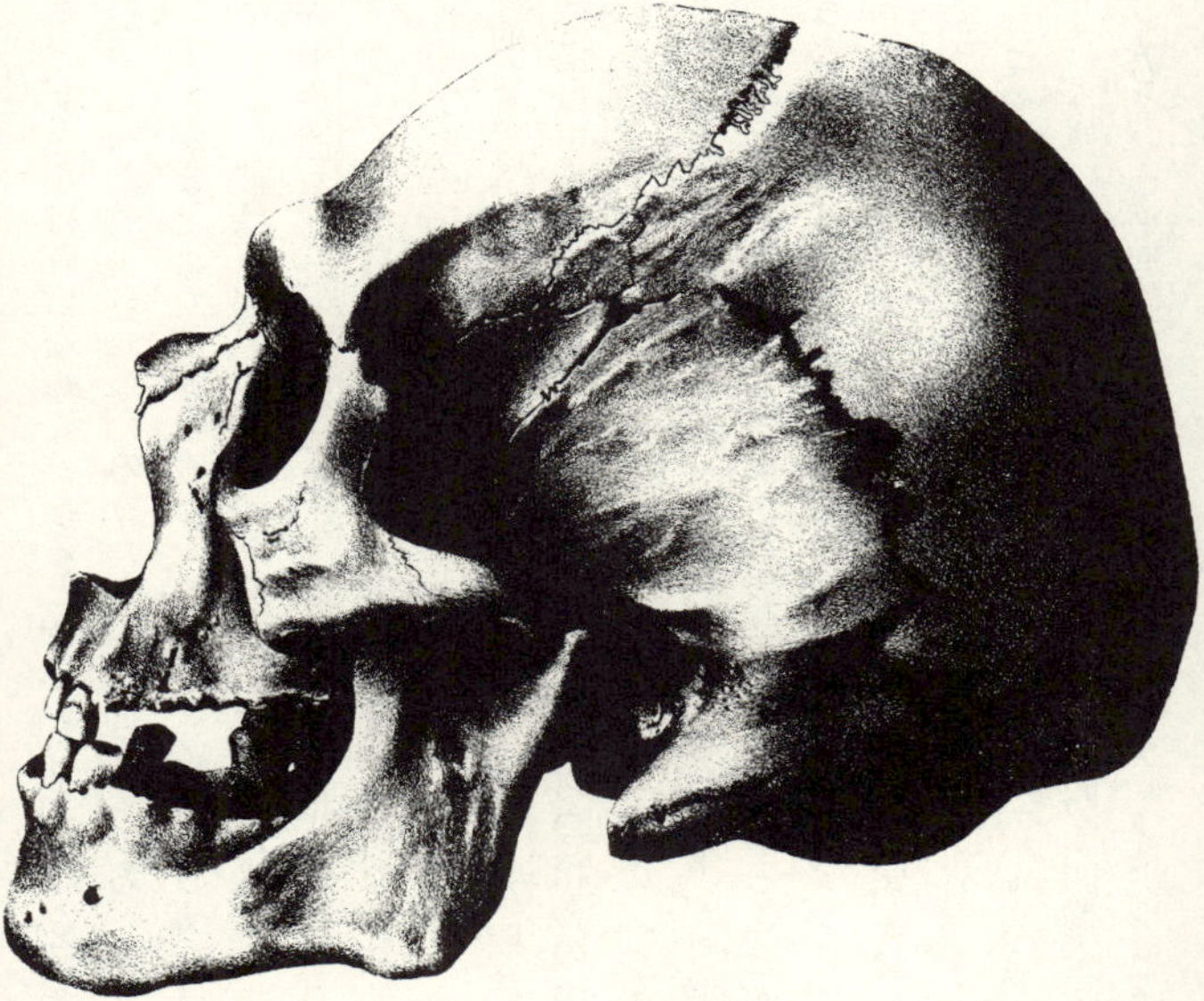

図2・5　ヒューロン族の頭蓋骨。モートンの『クラニア・アメリカーナ』(1839年）に載せられているジョン・コリンズの描いた石版画。

であると記さなければならなくなると、急いで「公正な政治の影響によって彼らの道徳心は疑いもなく改善されるだろう」とつけ加えている。

モートンがまとめた簡略な表は『クラニア・アメリカーナ』のデータに基づく主張を示している。彼は百四十四個のインディアンの頭蓋骨の大きさを測り、八二立方インチという平均値を得た。それはコーカサス人種の平均値を五立方インチ下まわっている(図2・4、2・5)。さらにインディアンには「高度な」知的能力が欠けることを示している骨相学上の測定値の表もつけ加えた。モートンはこう結論づけている(八二ページ)。「博愛的な人は、インディアンが文明に適さないことを残念に思うかもしれない」。しかし、感傷は事実に屈しなければならない。「彼らの精神《マインド》のつくりは白人のつくりとは違っているようであり、ごく限られた階級以外は、この二つの人種が社会で調和のある関係をもつことはありえない」。インディアンは「むりやり教育を受けるのを嫌うだけでなく、大部分は抽象的なことがらを連続的に推論することができない」(八一ページ)。『クラニア・アメリカーナ』は基本的に、インディアンの知能が劣っていることを示す論文である。それでまずモートンがインディアンの頭蓋骨の平均値を八二立方インチとした点が正しくないことに注目しよう。彼はインディアンを二つのグループに分けた。メキシコや南米の「トルテカンズ」と、北米の「バーバラスな種族たち」。八二立方インチという値は後者の頭蓋骨の平均であり、百四十四個全体のサンプルでは八〇・二立方インチという平均値になる。すなわち、インディアンとコーカサス人種との平均値の差は七立方インチとなる（モートンがなぜこのような基本的誤りを犯したかは知らない。いずれにせよ、頂点に白人、中ほどにインディアン、底辺に黒人という慣習的な存在の連鎖を彼に認めさせることになった）。

しかし、八〇・二立方インチという「正しい」数値はあまりにも低い。なぜならこれは不適当なやり方で出した値だから。モートンが用いた百四十四個の頭蓋骨はインディアンのさまざまなグループに属しているもので、これらグループ間には頭蓋骨の大きさにかなりのばらつきがある。それぞれのグループを等しいウェイトにしなければならない。そうでないと最終的な平均値がサブ・サンプルの個体数の違いによってゆがめられてしまう。たとえば二人のジョッキー、本書の著者（厳密に言えば中ぐらいの身長）、そしてナショナル・バスケットボール協会の全プレーヤー、というサンプルから人間の平均身長を計算することを考えてみよう。数百人のジャバーは他の三人を圧倒し、六・五フィート以上の平均値が得られるだろう。しかし、もし三つのグループ（ジョッキー、私、バスケットボール・プレーヤー）ごとの平均値を出し、それを平均すれば、真の値により近いものが得られるだろう。モートンのサンプルは脳の小さいペルー・インカという極端なグループを多数取りあげすぎて強くゆがめられたものになっている（このインカは平均七四・三六立方インチの頭蓋容量をもっており、全サンプルの二五パーセントを占めている）。これに対し、大きな脳をもつイロクォイ族（ニューヨーク州に住んでいた北米原住民）は全サンプルに対して、わずか二パーセントの三個体しか含まれていない。もし、コレクシヨンの採り方が変わっていて、モートンが用いたサンプルの中にイロクォイ族のものが二五パーセント、インカのものが数個体であったとすれば、平均値はかなり高くなっていただろう。したがって、私は四個以上あるすべての種族の平均値を平均して、できるかぎりこのゆがみを正した。インディアンの平均値はこれによって八三・七九立方インチにまで高まった。

この修正値はなおもコーカサス人種の平均値に比べて三立方インチ以上のへだたりがある。ところで、コーカサス人種の平均を出したモートンのやり方を吟味してみると、びっくり仰天するような矛盾があることがわかった。統計理論はもっぱらここ百年ほどの間に作られたものなので、サブ・サンプルの大きさが等しくないとゆがみが生じることを彼は認識していなかったと考えて、インディアンの平均値を誤って計算したモートンを許すこともできたかもしれない。しかし、今や、我々は彼がこのゆがみを完全に理解していたことに気づいた。モートンは自分のサンプルから脳の小さいインド人を故意に除外してコーカサス人種の高い平均値を導き出している。彼はこう記している（二六一ページ）。「とはいえ、インド人のものが全数の中にわずか三個体しか含まれていないことにふれることは当を得ている。それは、これらの人々の頭蓋骨が、現存する他の民族のそれよりも小さいからである。たとえば、インド人の十七個の頭蓋骨の大きさは平均七五立方インチしかなく、表の中に含めた三個体もその平均値を示している。」このように、モートンは小さな脳をもつ人々のサンプルを多くしてインディアンの平均値を低め、同じようにして、小さな頭蓋骨をもつコーカサス人種の多数を除外して、自分たちコーカサス人種のグループの平均値を高めた。モートンは自分の行なったことをおおっぴらに語っているので、自分のやり方が適切でないとは思っていなかったと想定しなければならない。しかし、コーカサス人種の平均値がより高いのだというア・プリオリな前提がなかったとしたら、他にどのような理論的根拠で彼はインカ人の頭蓋骨をそのままにし、インド人のそれを除外し少なくしたのだろうか。というのは、インド人のサンプルを変則的なものだとして取りのぞき、インカ人のサンプル（ついでに言えば、インド人のものと同じ平均値をもつ）を正常値の最低のものとしてそのままにしてもよかったのである。

私はすべてのグループを等しいウェイトで扱うという同じやり方を使いながら、インド人の頭蓋骨をモートンのサンプルの中に復活させた。モートンが計算したときに用いたコーカサス人種のサンプルには四つのサブ・グループの頭蓋骨が含まれており、インド人のものはサンプル全体にとって四分の一の貢献度がある。もしインド人の頭蓋骨十七個すべてを復活させると、六十六個全サンプルの二六パーセントになる。そうなるとコーカサス人種の平均値は八四・四五立方インチにまで下がり、インディアンとコーカサス人種間に注目されるほどの差がなくなる（モートンが低く評価したエスキモーの平均値は、平均八三立方インチのモンゴル人種の他のサブ・グループと混ぜられて、分からなくなってしまっていたが、これが八六・八立方インチになる）。インディアンの劣等性とはそんなものなのである。

エジプトの墓地の事例――『クラニア・エジプティアーカ』

モートンの友人であり、多起源論の仲間であるジョージ・グリッドンは、カイロ市にあるアメリカ合衆国の領事であった。彼は古代エジプトの墓から掘り出された百個以上もの頭蓋骨をフィラデルフィアへ急送している。モートンはそれに応えて、一八四四年に二冊目の大著『クラニア・エジプティアーカ』を出版した。モートンはすでに白人が知能においてインディアンよりまさっていることを示した。あるいはそう考えていた。いまや、白人と黒人の差がより大きいこと、この差が三千年以上もの間変わらずに安定していたことを示すことによって、自分の物語を完成させようとした。

モートンは人種および人種内のサブ・グループいずれをも頭蓋骨の特徴から同定できると思っていた（現在、ほとんどの人類学者はそのような分類を明確にできることは否定するであろう）。彼はコーカサス人種の頭蓋骨をペラスギ族（ギリシャ人、古代ギリシャ人の祖先）、ユダヤ人、エジプト人に分け、この順序でアングロ・サクソンの優れていることを再び証拠づけた（表2・2）。非コーカサス人種の頭蓋骨は「ネグロイド」（黒人とコーカサス人の混血で白より黒に近い）」か純粋な黒人のものであると特定された。

モートンによるコーカサス人の頭蓋骨の主観的分類は明らかに不適切なものである。彼は単に、最も丸い頭蓋骨を好みのペラスギ族に、最も偏平なものをエジプト人に分類しただけである。それ以外の下位分類の規準には言及していない。もし、彼が三グループに分類したことを無視して、六十五個すべての白人の頭蓋骨を一つのサンプルにすると、その容量は平均八二・一五立方インチになる（もし、モートンにとって有利に解釈し、怪しいサブ・サンプルを等しくランクづけると――我々が『クラニア・アメリカーナ』でインディアンとコーカサス人種の平均を計算したようにすると――八三・三立方インチの平均値が得られる）。

実際には、これらの数値はいずれもネグロイドや黒人の平均値をなおも上まわっている。モートンはこれによって知能の生得的差異が測られたのだと考えた。彼の目の前には他にもっと単純明快な説明があったにもかかわらず、頭蓋骨の容量の平均値の相違について他の案は全く考慮しなかった。

脳の大きさはそれを運ぶ身体の大きさと関連がある。一般に大きな身体の人は小さな身体の人よりも大きい脳をもっている。この事実は大きな人がより利口だという意味ではない。ゾウの脳が大きいからといって、人間より知能がすぐれていると判断すべきではない。身体の大きさの違いを適切に補正する必要がある。一般に男性は女性より大きな身体をしている。したがってその脳も大きい。身体についての補正がなされれば、男性も女性もほぼ同じ大きさの脳をもつことになる。モートンは性別や身体の大きさの違

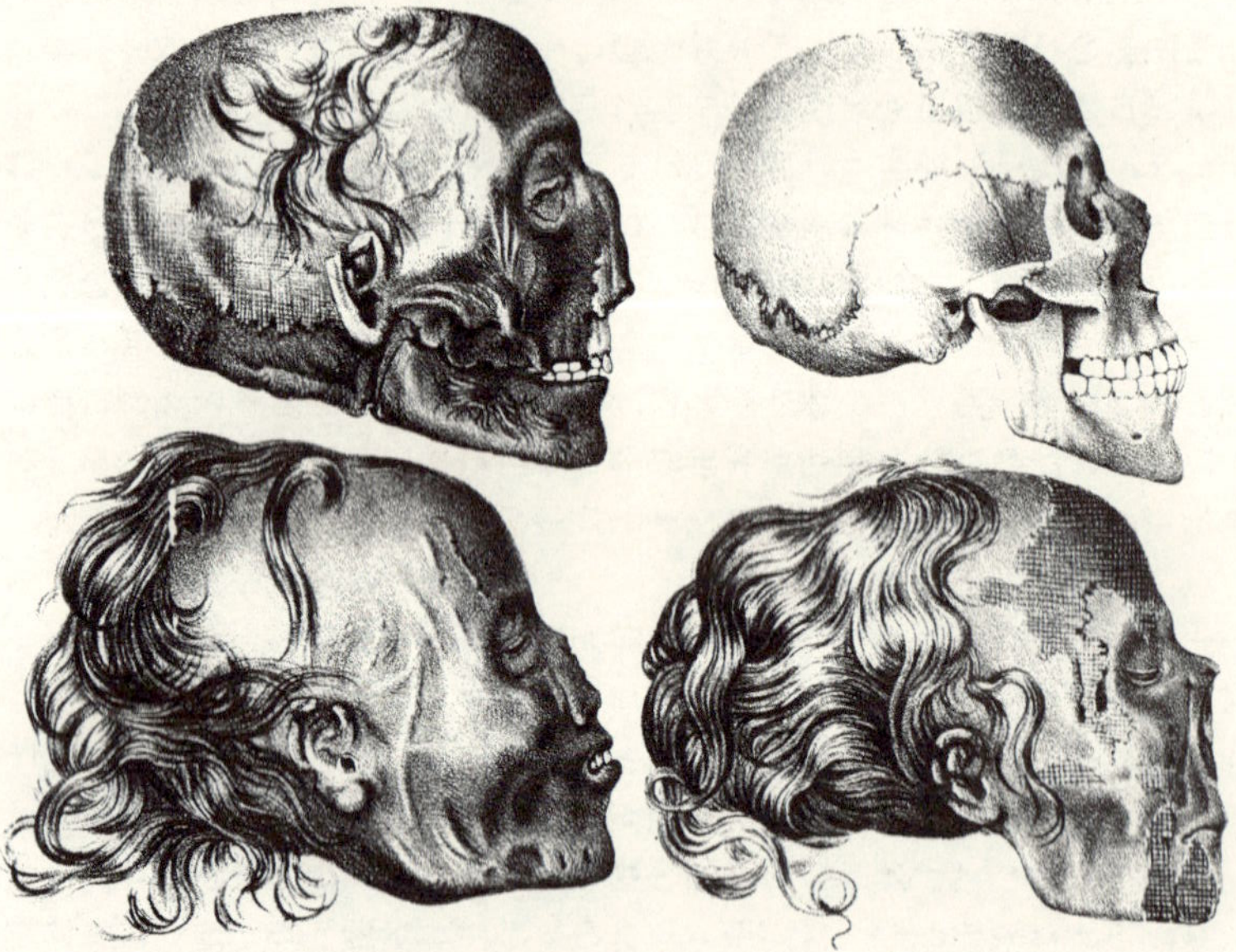

図2・6　エジプトの墓から発掘された頭蓋骨。モートンの『クラニア・エジプティアーカ』(1844年) より。

いを補正するのを怠っただけではなく、そのことが彼のデータにはっきりと示されていたにもかかわらず、その相関性を認めさえしなかったのである（モートンの表には性別や身長が記録されているが、彼はそれらによって頭蓋骨を分けることはしなかったと推測できる。なぜなら、脳の大きさの違いを端的に知能の違いとして考えたがっていたからである）。

エジプト人の頭蓋骨の多くはミイラから得られたものである（図2・6）。したがってモートンはそれらの性別をはっきり記録することができた。もし、モートンの指示どおりに、男女別々に平均値を算出すると（モートンはそれをしなかった）、次のような顕著な結果が得られる。二十四個の男性でコーカサス人の頭蓋骨の平均容積は八六・五立方インチ、二十二個の女性のそれは平均七七・二立方インチ（残りの十九個は性別が同定できない）。六個のネグロイドの頭蓋骨のうち、二個が女性であるとモートンは同定している（七一と七七立方インチのもの）。また、他の四個（七七、七七、八七、八八立方インチ）は同定できなかった[9]。もし、小さい方（七七、七七）が女性、二つの大きい方（八七、八八）が男性である、と妥当な推論をすると、ネグロイドの男性の平均は八七・五立方インチとなり、コーカサス人の男性の平均八六・五をわずかに上まわり、ネグロイドの女性の平均は七五・五となり、コーカサス人の平均七七・二をわずかに下まわることになる。モートンが用いたコーカサス人のサンプルとネグロイドのそれとの間にみられる四立方インチという明白な差は、コーカサス人のサンプルの半分近くが男

表2・4　モートンの評価した身長の順に並べたインディアンのグループの頭蓋容量

身長とグループ	頭蓋容量（立方インチ）	個数
大		
セミノール＝マスコジー族	88.3	8
チッピウェイ族	88.8	4
ダコタ族とオセイジ族	84.4	7
中		
メキシカン	80.2	13
メノミニー	80.5	8
マウンズ	81.7	9
小		
コロンビア・リヴァー・フラットヘッズ	78.8	10
ペルー人	74.4	33

性で、ネグロイドのサンプルのわずか三分の一だけが男性であるという事実を単に記録するだけかもしれない（この見かけの差はモートンがネグロイドの平均を計算するとき、八〇に切り上げないで、七九に切り下げたことで広げられた。再度、見ることになるのだが、モートンの小さな数字の誤りはすべて彼の先入観に都合よく働いている）。エジプトの墓に埋葬されていたコーカサス人とネグロイドの間にみられる脳の大きさの平均値の差は、性別の違いで生じる身長の差を単に示すものであり、「知能」の差を示すものではない。唯一の純粋な黒人の頭蓋骨（七三立方インチの大きさのもの）が女

性のものであることを知っても、読者は驚かないであろう。脳と身体の関連は、前に論じた『クラニア・アメリカーナ』でそのままにしておいた問題をも解決するであろう。すなわち、インディアンの種族での脳の大きさの平均値の差は何に基づくのかという問いである（これらの差は、モートンにとって大いに悩みのたねであった。というのは、小さな脳を持つインカ人がどうしてあのような素晴らしい文明を築きあげたか理解できなかった。彼らが征服者《コンキスタドール》によってあっけなく征服されてしまったという事実で、彼は自分をなぐさめてはいた）。やはり、彼の前に答えは横たわっていたのだが、モートンはそれに気づかなかった。モートンはいろいろな種族についての記述で、身長についての主観的データを示しているが、私は表２・４にある脳の大きさの平均値に加えて、種族の身長について評価する。脳と身体の大きさに相関があることは例外なしに確認される。コーカサス人種の中のインド人の平均値が低いのは身長の差によるのであり、まぬけなインディアンの場合も同じなのである。

黒人の平均値のごまかしの事例

モートンは『クラニア・アメリカーナ』で黒人の頭蓋容量の平均値が七八立方インチであるとした。五年後の『クラニア・エジプティアーカ』では測定表の脚注に「アフリカで生まれた黒人七十九個の頭蓋骨を持っている。全体のうち五十八個は成人のもの……脳の大きさの平均値は八五立方インチである」（一八四四年、一一三ページ）と記している。

モートンは一八三九年と一八四四年の間で頭蓋骨を測る方法をカラシの種子から鉛玉に替えた。私はこのことが黒人の平均値を高める原因となったのではないかと思った。幸いなことにモートンはほとんどの頭蓋骨を一つ一つ自分で測りなおしている。また、彼のいろいろな資料には種子と鉛玉の両方で同一の頭蓋骨を測った数値が表にまとめられている（詳しくは、グールド、一九七八年を参照のこと）。

私は種子を用いて測った方が低い値を示すだろうと予想した。種子はふるいにかけたあとでも大きさにばらつきがあり、また軽い。それで頭蓋骨の中へうまくつまらない。強くゆすったり、大後頭孔（頭蓋骨の底にある孔）のところを親指で押すと、さらにすき間ができて、種子をつめ込むことができる。種子を用いた測定にはばらつきが大きかった。モートンは同じ頭蓋骨を何回か測りなおして数立方インチの違いがあったと報告している。しまいにはがっかりして助手を首にし、すべて鉛玉で直接自分で測りなおしている。この再測定では、一立方インチ以上差がでることはなかった。鉛玉を用いて測ったものは客観的で、正確で、反復可能である。これに対して種子を用いた初期の測定は、かなり主観的であり、一定ではなかった。モートンはこのように判断したが、我々はそれを受け入れてもよいだろう。

そこで私は、人種ごとに種子と鉛玉の間の数値の差を計算した。想像したように、鉛玉の方が種子の方よりいつも高い値を示した。インディアンの百十一個の頭蓋骨の場合、両方のやり方で測ったとき、鉛玉が種子を平均で二・二立方インチ上まわっていた。黒人とコーカサス人のデータはそれほど信頼できるわけではない。それはモートンが（種子で測った）『クラニア・アメリカーナ』では、これらの人種に対して個々の頭蓋骨を特定しなかったからである。コーカサス人種で、十九個の同定可能な頭蓋骨の場合、鉛玉で測った方が種子で測ったものよりも平均値でわずか一・八立方インチ上まわっただけなのに対して、『クラニア・アメリカーナ』で報告された十八個のアフリカ人の頭蓋骨を測りなおしたとき、鉛玉では八三・四四立方インチの平均値が得られ、一八三九年の種子を用いたときの平均値より五・四立方インチも上まわった。つまり、モートンのア・プリオリな判断でその人種が「劣等」であればあるほど、無意識のうちにごまかされやすい主観的な測定と、先入観に左右されない客観的な測定との間の食い違いはますます大きくなるということである。その食い違いは黒人で五・四立方インチ、インディアンで二・二立方インチ、コーカサス人で一・八立方インチであった。

もっともらしいシナリオは容易に作ることができる。モートンは種子を用いたとき、恐ろしく大きな黒人の頭蓋骨をとりあげ、種子を軽く満たし、数回簡単にゆする程度にする。次にひどく小さな白人の頭蓋骨をとりあげ、種子を満たし、強くゆさぶり、さらに大後頭孔のところを親指で強く押す。つまり、意識的動機がなくとも簡単にできる。期待が強力な導きとなって、こうした行為は無意識のうちにやすやすとなされることになる。

一八四九年の最終的な表

モートンが一八四九年に最後に表を作ったときには、彼の見事なコレクションには六百二十三個の頭蓋骨が集められていた。こうして、作られた表はアングロ・サクソン人誰もが期待していたランクづけを強力に確認するものだった。

コーカサス人種のサブ・サンプルは誤りがあり、歪曲されている。概要で九〇立方インチと報告されたドイツ人の場合、カタログの個々の頭蓋骨を測ってみると、平均値は八八・四立方インチであるし、アングロ・アメリカ人の平均値は正しくは八九（八九・一四）立方インチで、九〇立方インチではない。イギリス人の九六立方インチという高い平均値は正確ではあるが、少ない数のサンプルは全員男性のものである(10)。もし、サブ・サンプルの間で平均を計算する我々の方法に従うと、近代の六つのコーカサス人種の「仲間《ファミリー》」は平均八七立方インチという値を示す(11)。二つのサブ・サンプルを含む古代のコーカサス人種の平均は八四立方インチである（表2・5）。

六個の中国人の頭蓋骨によりモートンは八二立方インチというモンゴル人種の平均値を得た。しかし、この低い値は、彼にとって都合のいい健忘症を示す二つの事例である。第一はモートンが最後の中国人の標本（番号一三三六番、九八立方インチの頭蓋骨）を

表2・5　モートンの最終表の修正値

民族	頭蓋容量（立方インチ）
モンゴル人種	87
近代コーカサス人種	87
アメリカ・インディアン	86
マレイ族	85
古代コーカサス人種	84
アフリカ人種	83

除外したことである。彼が概要を公表したとき、この標本はコレクションの中にあったはずである。なぜなら、もっと番号の大きい、多くのペルー人の頭蓋骨を彼が持っていたからである。第二は、モートンはコレクションの中にエスキモーのものが欠けていることをなげいているが（一八四九年、ivページ）、『クラニア・アメリカーナ』のために測定した三個のエスキモーの頭蓋骨に言及しなかったことである（これらの頭蓋骨は友人のジョージ・コームのもので、モートンの最終カタログには記載されていない）。

モートンはこれらの頭蓋骨を鉛玉で測りなおすことはしなかった。しかし、種子で測ったときのインディアンの平均値八六・八立方インチに二・二立方インチの補正をほどこせば、八九立方インチという平均値が得られる。これら二つのサンプル（一三三六番の中国人を加え、エスキモーを内輪に補正したもの）からモンゴル人種の平均値八七立方インチが得られる。

一八四九年までに、モートンが計算したインディアンの平均値は七九立方インチにまでさがった。しかし、先の例と同様、サブ・サンプル間の数が同じではないという理由で、――ただし、今回はさらに強まっているが――この数値は正しくない。一八三九年のサンプルでは小さな頭（そして低い身長）のペルー人は二三パーセントを占めていた。一八四九年にはその度数はほぼ半分（三三八のうち一五五）にまで高められた。もし、前述の我々の規準を用い、すべてのサブ・サンプルを同じウェイトで扱って平均値を計算すると、インディアンの平均値は八六立方インチとなる。

モートンは黒人の平均値を出すのにオーストラリア原住民も含めたが、これは省くべきである。なぜなら、彼はアフリカの黒人を評価しようと望んでいたからであるし、我々はこの二つのグループに密接な関連があるということはもはや認めないからである。皮膚の黒い人種は人類の中で何段階かの進化を経ているのである。また、ホッテントットの三個のサンプルも除外する。これはすべて女性であるし、ホッテントットの身長は非常に低い。一つのサンプルの中に混ざっているアフリカの黒人とアメリカ生まれの黒人の場合、八二と八三の間であり、より八三に近い平均値が得られている。

要するに、モートンが便宜的につけたランクを私なりに修正すると、彼のデータ（表2・5）では人種間に意味のある差異は見出されない。すべてのグループは八三と八七立方インチの間にあり、コーカサス人種はその頂点を占めている。もし、西ヨーロッパ人が自分たちのサブ・サンプル（コーカサス人種の中のゲルマンとアングロ・サクソン）の平均値の高いことから自分たちの優越性を示そうとするならば、インディアンのいくつかのサブ・サンプルも同じように高い平均値を示すことを指摘しよう（モートンは北米インディアンをすべてごちゃまぜにしており、サブ・グループごとの平均値は報告していない）。すべてのチュートン人とアングロ・サクソン人の平均値は、モートンの表では計算が誤っているか、ゆがめられているかのいずれかである。

結論

モートンのごまかしはおおまかに次の四つのカテゴリーに位置づけることができる。

1．ご都合主義と規準の変更。モートンはあらかじめ予想した値にグループの平均値をあわせるため、しばしば大きなサブ・サンプルを含めたり除外したりした。インディアンの平均値を低めるためにペルー・インカのものを含め、いっぽうコーカサス人種のそれを高めるためにインド人の標本を除外した。また、望ましい結果にあわせるために、サブ・サンプルの平均を示さなかったり計算したりしなかった。チュートン人とアングロ・サクソン人の優越性を示すための計算はしたが、同じように高い平均値をもつインディアンのサブ・サンプルについてデータを示さなかった。

2．先入観の方へ導かれる主観主義。モートンの種子による測定は不正確で、主観的偏見による幅広い影響を容認するほどばらつきが大きかった。これに対して、後の鉛玉による測定は、反復可能なデータで、客観的であると思われた。二つの方法で測定された頭蓋骨の容量の値は、いつも鉛玉を用いたときの方が、かるくつめた種子のときより値が大きかった。しかし、その食い違いの程度は、あらかじめ仮定されたことに符合し、黒人で五・四、インディアンで二・二、白人で一・八立方インチであった。つまり、結果が期待値のほうに偏向をうけた場合、黒人は最低のほうに、白人は最高のほうにゆがめられた。

3. 明白な手順の省略。モートンは頭蓋骨の大きさの違いが、生得的な知能の違いを示すと信じていた。彼自身のデータの大半は別の解釈を要求していたが、彼は決して代わりの仮説を考えようとはしなかった。モートンは自分の表の中に、性別や身長のデータを記録に残したときでさえ、エジプトのミイラのときと同じように、性別や身長に基づく平均を計算しなかった。もし、身長の効果を計算したならば、身長がグループ内の脳の大きさの重大な差をすべて説明することを彼は多分認めていたであろう。ネグロイドは彼の集めたエジプト人の頭蓋骨の中ではコーカサス人より低い平均値を示したが、おそらくかなりの割合で身長の低い女性が含まれていたからであり、黒人が生得的に愚かだからではない。彼がインディアンのサンプル中に含めたインカ人、また白人のサンプルから除外したインド人は、いずれも身長が低いがゆえに、脳は小さいのである。モートンは黒人の愚かさを示すために三人のホッテントットの女性のサンプルを、コーカサス人の優秀さを誇示するためにすべて男性のイギリス人のサンプルをそれぞれ利用した。

4. 計算違いと御都合主義による省略。私が見つけた計算違いも、省略も、すべてモートンの好みによるものである。彼はエジプトのネグロイドの平均値を八〇立方インチに切り上げないで、七九立方インチに切り下げた。ドイツ人とアングロ・サクソン人には九〇立方インチという平均値を用いているが、正確には八八と八九である。モンゴル人種についての最後の表〔表2・3〕では、大きな頭蓋骨の中国人のものとエスキモーのサンプルは除外され、そのため平均値はコーカサス人のそれより低くなった。

これらすべてのごまかしを通じて、私には詐欺や意識的な操作は感じとれない。モートンは自分の意図の形跡を隠そうとはしなかった。だから私は彼がその形跡を残していたことに気づいていなかったと思わざるをえない。彼は自分の手順をすべて説明しているし、生《なま》のデータをすべて公表している。私が見出しうるのは、人種のランクづけについての非常に強いア・プリオリな確信である。この確信が非常に強かったのであらかじめ決められた線に沿って彼の表作成が行なわれたのである。それでもモートンは当時広く客観主義者としてもてはやされ、支持されない思弁の泥沼からアメリカの科学を救った人物と称された。

アメリカ学派と奴隷制

アメリカの指導的多起源論者たちの中には奴隷制に対する態度にさまざまな違いが見られた。大部分が北部諸州の人たちだったので、スキュエールの明言「私は黒人について全く貧弱な意見しか持っていない。……奴隷制についてはもっと貧弱なものである」(スタントン、一九六〇年、一九三ページ)を好んだ。

しかし、黒人を、対等でない別の種であると認めることは、奴隷制擁護論にとって魅力が大きかった。指導的な多起源論者のヨシア・ノットは『黒人学《ニグロロジイ》(そう彼は名づけた)に関する講義』のために、南部の聴衆にとくに歓迎され勇気づけられた。モートンの『クラニア・エジプティアーカ』は南部で熱い歓迎を受けた(スタントン、一九六〇年、五二〜五三ページ)。ある奴隷制の支持者は、この「特別な制度」を守るのに、もはや「ヨーロッパや北部アメリカの声」に「肝をつぶす」必要などないと書いている。モートンが死んだとき、南部の指導的医学雑誌は次のように言明している。「我々南部人は彼を我々の恩人と思うべきである。彼は黒人に劣等人種としての真の位置を与えるのに最も実際的な助けとなったからである」(R・W・ギブス『チャールストン・メディカル・ジャーナル』一八五一年、スタントン、一九六〇年、一四四ページ)。

それにもかかわらず、多起源論者の主張は、十九世紀中葉のアメリカでの奴隷制のイデオロギーの中では基本的位置は占めなかった。これには当然の理由があった。ほとんどの南部人にとって、この素晴らしい主張はあまりにも高い代価を伴っていた。多起源論者は、イデオローグたちを自分たちの純粋な真理の探究にとって障害になるとして排撃していた。しかし、多起源論者の批判の的は奴隷制廃止論者よりも多くの場合、牧師たちであった。多起源論者の説は、人間の創造が複数起源であると主張する点で、一人のアダムから生まれたとする教義に矛盾し、聖書が文字どおり真実であるとする考えを侵すものだった。指導的多起源論者たちの間では宗教的態度にばらつきが見られたが、無神論者はいなかった。モートンもアガシもほどほどの信者であったが、もし、未熟な牧師たちが科学上の論議に余計な口出しをせず、博物学上の論争を解決するための記録として聖書を持ち出すのをやめたならば、科学も宗教もともに助かるだろうと信じた（アガシとモートンはそれほどむき出しには言わなかったであろうが）。ヨシア・ノットは力をこめて「人類についての博物学を聖書から切り離し、それぞれをそれ自身の土台の上に位置づけること。そこでは衝突もないし、じゃまされることもない」という彼の目標を主張した。

多起源論者は奴隷制擁護者を当惑させた。自分たちは宗教の領域を制限してまで科学上の強力な主張を受け入れるべきだろうか。このジレンマを解決する場合、普通には聖書が勝った。要するに、奴隷制を支持するための聖書の論拠には事欠かなかったのである。ノアの次男のハムののろいで黒人が退化したという考えは、古いがすぐれて有力な味方であった。さらに多起源論は奴隷制擁護を可能にする唯一の似非科学的防御手段ではなかった。

たとえば、ジョン・バッハマンはサウスカロライナの牧師で、すぐれた博物学者《ナチユラリスト》だったが、積極的な単起源論者として、科学者としての大部分の時期を多起源論論破に費やした。彼はまた奴隷制を守るために単起源論者の原理を用いた。

「知的能力ではアフリカ人は我々の種の中の劣等な変種である。彼らに自治能力がないことはその歴史から明らかである。我々が手をひいて導いてやる子ども、保護や支持を我々に求める子どもは、弱いし無知である。それでも我々自身の血族である」(スタントン、一九六〇年、六三ページ)

奴隷制を「科学的」に弁護する非多起源論者の中で、ばからしさにおいて、南部の著名な医者S・A・カートライトの学説に匹敵する議論はかつてみられなかった(私はこれを典型的なものとしてここに引用するのでもないし、多くの南部の知識人が、この学説に注目したとも思われない。私は「科学的」議論の中の極端な例を示したいだけである)。カートライトは黒人に関する問題を肺における血液の脱炭酸作用の悪さ(二酸化炭素の除去が不十分なこと)として追究した。「アフリカの人々が自己管理ができなくなる精神《マインド》の低下の真の原因は、頭蓋骨中の大脳物質の欠如と結びついた血液の不完全な大気化である」（ショロバー、一九七九年、カートライトからの引用はすべて一八五一年のルイジアナ・メディカル・アソシエイションの会合で発表した彼の論文からのものである）。

カートライトはこれに名称さえ与えた。——ディセテシア（感覚障害）——呼吸機能が不十分な病気。彼は奴隷に見られるその症状を次のように記している。「仕事をしているとき、自分に課せられた仕事を軽率で不注意な態度で行なう。栽培している植物を足で踏みつぶし、くわで切断し、使っている道具をこわし、手あたり次第何でもだめにする。」無知な北部の者どもはこの行動を「奴隷制の劣悪な影響」のせいにする。しかし、カートライトはそれは本当の病気の徴候だとした。彼は苦痛に対する無感覚は別の症状であるとした。「不幸せな人は罰せられても、どんな苦痛も感じずに、ちょっと不機嫌になるだけで、うらみも感じない。ある場合には、……ほとんどあらゆる感情が失われたようである」。カートライトは次のような治療法を提案している。

「血液の脱炭酸作用を助けるために肝臓、皮膚、腎臓を刺激して活発にする必要がある。皮膚を刺激する一番よい方法は、まず温かいお湯と石鹸で患者をよく洗うことである。それから油を全身に塗布し、幅広い革帯ですりこむ。さらに外気と日光の下で患者に少しきつい仕事をさせる。木を切り払ったり、横木を裂いたり、横引きのこや細のこぎりで切るなどの作業によって肺をひろげさせる」

カートライトはディセテシアで病気のカタログを終えたわけではない。奴隷がしばしば逃げようとするわけを考え、それはドラペトマニアと名づけた精神病、すなわち逃げたいというばかげた願望が原因であると考えた。「子どもと同様に、彼らは不変の生理学的法則によって、自分たちの上に権威をふるう人を愛するよう強いられている。それ故黒人はその本性から、ちょうど子どもが乳をふくませてくれる女性を愛さざるを得ないのと同様に、親切な主人を愛さざるをえない」。ドラペトマニアに悩む奴隷に対してカートライトは行動療法を提案している。すなわち、奴隷の所有者は極端な甘やかしや極端な虐待はさけるべきであると。「逃亡を防ぎ、治療するためには、ただ彼らをそのままの状態にしておき、子どものように扱わなければならないだけである。」

奴隷制擁護論者は多起源論を必要としなかった。宗教はなおも社会的秩序を合理づける第一の拠りどころとして科学の上部に位置していた。しかし、アメリカでの多起源論をめぐる論争は、科学のやり方による主張が現状を守り、人間の差異が不変の性質であることを守る最前線となり得なかった最後の時代を意味しているのかもしれない。南北戦争がすぐそばに近づいており、一八五九年のダーウィンの『種の起源』の出版も間近に迫っていた。奴隷制、植民地主義、人種差、階級構造、性の役割についてのその後の議論は、主として科学の旗の下に展開されることになる。

第三章　頭の計測

ポール・ブロカと頭蓋学の全盛時代

事実を認識している理性的な人は、平均的な黒人が平均的な白人と同等であるとか、いわんや優れているとは信じていない。そして、もしそのことが真実であるとしても、黒人のさまざまな制約が取り除かれ、保護者も制圧者もいないフェアな戦いが行なわれた場合、顎の突き出たこの我々の近縁者が、大きな脳と小さな顎をもったライバルに対して勝利をおさめるとは信じがたい。この戦いは思考が武器であって嚙みつき合いではないのだ。

——T・H・ハクスリー

数字の魅力

序

進化理論は、人種単起源論と多起源論の熾烈な論争を支えていた創造論の足場をとっぱらったが、両派の共有した人種差別主義にずっと有効な理論的根拠を提供することになり、両派を満足させた。単起源論は知的、道徳的価値にもとづいて人種の直線的な階層を引きつづき作りあげ、一方、多起源論者は、今度は有史以前の霧の中に共通の祖先を認めたが、人種は能力と知能における重要な遺伝的な差異を進化させるために、十分遠い昔に分岐したのだと主張した。人類学史家としてジョージ・ストッキングは次のように述べている（一九七三年、lxx ページ）。「一八五九年以後この知的緊張関係は、単起源論かつ人種差別主義の包括的進化主義によって解消された。この進化主義は黒い皮膚の野蛮人[*1]をサルのすぐ近くに位置づけることによって、人類の単一性を主張した」と。

十九世紀後半、人類学は単に進化論だけの時代ではなかった。もう一つの潮流が、これまた抗しがたい勢いで人間科学に押し寄せることになった。それは数字への魅力である。精密な計測は論駁しえない正確さを保証できるし、これまでの主観的な思弁からニュートン物理学と等価の真の科学への移行を印すことができるという信念である。進化論と数量化はとんでもない同盟を結ぶことになった。科学を根本的に誤解した多数の人々が定義するものを「科学」、すなわち、膨大な数字によって表面上裏づけられた主張を科学と定義するならば、この同盟が、その意味で「科学的」人種差別主義の強力な理論を初めて作り上げることになった。人類学者はダーウィン以前にもすでに数字を提供してはいたが、モートンの分析（第二章）の粗雑さは厳密さに対するあらゆる要請を裏切るものであった。ダーウィンの世紀の終わりまでには、標準化された手法や、ますます増えてきた統計学的知識のおかげで、より信頼できる数字のデータが氾濫しはじめていた。

この章は、かつて重要性において他の何ものにもまさると思われていた数字の話である。頭蓋計測学のデータ、すなわち頭蓋骨およびその内容物の計測の話である。頭蓋計測学の指導者たちは、政治的意識をもつイデオローグではなかった。彼らは自分たちを数字の下僕であり、客観性の使徒であると考えていた。そして彼らは、恵まれた白人男性が共有するあらゆる先入観——黒人、女性、および貧しい人々は、自然の苛酷な命令によって、従属的な役割をになうのだ——を肯定していた。

科学は創造的解釈にその根本がある。数字は示唆し、強制し、拒否する。数字それ自体は科学理論の内容を明確に述べるわけではない。理論は数字の解釈の上に構築され、解釈者はしばしば自らのレトリックによって墓穴を掘ることになる。解釈者は自らの客観性を信じ込んでいる。また、自分たちの得た数値に抵触しない数多くの解釈から一つの解釈を選ぶ際に先入観を見破れないでいる。ポール・ブロカは今ではすでに過去の人になっている。我々は一歩さがって見ることによって、彼が新しい理論を作るためにではなく、ア・プリオリな結論を例証するために、数字を利用したことを明らかにできる。我々は、実際に科学にたずさわる大部分の人々と文化的文脈を共有し、しかもそれに影響を受けたものを客観的真理であると勘違いしている、という単なる理由で、現代の科学は昔とは同じではない、などと信じているのだろうか？ ブロカは典型的な科学者であり、細心の注意を払って精密な測定を行なうことに関しては、誰も彼を超えることはできなかった。どのような権利があって、彼の先入観を、我々自身の偏見とは別ものだと決めつけることができ、そして、現代は科学が文化や階級とは無関係に機能していると考えることができるだろうか？

フランシス・ゴルトン——数量化の使徒

ダーウィンの有名な従弟であるフランシス・ゴルトン（一八二二〜一九一一）ほど彼の時代の数字の魅力を表現した人はいない。気ままな資産家であるゴルトンは、かなりのエネルギーと知能を測定という好みの対象へ向けた類稀《たぐい》な自由人であった。近代統計学の先駆者であるゴルトンは、十分な労力と巧妙さをもってすればどんなものでも計測できるだろうし、計測は科学的研究の重要な規準であると信じていた。彼は祈りの効果*2について統計学的研究を提案し、自ら実践さえしたのである！　ゴルトンは一八八三年に「優生学」を造語し、両親の遺伝的素質に基づいて結婚と家族の人数を規制すべきだと主張した。

彼は創意あふれる独特な方法で計測への信念を推し進めた。例えば次のようなやり方でイギリス諸島の「美人地図」を作ろうとした（一九〇九年、三一五～三一六ページ）。

「私が出会った人々を〝良い、普通、悪い〟と三つのランクに分類するときはいつでも、刺すための道具として針を使い、気づかれないようにその針で紙に穴をあけた。紙はあらかじめ、長い脚をもつ十字架形に切っておく。十字架の上端を〝良い〟、十字架の腕を〝普通〟、下端を〝悪い〟とする。針穴は、はっきりあけるので、暇なときに簡単に読みとることができる。対象、場所、日付をその紙に記入する。私はこの計画を美人データのために利用した。街や他の場所で私とすれ違った女性を魅力的、平凡、嫌いに分類した。もちろん、これは純粋に個人的評価であるが、同じ市民への別の試みと一致していることから判断すると、一貫性がある。ロンドンが美人ランクの最上位に位置することがわかった。アバディーンは最低だ」

彼は上機嫌で退屈さを数量化する次のような方法を提案している（一九〇九年、二七八ページ）。

「多くの心理変化はほぼ計測可能である。例えば人が退屈する度合は、もぞもぞする回数を数えることによって計測できる。私はしばしば王立地理学協会の会合でこの方法を試みた。というのは、その会合では退屈な論文がときおり発表されるからである。……時計を使うと注意を引くので、私は一分間一五回の自分の呼吸数によって時間を計った。呼吸は頭でカウントするのではなく、指を連続的に一五回押しつけることで区切りをつける。カウントするのはもぞもぞする回数に限られた。この観察は中年の人だけにすべきである。子どもがじっとしていることはめったにないし、老いた哲学者は何分間も全く不動のままでいることがあるからである」

数量化はゴルトンにとって神であり、計測できるほとんどのものが遺伝するという強い信念が彼の支えであった。ゴルトンは、最も社会的な行動さえも強力な生得的諸要素であると信じていた。「上院議員の多くは百万長者の娘と結婚しているのだから、我々の上院はゆくゆくいっそう抜け目のない商売能力を共有し、多分、商売上の誠実さの規準が現在よりもずっと低下するということは十分に考えられる」と書いている（一九〇九年、三一四〜三一五ページ）。彼は民族の相対的価値を計測するための、新しく、かつ独創的な方法を常に探しながら、黒人の族長と白人の旅行者の出会いの歴史を研究し、黒人と白人を評価しようと提案した（一八八四年、三三八〜三三九ページ）。

「白人の旅行者は、文明国に広まっている知識をたずさえていったことは明らかである。しかし、我々が想像するほどこのことは重要な利点ではない。原住民の族長は人を支配する術について望みうるかぎり申し分のない教育を受けている。彼はいつも人の管理に心を悩ませ、毎日自分の部下やライバルに対して、自分の人格の高潔さを示すことによって自らの立場を維持している。未開の国々を旅する人はまたある程度指導者の職務を務め、それぞれの居住地で原住民の族長に出会わなければならない。その結果はよく知られている。白人の旅行者は、ほとんど例外なく彼らの面前で引けをとらない。白人の旅行者が、自分より優れた人間であると感ずるような黒人の族長に出会ったという話を聞くことはめったにない」

知能の遺伝に関するゴルトンの重要な著作（『遺伝的天才』一八六九年）は知能の規準に人体計測を含めていたが、その後、頭蓋骨や身体を計測するという彼の興味は、一八八四年の万国博覧会に実験室を建てたときにピークに達した。博覧会の実験室では、人々は三ペンスを払い、流れ作業の要領でテストと計測を受け、最後に自分の検査値を受けとる。博覧会終了後も六年間、彼はロンドン博物館に実験室を維持しつづけた。実験室は有名になり、時の首相グラッドストンのような多数の著名人の注目を集めた。

「グラッドストン氏は、自分の頭の大きさについてうれしそうに力説した。帽子屋が自分のことをアバディーン州特有の頭だと言った、と次のように語った。〝この事実は、多分よくご存じでしょうが、私のスコットランド的要素を語るためには忘れることのできないものです〟。やや短頭ではあったが、美しい形の頭だった。実は、外まわりはそれほど大きいわけではなかった」(一九〇九年、二四九〜二五〇ページ)

この文章がヴィクトリア朝時代の変人のたわいない酔狂と誤解されないように、フランシス・ゴルトン卿は当時の指導的知識人だとまじめに考えられていたことを指摘しておこう。アメリカの遺伝決定論者であり、アメリカにおけるIQテストの制度化に最も貢献した人物ルイス・ターマンは、ゴルトンのIQ値を二〇〇以上であると後世になってから計算したが、ダーウィンには一三五、コペルニクスには一〇〇〜一一〇しか認めなかった(三四二〜三五一ページの、知能テストの歴史のこっけいな事件を参照のこと)。遺伝決定論者の主張に強い疑問を抱いたダーウィンは『遺伝的天才』を読んだあとで、次のように書いている。「あなたは、ある意味で一人の敵対者を転向させました。というのは、私は常々、ばかを除いて、人間は知能に大きな違いはなく、ただ熱意と努力が違うだけだと考えていましたから」(ゴルトン、一九〇九年、二九〇ページ)。ゴルトンは「努力についてのダーウィン氏の意見に応えるとすれば、仕事に対する適性を含めてその特質が、他のあらゆる能力と同様に遺伝的だということです」と回答した。

開幕劇の教訓――数字は真理を保証しない

一九〇六年、ヴァージニア州の医者ロバート・ベネット・ビーンは、アメリカの黒人と白人の脳を比較した長い専門的論文を公表した。ある種の神経学的才能を発揮して、自分が調べたあらゆる事例に有意の差を見出した。すなわち、彼の好みの表現を使えば、具体的数値に黒人の劣等性が有意に表われていたのである。

ビーンは、左右両半球を結ぶ線維を含む脳内構造である脳梁[*3]に関する自分のデータには特に自信があった。より高度な知的機能は脳の前頭部に、知覚運動能力は後頭部にそれぞれあるという頭蓋計測学の基本的見解に従って、ビーンは脳梁内の部分の相対的大きさによって人種をランクづけできるだろうと推論した。そこで彼は前部にある脳梁膝と後部の脳梁膨大の長さを測り、比較した。彼は脳梁膝対脳梁膨大をプロットし（図3・1）、かなり大量のサンプルから黒人と白人の脳を事実上完璧に区別することができた。白人は比較的大きな脳梁膝をもち、それ故に知能の座である前頭部により多量の脳をもつ。さらに注目すべきは、脳梁膝が嗅覚作用と知能の両方のための線維を含んでいるとビーンが強調したことである！　ビーンは続ける。黒人が白人より鋭敏な嗅覚を持つことは周知のことであるので、万一、知能が人種間で実質的に違わないとすれば、黒人により大きな脳梁膝を期待してもよいかもしれない。しかし、黒人の脳梁膝は、嗅

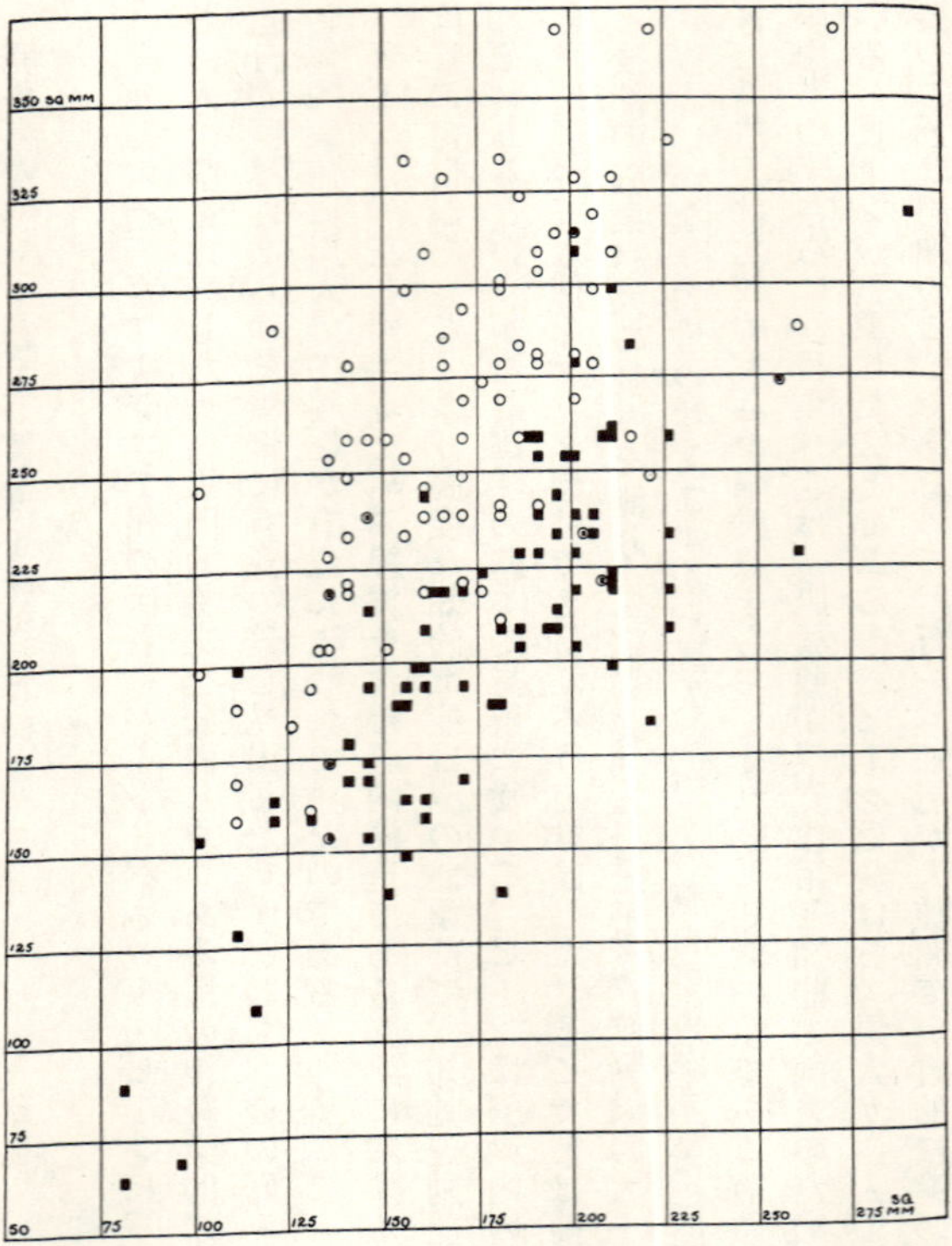

図3・1　ビーンによるX軸の脳梁膨大対Y軸の脳梁膝のプロット。白丸は当然白人の脳、黒い四角が黒人の脳。白人の方が大きな脳梁膝をもっているように見える。したがって白人の方が前頭が大きく、たぶん知能が高い。

覚がすぐれているにもかかわらず白人より小さい。したがって黒人は知能が事実上不足しているに違いない。さらにビーンは、各々の人種で女性は男性より小さな脳梁膝をもつとし、性差に対しても同じ結論を推し進めることを忘れはしなかった。

次にビーンは白人の脳の前頭部が頭頂および後頭部（側部と後部）に対して相対的に大きい点について話を進めている。前頭域の相対的大きさは、黒人では「人間（原文のまま）とオランウータン」の中間にあると主張した（一九〇六年、三八〇ページ）。

この長い論文には一貫して、共通の尺度がないことが明らかである。つまり、ビーンは古典的な頭蓋計測の好みの規準である脳そのものの大きさには何ら触れていない。これを無視した理由は、補遺の中に、黒人と白人の脳は全体の大きさに違いはないという表現で、隠されている。ビーンは「非常に多くの要因が脳重量に関与してくるために、この問題（脳重量）についての論議がここで有益であるかどうかは疑問である」と論点を外した。しかし彼は一つの活路を見出した。彼が用いた脳は医学校に持ちこまれる身元不明の死体から取られたものである。黒人は白人より死体に敬意を払わないことはよく知られている。白人の中では最下層の人々――売春婦や困窮者――の死体だけが遺棄され、「一方、黒人では、上の階級でさえ死体を粗末に扱うことが知られている」。それ故に、計測に差が実際に見られなくても、コーカサス人の優位を示すことになるだろう。なぜならこのデータはおそらく「下層階級のコーカサス人種の方が、上級階級の黒人より大きな脳をもつことを示しているからである」（一九〇六年、三八〇ページ）。

問題の多い補遺の前の概要に述べられたビーンの総括的なむすびは、一般的に知られている偏見を科学の結論として宣言するものであった。

「黒人は本質的には情愛深く、非常に感情的であり、それ故に官能的であり、刺激を受けると情熱的になる。派手好みで、音楽的調音能力がある。芸術的能力や鑑賞力は未発達ではあるが、黒人は優れた職人や手細工職人になる。性格が不安定で、自制心を欠きやすく、特に男女関係ではそれが著しい。さらに見当識の欠如、すなわち、いわゆる特有の傲慢さが顕著に見られることからも明らかなように、自分と環境との位置や状況の認識力に欠ける。脳の後頭部全体が大きく、前頭部全体が小さいという理由から、当然黒人に対して今述べたような特徴が予測されるであろう」

ビーンは自分の見解を専門誌の発表に限定しただけでなく、一九〇六年には二つの論文を大衆雑誌に発表して大いに注目を集め、一九〇七年四月の『アメリカン・メディスン』誌の論説のテーマになった（チェイスに引用。一九七七年、一七九ページ）。論説は次のように賛意を表明した。「ビーンは、より程度の高い教育を授けるための黒人学校が完全に失敗したことに対して解剖学的根拠を与えた。ということは、馬が三数法[*4]を理解できないように、黒人の脳はそれを理解できないのと同じことである。……すべての政党の指導者は、今や人間の平等が誤りであることを認め……その誤りを訂正し、我々の繁栄に対する脅威、すなわち頭脳をもたない多くの有権者を排除することが現実的であろう。」

しかし、ジョンズ・ホプキンズ大学でのビーンの師であるフランクリン・P・マールは懐疑的だった。ビーンのデータはあまりにもうまくいきすぎていると考えた。彼は手順に重要な変更を加えてビーンの研究を追試して確かめた。彼はどの脳が黒人のものであり、どの脳が白人のものであるか、脳の計測が終わるまで全くわからなくした（マール、一九〇九年）。その結果、百六個の脳のサンプルについて、ビーンの計測法を用いても、脳梁膝と脳梁膨大の相対的大きさは白人と黒人の間にはどのような違いも見出されなかった。このサンプルには十八個体がビーンのサンプルからのものが含まれ、そのうち、十個が白人、八個が黒人のものであった。ビーンの脳梁膝の計測値は白人七個についてはすべてマールの計測値より大きかったが、黒人ではたった一個が大きかっただけである。脳梁膨大のビーンの計測値は、黒人の八個のうち七個がマールのそれよりも大きかった。

私が開幕劇としてこの短い狂信物語をとりあげたのは、これが本章と本書の重要な論点を非常にはっきりと示しているからである。すなわち、次の四つである。

（1）科学的人種差別主義者や性差別主義者はしばしば劣等性というレッテルを、不利な立場にある一つのグループに限定する。しかし人種と性差と階級は一連のものであって、それぞれが他の代用としてふるまう。個々の研究は範囲が限定されるかもしれないが、優劣のヒエラルキーは自然の命ずるところに従うのであり、生物学的決定論の一般的哲学が染みついている。つまり社会成層は生物学を反映しているのである。ビーンは人種を研究したが、彼は自分の最も重要な結論を女性へと拡張し、さらには社会階級の相違まで動員して、黒人と白人の脳の大きさが等しいことはまさに黒人の劣等性を示していると主張した。

（2）豊富な数字による資料ではなく、事前の先入観によって結論を導き出すこと。黒人の横柄さに関するビーンの言明は、脳の前頭部と後頭部のデータからの帰納ではなく、彼が客観性を与えようと企てたア・プリオリな信念を表明していることは、ほとんど疑いない。しかも脳の大きさが等しいことから黒人の劣等性を引きだした特異な論述は、黒人の劣等性についてのア・プリオリな信念を共有する文脈からはみ出して、こっけいである。

（3）数字とグラフは、計測の精度やサンプル数や操作の複雑さが増したからといって信頼性を獲得するわけではない。基本的実験計画に欠陥があるかもしれないし、その場合、実験回数を重ねても訂正可能になるわけではない。多くの可能な結論があるのに、その一つに事前からこだわるのは、しばしば計画に重大な欠陥があると断言できる。

（4）頭蓋計測は学者の単なるお遊びだったわけではなく、専門誌に限られた主題ではあったが、その結論は大衆出版物に氾濫していった。結論がいったん確立されると、多くの場合独り歩きし始め、二次資料から二次資料へと際限なくコピーされる。誰も初

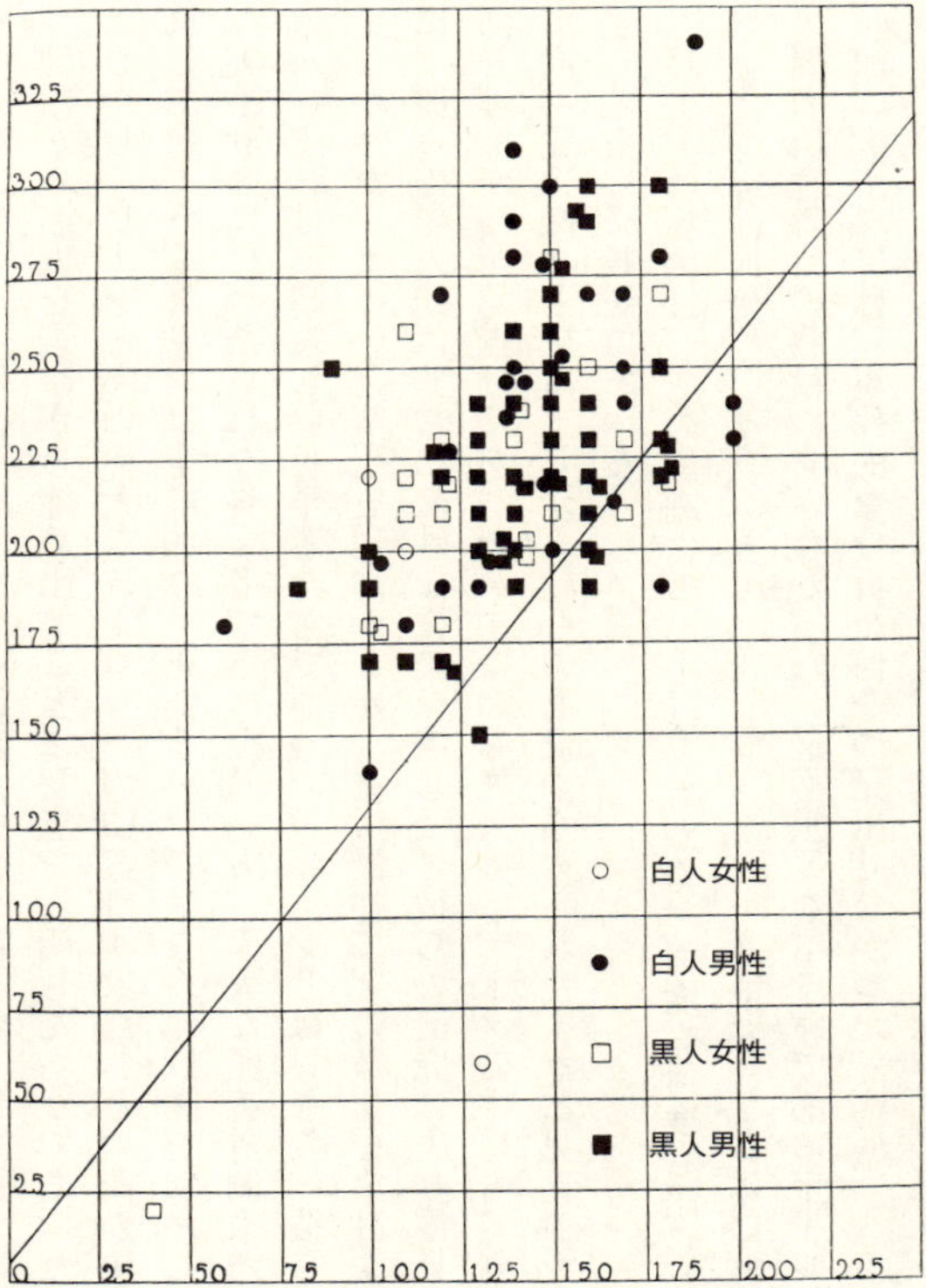

図３・２　マールによる脳梁膨大対脳梁膝のプロット。マールは脳が白人のものか黒人のものか知らずにそれを計測した。彼は人種間に差がないことを見出した。直線はビーンによる白人と黒人の区分を示している。

めの資料の欠陥を検討しないために反証困難になる。この事例ではマールがビーンの独断の芽をはやいうちに摘み取ったが、影響力をもつ雑誌が、生まれつき愚かであるという理由から黒人を選挙から締め出すことに賛意を表明したあとであった。

しかし、ビーンとあの偉大なヨーロッパの頭蓋計測家たちとの間の決定的違いをも指摘しておこう。ビーンは意識的な不正あるいは極端な自己欺瞞をおかした。彼はばかげた実験計画に従った哀れな科学者であった。一方、偉大な頭蓋計測家たちは、当時の規準からすれば素晴らしい科学者たちであった。ビーンとは異なり、彼らの数値は一般に正しかった。どういう解釈を選ぶかとか、まず最初にどの数値を集計するかを決める際に、彼らの先入観は非常に微妙な役割を演じた。彼らの研究はより露見しにくかったが、同じ理由から全く無効であった。すなわち先入観はデータの中にもぐりこんで、一巡して同じ先入観へと戻る。しかも細心の計測から得られたように見えるために信頼を獲得する確実な必勝法であった。

ビーンの物語は、その詳細についてはともかく、何度も何度も語られてきた（ミュルダール、一九四四年、ハラー、一九七一年、チェイス、一九七七年）。とはいえ、ビーンはつかの間の田舎舞台の脇役にすぎなかった。最も重要なドラマであるポール・ブロカと彼の学派のデータには、現代的な分析を何一つ見出せなかった。

頭蓋計測学の大家――ポール・ブロカとその学派

よく使われる循環論法

一八六一年、まだ陣痛が続いている若い学会のいくつかの分科会で熾烈な議論が展開されていた。医学部の臨床外科の教授であったポール・ブロカ（一八二四～一八八〇）は、一八五九年にパリの人類学協会を創立していた。二年後、この学会のある分科会で、ルイ・ピエール・グラチオレによってブロカが最も大事にしてきた信念に挑戦する論文が発表された。グラチオレは脳の大きさが知能の程度と全く関係ないことを大胆にも主張したのである。

ブロカは自分の弁護に立ち、もし大きさの違いが何の意味ももたないとしたら、「人種の脳の研究はその関心も有効性も大部分が失われることになる」と主張した。もし成果が人間の諸グループを記述することも、またグループの相対的価値を評価することもできないのであれば、人類学者はなぜ頭蓋骨の計測にそのように多くの時間を費やしてきたのだろうか？

「したがって、人類学協会で今まで論じられてきた諸問題の中で、現在我々の前にある問題ほど興味深く重要性をもつものはない……頭蓋計測の重要性をあまりにも強く人類学者たちは感じていたために、頭蓋骨の研究に専念するあまり、我々の多くはこの科学の他の分野を顧みなかった……そのようなデータの中に、私はさまざまな人種の知能評価に関する何らかの情報を見つけることを期待したのだ」（一八六一年、一三九ページ）

その後、ブロカは自分のデータを公開し、哀れなグラチオレは完敗を喫した。この論争に対するグラチオレの最後の貢献は、かつて科学者によってなされた発言の中で最もあいまいで惨めな譲歩発言として位置づけられるはずである。彼は自分の誤りを撤回しなかった。代わりに自分の微妙な立場を誰も理解していないと主張したのである（ついでに言えば、グラチオレは王政主義者であり、平等主義者ではなかった。彼は黒人と女性の劣等性を主張するための別の物指し――例えば頭蓋縫合線の初期の閉鎖――を探そうとしたにすぎない）。

ブロカは勝ちほこって、次のように結論した。

「一般に脳は、老人より壮年に達した大人の方が、女性より男性の方が、普通の能力の人より傑出した人の方が、劣等人種より優秀な人種の方がそれぞれ大きい（一八六一年、三〇四ページ）。他の条件が同じなら知能の発達と脳容量との間には顕著な相関

関係が存在する」（一八八ページ）

五年後、百科事典の人類学に関する項目でブロカはさらに自信をもって、次のように表現した。

「顎の突き出た顔、黒っぽい皮膚、縮毛、知的および社会的劣等性はしばしば相伴って出現する。一方、白っぽい皮膚、直毛、垂直な顔は人類の最も高等なグループの通常の資質である（一八六六年、二八〇ページ）。……黒い皮膚、縮毛、顎の突き出た顔をもつグループは、かつて自力で文明を興したことはない」（二九五～二九六ページ）

これは残酷な言葉であり、ブロカ自身も自然がこのような仕組みを創ったことを遺憾に思っていた（一八六六年、二九六ページ）。しかし、彼に何が可能だっただろうか？　事実は事実である。「人間の知識の発達に調和せず、また真理の前にひれ伏さないような、どんなに立派な信念も、どんなに正当な関心も、存在しない」（カウント、一九五〇年、七二ページ）。ブロカの第一の弟子であり、後継者であったポール・トピナールの座右銘は「私は体系を、特にア・プリオリな体系を嫌悪する」であった（一八八二年、七四八ページ）。

ブロカは、当時の平等主義の科学者数人を槍玉にあげて、特に苛酷に扱った。彼らの倫理的希望や政治的夢によって、彼らの判断がくもらされ客観的真理がゆがめられたため、自分たち科学者の天職が貶められたからである。「政治的、社会的動機が介入することは人類学にとって宗教的要素が介入するのと同様に有害である」（一八五五年、カウント、一九五〇年、七三ページ）。例えば、偉大なドイツの解剖学者フリードリッヒ・ティーダマンは、黒人と白人の頭蓋容量には差異がないと主張していた。ブロカは、私がモートンの研究で暴露した（一二一〜一五一ページ参照）のと同じ誤りをティーダマンの場合にも見破った。モートンは、黒人に対して主観的で不正確な推計法を用いたときは、同じ頭蓋骨を正確に測定するときより故意に少なくその容量を計算した。ティーダマンは、さらに不正確な推計法を用いて、黒人の平均値を、他の科学者が示した平均値よりも四五cc多く計算した。その一方で、白人の頭蓋骨を測ったときには、同僚によって報告された値ほど大きな値ではなかった（ブロカにとって、モートンは英雄であり、模範とする人物であった。彼はティーダマンを喜々として摘発したが、彼がモートンの数値を全くチェックしなかったのは明らかである。ブロカは、かつて一〇〇ページあまりの論文を公表し、その中でモートンの手法を綿密に分析していた。――ブロカ、一八七三年b）。

なぜティーダマンは道を外れてしまったのだろうか？　「不幸なことに彼は先入観に支配されていた。彼は全ての人種の頭蓋容量は同じだということを証明しようとしていたのだ」とブロカは書いている（一八七三年b、一二ページ）。しかし、「事実は理論に優先しなければならないということが、観察に基づく全ての科学の原理である」（一八六八年、四ページ)。私が思うに、ブロカは、事実こそが唯一自分を拘束するものであり、伝統的なランクづけを確定するのに成功したのは、反復可能な手順を確立させた自分の測定の細心さによるのだと信じていたようである。

事実、彼の論文を読む人は誰も、ブロカがデータを得るときに細心の注意を払ったことに対して、敬意を払わずにはいられない。私は彼の示した数字を信用しているし、それより良いデータはそれまで得られていなかったと思う。ブロカは、頭蓋容量を測るのに用いられたそれまでのすべての方法を徹底的に研究した。「かの有名なモートン」が支持したように(一八六一年、一八三ページ)、鉛玉が一番良い結果をもたらすと結論づけた。しかし、頭蓋骨から取り出した鉛玉を入れて量を測るためのシリンダーの形や大きさ、頭蓋骨へ鉛玉を入れるときの速さ、頭蓋骨の中に鉛玉をきっちり詰め、もっと詰められるかどうかを知るために頭蓋骨をトントンと軽くたたく、そのたたき方、こうしたさまざまな要因を考慮しながら、測り方の手法を洗練するのに数カ月を費やした(ブロカ、一八七三年b)。ブロカは最終的に頭蓋容量を計量する客観的方法を開発した。とはいえ、自分の研究では自分の手で死体解剖を行ない、直接脳の重さを測ることの方を好んだ。

私は一カ月を費やして、ブロカの主要な研究のすべてを読んだ。特に彼の統計学上のやり方に焦点をあてたが、その結果、彼の方法に一つの決まったパターンがあることを知った。彼は、多分いつものやり方で、事実と結論との間の食い違いを詳しく考察した。

——全く逆のやり方である。まず結論が来る。しかもブロカの結論は当時、最も成功した白人男性が共有した了解事項——自然の幸運によって最上位に男性が位置し、ついで女性、黒人、貧乏な人々が順に下位に位置する——であった。彼の場合の事実は（モートンの事実とは違って）信頼できた。しかし、それらは選択的に集められ、あらかじめ定められている結論に役立つよう無意識のうちに操作された。こうして、その結論は科学への称賛ばかりでなく、数字への威信をも生み出した。ブロカとその一派は事実を例示として用いたのであり、結論を限定する資料としてではなかった。彼らは結論から出発し、事実に目を凝らし、循環して同じ結論へ戻ってきた。彼らが提出した実例はより詳しく調べ直す必要がある。（無意識にデータを操作した）モートンとは違って、彼らは、おそらくより一般的な別のやり方——客観的であるかのごとく見せかける——で自分たちの先入観を反映させたからである。

特徴を選択すること

パリで「ホッテントットのヴィーナス」が死んだとき、ブロカが後に、フランス人で最大の脳の持ち主であると驚喜した偉大な科学者ジョルジュ・キュヴィエは、生前に会ったこのアフリカ女性を思い起こした。

「我々がオランウータンで観察するのと全く同じように、彼女は唇を突き出した。彼女の行動はいくぶんつっけんどんで、気まぐれであり、サルの行動をほうふつとさせる。彼女の唇は異様に大きい〔サルの唇は薄く小さいことをキュヴィエが忘れていることは明白である〕。彼女の耳は多くのサルのように小さく、耳珠が非常に小さく、外縁はほとんどない。これらは動物の特徴である。私はこの女性の顔ほどサルに似た人間の顔をかつて見たことがない。」（トピナール、一八七八年、四九三〜四九四ページ）

人間の身体はさまざまな方法で計測することができる。ある一つのグループの劣等性をあらかじめ確信している研究者は誰でも、そのグループが、よりサルに近い関係にあることを示すためにいくつかの測定項目を選ぶことができる（誰も試みたものはいないがこのやり方は、当然、白人男性にも同様に有効だろう。例えば白人は薄い唇をもつ――これはチンパンジーと共通の特徴である。一方大部分のアフリカ黒人はより厚い唇をもつ。したがって黒人はより「人間的」な唇をもつことになる）。

ブロカの基本的な偏見は、人種が知的価値という直線的な物指しでランクづけられるという前提にあった。民族学の目的を列挙したとき、ブロカは「人種の相対的位置を決定すること」をその中に含めていた（トピナール、一八七八年、六六〇ページ）。人間の多様性が直線的・階層的ではなく、さまざまに分岐し、変則的であるとは彼には思いも及ばなかった。彼はあらかじめ人種のランクの順序を知っていたわけだから、人体測定とはその正しいランクづけを示す特徴を探すことであって、先入観にとらわれない経験的方法で数字を利用することではなかった。

そこでブロカは「有意な」特徴、すなわちすでに決まっているランクづけを示すであろう特徴を探しはじめた。例えば、一八六二年に上腕骨に対する下腕骨の比を調べた。そして、その比が大きいことは前腕が長いことであり、すなわちサルの特徴であると判断を下した。初めはすべてが順調であった。黒人ではその比が〇・七九四、白人では〇・七三九と出た。しかし次にブロカは困惑するデータにぶつかった。エスキモーの骨格では〇・七〇三、オーストラリア原住民では〇・七〇九。一方キュヴィエがサルに近いというホッテントットのヴィーナス（彼女の骨格はパリに保存されていた）では、たったの〇・七〇三という値が出た。そこでブロカには二つの選択の道があった。すなわち、自分が用いた規準に従って、白人が皮膚の黒いグループ群より低い位置にあることを認めることもできたし、その規準を放棄することもできたはずである。彼はホッテントット、エスキモー、オーストラリア原住民が大部分のアフリカ黒人の下に位置することを知っていたので（一八六二年a、一〇ページ）、二番目の選択肢を選んだ。「今後、私は前腕が後腕より長いことを退化または劣等性の特徴として考えることは難しいように思う。なぜならば、この説明に基づけば、ヨーロッパ人が、一方では黒人、他方ではホッテントット、オーストラリア原住民、エスキモーの中間の位置を占めることになるからである。」（一八六二年、一一ページ）

後に彼は、脳の大きさに関する彼の基本的規準をほとんど放棄したが、これは、劣等な黄色人種が非常に良好な数字を示したためである。

「人種をその頭蓋容量の順に並べた表は、人種の優劣の度合いを表わすものではない。その大きさは単に（人種をランクづけるという）この問題の一つの要素を表わすにすぎない。この表ではエスキモー、ラップ人、マレー人、タタール人およびモンゴル系の他のいくつかの人種が、ヨーロッパの最も文明化された人種の上位に位置することになる。したがって、劣等な人種が大きな脳をもつことになる」（一八七三年a、三八ページ）

しかしブロカは全体的な脳の大きさをありのままに測ることから多くの有用なことを拾い上げることが可能であると感じた。いくつかの劣等グループが大きな脳をもっているので、表の上位部ではそれは意味をもたないかもしれないが、小さな脳はもっぱら低い知能の人々に属するので、表の下の部分では有効に働く。ブロカは続ける。

「しかしこのことは、脳の小さいことが劣等性の印として価値がないというのではない。この表は西アフリカの黒人の頭蓋容量がヨーロッパ人種のそれより約一〇〇cc少ないことを示している。この数値にカフィア人、ヌビア人、タスマニア人、ホッテントット、オーストラリア原住民を加えることができる。これらの例は、脳の容量が人種の知能をランクづけるとき決定的な役割はもたないとしても、非常に現実的な重要性をもつことを十分に証明している」(一八七三年a、三八ページ)

全く隙のない議論である。結論が適合しない部分では否定し、別の部分では同一の規準を使って肯定する。ブロカは数字をごまかさなかった。ただ彼は数字を選び出し、それを自分に都合の良い結論にあわせて解釈したにすぎない。

計測値を選び出すとき、ブロカは先入観に支配されてただ受身に押しながされたわけではなかった。彼は明白な規準をもつ確定した目標として特徴を選び出すことを主張した。彼の第一の弟子であるトピナールは、「どのような明確な意図をももたない経験的」特徴と「何らかの生理学的見解に関連する論理的」特徴とを区別した(一八七八年、二二一ページ)。では、どの特徴が「論理的」であると決められるだろうか? トピナールはそれに答えて、「その他の特徴は、正しかろうが誤っていようが、優勢であると考えられ、黒人ではサルに表われる特徴と似ており、サルからヨーロッパ人への推移の証となっている」と(一八七八年、二二一ページ)。ブロカもこの問題をグラチオレとの論争のさ中に熟考し、同じ結論に達していた(一八六一年、一七六ページ)。

「脳を比較するとき、知能差が歴然としているいくつかの人種を選択することによって、この問題を容易に克服できる。それ故、アフリカ黒人、アメリカ・インディアン、ホッテントット、オーストラリア原住民、そしてオセアニアの黒人たちと比較してヨーロッパ人が優れていることは、脳を比較することの出発点として十分確実に役立つ」

例示のために各グループを代表する個体を選別する際、全くひどい実例が沢山ある。三十年前、私が子どもだったころ、アメリカの自然史博物館の人間展示室には、サルから白人へと一直線に並んださまざまな人種の特徴が展示されていた。この時代までは、標準的な解剖学的例示として、チンパンジー、黒人、白人の順にそれらが描かれていた。たとえ、別の個体をもってきて比較すると、違う順序――チンパンジー、白人、黒人――になるくらい白人や黒人の個体変異は大きくてもである。例えば一九〇三年にアメリカの解剖学者E・A・スピッツカは、「著名人」の脳の大きさと形に関する長い論文を発表した。彼は一八四ページにかかげた図（図3・3）を示し「キュヴィエやサッカレーの脳からズール族やブッシュマン族の脳への一っ飛びは、後者からゴリラやオランウータンへの一っ飛びほど大きくない」と評した（一九〇三年、六〇四ページ）。しかし、白人の著名人のさまざまな脳の大きさを示す同じような図（図3・4）も発表したとき、自分の論拠を自ら崩壊させたとは全く気づいていなかった。ビーンを暴露したF・P・マールはこの図について次のように書いている（一九〇九年、二四ページ）。「これを比較

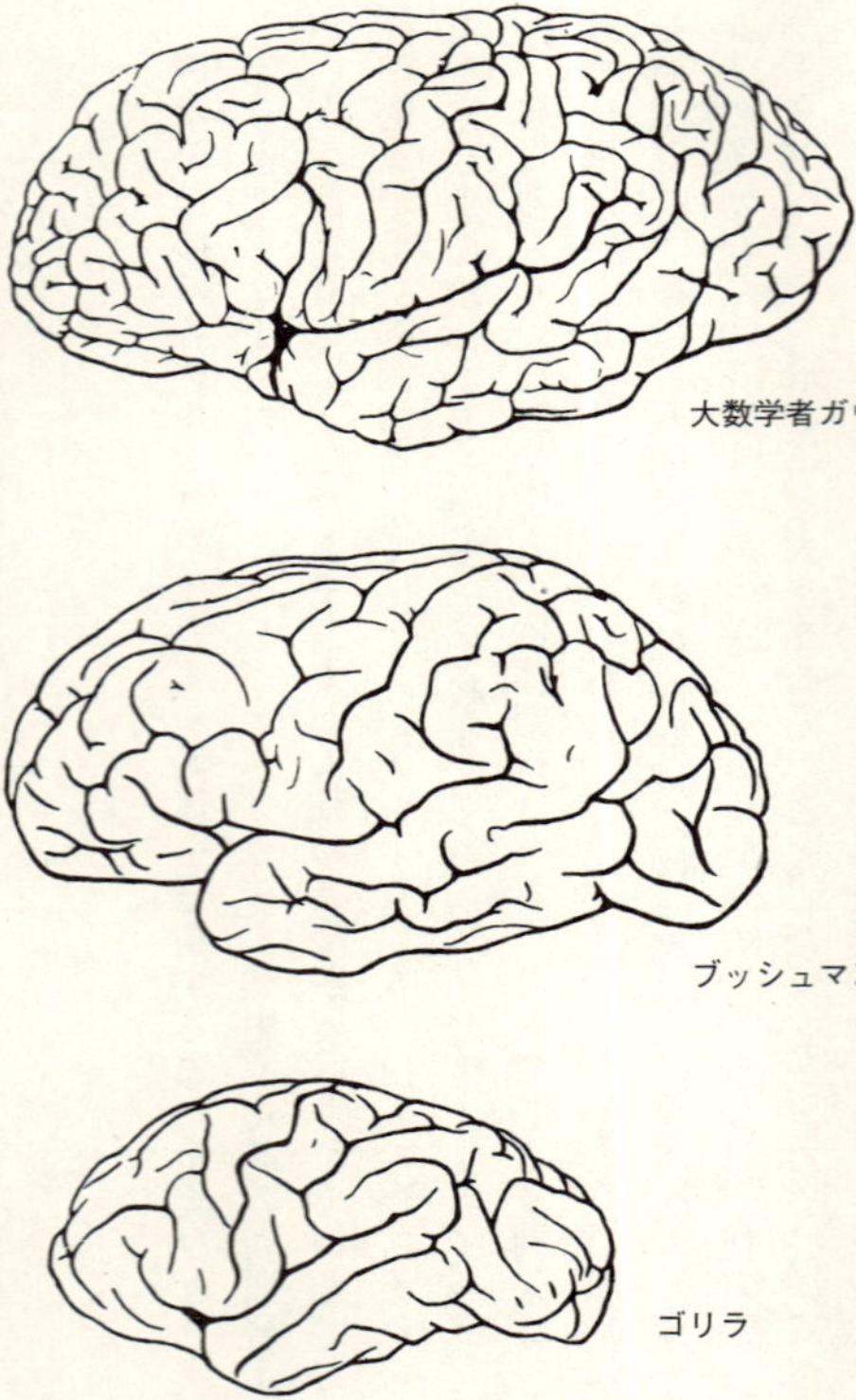

図3・3　スピッツカによる脳の大きさからみた存在の連鎖。

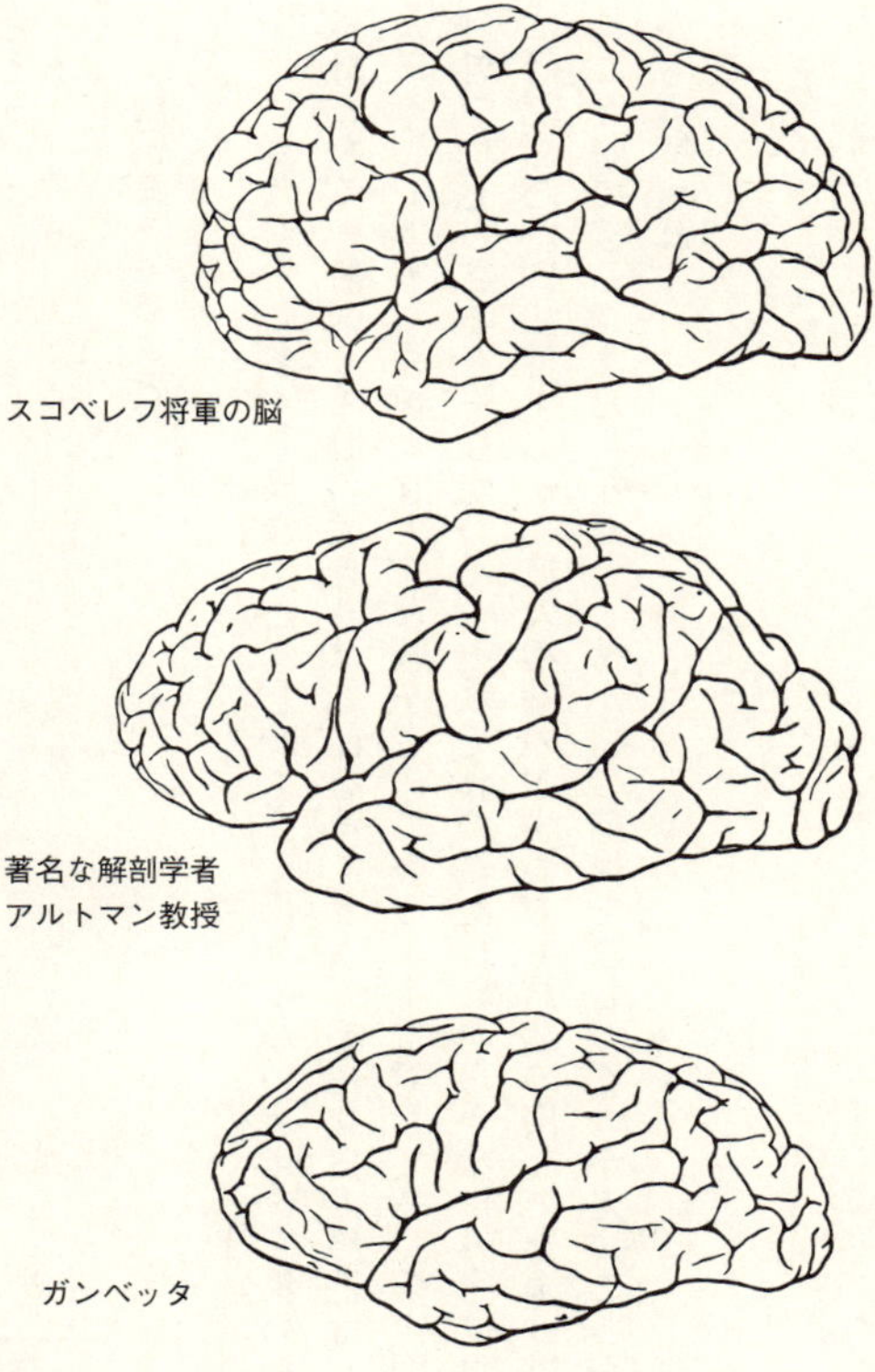

図3・4　著名な白人のさまざまな脳の大きさを描いたスピッツカの図。

すると、フランス首相ガンベッタの脳はガウスの脳よりもゴリラの脳に似ているように見える」と。

変則例をさけること

ブロカは非常に多くの異なった、しかもうそ偽りのないデータを集めたので、自分の指針となる一般則——脳の大きさは知能を示すとか、裕福な白人男性は、女性や貧しい人々そして下等な人種より大きな脳をもっている——に対して多くの変則例や明らかな例外をつくらざるを得なかった。それぞれの見た目に明らかな例外をブロカがどのように研究したかに注目すると、彼の議論のすすめ方や結論の出し方をよりはっきりと見抜くことができる。また、なぜデータが彼の前提を決してくつがえすことができなかったかも理解される。

ドイツ人の大きな脳

グラチオレは最後の必死の試みに全力をあげていた。彼はドイツ人の脳がフランス人の脳より平均で一〇〇グラム重いと勇気を出して主張した。明快に脳の大きさは知能と何ら関係がない！　とグラチオレははっきりと主張した。ブロカは軽蔑して次のように答えている。「グラチオレ氏は我々の愛国感情に訴えている。しかし、脳の大きさに価値があることを彼に認めさせることができ、そのために、彼が依然として優秀なフランス人であると示すことはたやすいことであろう。」(一八六一年、四四一〜四四二ページ)

そこでブロカはグラチオレの方法をそのデータをもとに系統立てて検討した。まず第一に、グラチオレが示した一〇〇グラムという数字はドイツの科学者E・フーシュケの支持されていない主張からとったものである。ブロカが自分で入手できるすべての正確なデータを照合すると、ドイツ人とフランス人の脳の重さの差は一〇〇グラムから四八グラムへと減少する。次にブロカは、脳の重さにも影響を及ぼす非知能的要素に対して一連の補正を行なった。彼は、脳の重さが身体の重さとともに増加し、年齢とともに減少し、不健康の期間が長いと減少する(したがってなぜ死刑囚が、病院で退行性の病気で死亡した善良な民衆より重い脳を持っているかが説明できる)と主張したが、これは全く正しいことである。ブロカはサンプル中のフランス人の平均年齢を五六・五歳、ドイツ人の平均を五十一歳であると記している。彼は、ドイツ人とフランス人で脳の重さが異なる部分のうち一六グラムはこの年齢差で説明でき、ドイツ人の優位を三二グラムに減らすことができると見積った。つづいて彼はドイツ人のサンプルから変死や処刑によって死亡した全個体を取り除いた。すると普通に死んだ二十人のドイツ人の平均の脳重量は一三二〇グラムとなり、早くもここでフランス人の平均値一三三三グラムを下まわることになった。しかしブロカはまだドイツ人の平均身長がより大きい点を補正していなかったのである、フ、ラ、ン、ス、万歳！
ブロカの同僚であるド・ジュヴァンセルは、ブロカに代わって哀れなグラチオレに反対して、ドイツ人のよりきわだった筋肉が脳やさらに多くの明らかな違いを全て説明していると主張した。平均的ドイツ人について彼は次のように書いている（一八六一年、四六六ページ）。

「彼（ドイツ人）は固形物と飲み物を我々の満腹量よりはるかに大量に消化する。このことは、ドイツ人のビール消費量とも関係し（ワイン産地でもビールは広く飲まれている）、ドイツ人をフランス人より一層肉づきをよくさせている——それ故に全体に対する脳の重さとの関係は、我々よりずっと勝っているのだが、逆に私には劣っているように思える」

私はブロカが補正を利用した点を非難するつもりはないが、自分の立場が脅かされたときにのみ補正を使うそのやり方に注意を促しておこう。女性の小さな脳という同じような結論に対して異議申したてができたのに、彼がいかに巧みに補正をしないで済ませたかをあとで論ずるときに、このことを想い出してほしい。

小さな脳の有名人

アメリカの解剖学者E・A・スピッツカは、著名な人々に、脳を科学のために死後献体するように熱心に勧めた。「私にとって墓の中で進行する死体の分解過程を想像するより、死体解剖を想像する方がずっと不快ではない」(一九〇九年、二三五ページ)。死亡した同僚の解剖は十九世紀の頭蓋計測学者の間では、ちょっとした家内工業のようであった。脳は長期にわたって人を引きつけ、その一覧表は誇らし気に宣伝され、いつも不愉快な比較が行なわれた(アメリカの指導的人類学者J・W・パウエルとW・J・マックギーですら、どちらが大きな脳を持っているかで賭をした。コ＝コがナンキ＝プーに、死刑執行後に打ちあげられる花火について話すようなものだ。「お前は花火を見ることはないだろうが、でもやっぱりあそこで花火は打ちあげられるのだよ」)。[*5]

何人かの天才についてはもちろん大変満足できる数値だった。ヨーロッパ人の平均脳重量が一三〇〇から一四〇〇グラムであるのに対して、偉大なキュヴィエは頭でっかちの一八三〇グラムであり、頭抜けている。キュヴィエは、一八八三年にツルゲーネフがついに二〇〇〇グラムの線を突破するまで、表の最上位にいた(最高位として可能性があるクロムウェルとスイフトは記録不十分のため中間に位置づけられた)。

もう一方の端である下位は少々混乱錯綜していた。ウォルト・ホイットマン[*6]はたった一二八二グラムで、アメリカの歌声を立派に聞くことができた。最大の侮辱として骨相学——脳局部の大きさによってさまざまな知的能力を判断するという独創的な「科学」

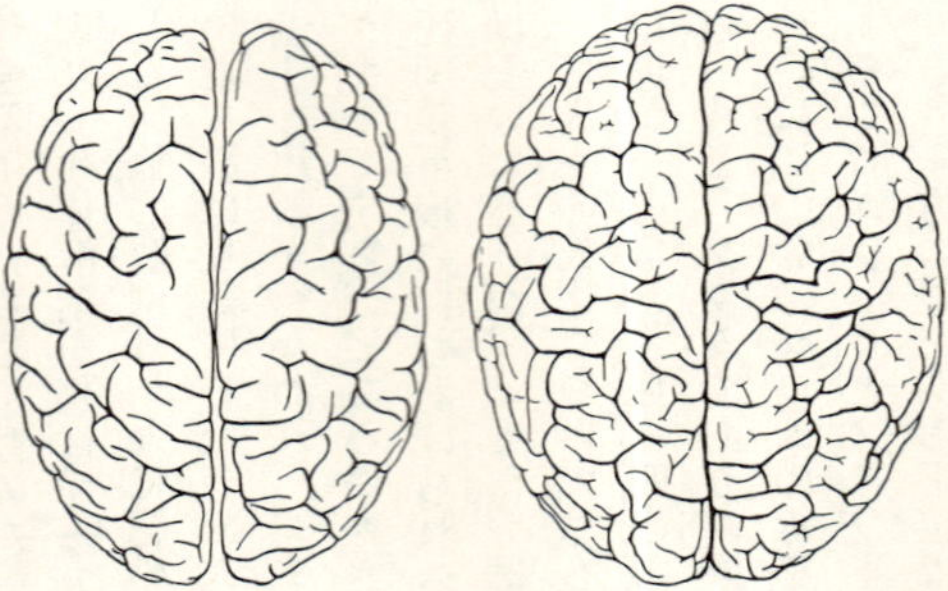

図3・5　偉大な数学者K・F・ガウス（右）の脳は1492グラムで、平均よりわずかに重いだけであったためワーグナーを困惑させた。しかし、別の規準がそれを救うことになった。E・A・スピッツカはガウスの脳がパプア人（左）の脳より非常に複雑に入り組んでいることを明らかにした。

——の二人の創始者のうちの一人であるフランツ・ガルは、わずか一一九八グラムであると計量された（ガルの同僚J・K・シュプルツハイムはまずまずの一五五九グラムであった）。しかもブロカの脳は、彼は当然知らなかったのだが、わずか一四二四グラムで、平均よりほんの少し重いが、自慢できるものではなかった。アナトール・フランスは一九二四年、最上位のツルゲーネフの名声とは対極の最低に決まり、彼の脳はわずか一〇一七グラムと計量されたが、これによって有名作家の範囲は一〇〇〇グラムにまで引き下げられることになった。

これらの小さな脳は厄介であったが、ブロカはひるまずに、何とかすべてを説明しようとした。小さい脳の所有者はひどく年老いて死んだか、極端に背が低く骨格が小さかったか、あるいは保存状態が悪かったかである。

同僚のドイツ人ルドルフ・ワーグナーの研究に対するブロカの反応は典型的であった。ワーグナーは一八五五年にまさに見事な逸品である偉大な数学者カール・フリードリッヒ・ガウスの脳を入手した。この脳は平均よりそれほど重くない一四九二グラムであったが、それ以前に解剖されたどの脳よりもずっと複雑に入り組んでいた（図3・5）。勇気づけられたワーグナーはさらに著名人の脳の重さの分布をプロットしようと企て、遺志によって提供されたゲッチンゲン大学の全教授の脳重量を量った。ブロカがグラチオレと争っていた一八六一年までに、ワーグナーはさらに四個の計量をすませていた。キュヴィエ（の脳重量）が挑戦されたわけではなかったが、二個体が特に当惑させるものであった。すなわち哲学教授ハーマンの一三六八グラムと鉱物学教授ハウスマンの一二二六グラムである。ブロカはハーマンの脳を、彼が高齢であったことから補正し、一六グラム、すなわち平均より一・一九パーセント引き上げた。「言語学教授としてはそれほど重くはないが、まだいくぶん補正しうる」（一八六一年、一六七ページ）ことをブロカは認めた。ハウスマンの数値は一般大衆の平均値にまで引き上げるような補正はできなかったが、敬意を払うべき七十七歳という年齢を考慮して、彼の脳が通常の老人性変質量より多かったのではないかと推測し、「老年が脳に及ぼす変質の度合いには大きな幅があり、計算できない」と述べた。

しかしブロカはなお悩んだ。彼は低い値をうまく言いぬけたが、それを並外れた重さに引き上げることはできなかった。その結果、完璧な結論を導くために、ワーグナーが提供した「ガウス以後の人々」は、結局それほど優れてはいないのかもしれないと皮肉気味に示唆した。

「五人の天才が、ゲッチンゲン大学でここ五年以内に死亡したということは全くありそうもないことである。……教授という装束は必ずしも天才の証明書ではない。ゲッチンゲン大学でさえも多分いくつかの椅子はそれほど卓越した人が占めていたわけではないであろう」（一八六一年、一六五〜一六六ページ）

このことに関して、ブロカは口を閉ざした。「この問題はデリケートであり、これ以上強調すべきではない」と書いている（一八六一年、一六九ページ）。

大きな脳の犯罪者

多くの犯罪者が大きな脳をもつことは頭蓋計測学者や犯罪人類学者を大いに悩ませた。ブロカは、刑執行による急死が、長い闘病をした多くの善良な人々の場合見られるような脳重量の減少を妨げるという主張によってこの問題をしりぞけようとした。加えて絞首による死は脳を充血させ、見かけ上非常に脳を重くする。

ブロカの死んだ年にT・ビショップは百十九人の暗殺者・殺人者・泥棒の脳に関する

研究を公表した。彼らの平均脳重量は善良な人々のそれより一一グラム勝り、一方彼らのうちの十四人は一五〇〇グラムを上まわり、五人は一六〇〇グラム以上であった。これに対してわずか三人の天才だけが一六〇〇グラム以上を誇ることができた。しかも殺し屋ル・ペリは一八〇九グラムで、キュヴィエの亡霊は躊躇したに違いない。それまでに計量された女性の中で最大の脳（一五六五グラム）は自分の夫を殺害した婦人のものであった。

ブロカの後継者のポール・トピナールはこのデータに困惑し、最終的に、ある人々にとって優秀すぎるのはかえって悪であると結論した。本当に霊感を受けた犯罪行為は専門的技巧と同様の高い卓越した技量を必要とするにちがいない。誰がモリアーティとホームズの違いを決めるのだろうか？　トピナールは次のように結論した。「何割かの犯罪者は脳活動の旺盛さ、したがって、大きく重い脳という事実によって、現在の社会的ルールから逸脱するよう駆り立てられる。そう、考えてもよいのではないか」（一八八八年、一五ページ）[*7]

時代に伴って脳の容量が増加するという説の欠点

ブロカの研究の中で男性と女性の違いに関する研究を別とすれば、ヨーロッパ文明が中世から近代へと進むにつれて脳の大きさが着実に増大したという証明ほど関心や注目を集めたものはなかった（ブロカ、一八六二年b）。

この研究は、私が今まで直面してきたことについて結論を述べるのには多分最も良い事例なので、詳細に分析する価値がある。ブロカは、あるグループを、その時代の地位によって劣等性が永久的なものだと決めつけなかったという点で、寛大さを自認していた。つまり女性は社会的に頭を使うことが少ないために時代とともに脳は退化してきた。社会的状況が変化すれば再び大きくなるだろう。原始的人種は十分に（脳使用を）必要とされなかった一方で、ヨーロッパ人の脳は文明の進行とともに着実に大きくなってきた。

ブロカは三カ所のパリ市民共同墓地から十二世紀、十八世紀、十九世紀の頭蓋骨のサンプルを大量に得た。それらの平均頭蓋容量は、各々一四二六cc、一四〇九cc、一四六二ccであった。しかし時代とともにだんだん増加するというはっきりとした結論にぴったりの素材ではない（私は統計学的検査のために必要な、ブロカの生《なま》のデータを見つけることはできなかった。が、しかし、最大と最小のサンプル間の平均の差が三・五パーセントであることから考えると、三つのサンプル間には統計的に全く有意の差は存在しないように思われる）。

しかしこれらの限られたデータ——たった三カ所の、しかもその期間の変動幅についての情報もなく、通時的に明確なパターンももたないにもかかわらず——からブロカはどのようにして望みどおりの結論を導いたのだろうか？　ブロカは、十八世紀の遺跡に中間の値を見つけたいと期待していたので初めは落胆を隠さなかった（一八六二年b、一〇六ページ）。社会階級がこの問題の答えをにぎっているに違いないと彼は主張した。なぜならば、ある文化の下で成功をおさめたグループが、そうした地位を得るには少なくとも優れた知能がかかわっているからである。十二世紀のサンプルは教会の墓地からのものであり、貴族を代表しているはずである。共同墓地のものは十八世紀の頭蓋骨である。十九世紀のサンプルはいろいろ混ざっていて、九十個の頭蓋骨は個人墓地からのもので平均一四八四ccあり、三十五個の頭蓋骨は共同墓地からのもので平均一四〇三ccあった。社会階級の違いが、計算値と期待値の一致しないことを説明できないならば、データは理解不能になる、とブロカは主張した。ブロカにとって理解可能ということは、時代とともに着実に脳重量が増大するということである。――前提は、データによって立証されるものであって、データが依拠するものではない。再びブロカは循環論に陥る。

「このこと〔社会階級の違い〕がなければ、パリ市民の頭蓋容量は十二世紀から数世紀の間に、事実上減少してきたと思わなければならないであろう。ところがこの期間……知的社会的発達は相当なものであり、たとえ文明の発展が結果として脳を大きくしたと必ずしも信じられなくても、明らかに誰も脳の大きさを減少させうる原因としてこのこと（文明の発展）を考えたいとは思わないだろう」（一八六二年b、一〇六ページ）

しかし、ブロカが十九世紀のサンプルを社会階級によって分類したことは、安堵とともに混乱をもたらすことになった――というのは、彼は共同墓地から二つのサンプルを得たが、より古い時代のものの方が大きい平均容量であったからである。すなわち、十九世紀のものが一四〇三グラムであったのに対し、十八世紀のものは一四〇九グラムであった。しかしブロカはくじけなかった。彼は、十八世紀の共同墓地のものは上流階級の人々が含まれると主張した。革命前のこの時代には、教会の墓地に埋葬されるような人は、本当に裕福であるか、高貴でなければならなかった。くずの貧民が十九世紀に一四〇三グラムを記録している。優秀な家柄による影響で、くずは百年前にほぼ同じ値に達していたのである。

どの解答もブロカを新たな困難に導いた。共同墓地内のサンプルを社会階級によって分けたために、十九世紀の遺跡の身元不明者に由来する追加された十七個の頭蓋骨が、個人墓地由来の中流・上流階級の人々の頭蓋骨の一四八四ccより大きい一五一七ccであったことを認めねばならなくなった。一五一七対一四八四である。ひどい状態で遺棄された身元不明の死体がどうして上流社会の人々を凌駕できたのだろうか? ブロカはまったく論拠のない一連の推論を行なった。身元不明者の墓は川岸にある。たぶんそれは沢山の溺死した人々を収めたものであろう。多くの溺死者は自殺者である。自殺者の多くは精神異常であり、その中には犯罪者のように驚くほど大きな脳をもっている人々がいる。ちょっと想像力を働かせさえすれば、本当に変則的なことなど何もないのである。

前頭部と後頭部

この若い新進の外科医リドゲイト氏のことを話して下さい。彼は非常に有能であると聞いています。確かに彼はそう見えます。全く素晴らしい眼窩上隆起だ！

——ジョージ・エリオット『ミドル・マーチ』（一八七二年）

脳全体の大きさは、漠然とした言い方としては有効であり決め手とはなったが、頭蓋計測学の趣旨を余すところなく示すものではなかった。骨相学の全盛期以降、すでに脳や頭蓋骨の特定の部分に一定の地位が指定され、その結果、その部分がグループのランクづけのための一組の補助的規準を提供した（ブロカは医学者としての別の経歴で、この分野に関する最も重要な発見をした。一八六一年、彼は失語症の患者が左下前頭脳回——現在ブロカの脳回と呼ばれる——内に損傷があることを発見し、機能の大脳皮質局在の考えを明らかにした）。

大部分のこうした補助的な規準は前頭部の方が優れているという一つの原則に行きつく。ブロカと彼の同僚は、より高度な知的機能は大脳皮質の前頭部に局在しており、後頭域は、必須ではあるが、不随意運動、感覚、感情といったより基本的役割に忙しく働いていると考えた。優秀な民族は前頭部が大きく、後頭部はそれほど大きくないはずである。我々はすでに、ビーンが白人と黒人の脳梁前部と後部に関する偽データを作成する際に、この仮説をどれほど支持したかについては見てきた。

ブロカは特に自分のデータによって示された意に反する状況を回避するために、しばしば前頭と後頭の区別を用いた。彼は人間のグループに関するグラチオレの分類をそのまま用いた。すなわち、前頭人種（前部すなわち前頭葉が最も高度に発達した白人）、頭頂人種（頭頂葉すなわち中心部が最も顕著なモンゴル人種）および後頭人種（後部が最も顕著な黒人）である。ブロカはしばしば劣等グループに対して二つの呪文――小さい脳と突出した後部――をとなえた。「黒人、特にホッテントットは我々より単純な脳をもっており、相対的に貧弱な脳回が主として前頭葉に見られる」（一八七三年a、三三二ページ）。より直接的な証拠として彼はタヒチ島民が人工的に後部を突出させるために、男の子の前頭域を変形させていると主張した。これらの子どもたちは勇敢な戦士になったが、その姿は白人の勇者に及びもつかない。「前頭部が変形すると盲目的な激情、狂暴な本能、蛮勇が生みだされる。これらすべてを私は後頭葉勇気と呼びたい。我々はこれを真の勇気、すなわち前頭葉勇気、すなわち白色人種の勇気と呼べるものと混同してはならない」（一八六一年、二〇二～二〇三ページ）

ブロカはまた（脳の）大きさからさらに進んで、さまざまな人種の前頭域と後頭域の性質を調べようとした。そこで彼は、自分の敵対者を単に懐柔するためだけだったのではないが、グラチオレが好んだ主張——頭蓋縫合は劣等人種ではより早い時期に起こり、その結果硬い頭蓋骨の中にある脳をつつみ込み、それ以後の教育効果を制限してしまう——を受け入れた。白人の縫合は後から閉じるだけでなく黒人とは異なった順序で閉じるという——これはどのようにして推測したのだろうか？　黒人や他の劣等な人々は縫合の前部が初めに閉じ、後部は後から閉じる。白人では縫合は前部が一番最後に閉じる。しかし、頭蓋縫合についての近代の詳しい研究は、人種間に時期やパターンの違いがないことを明らかにしている（トッドとライアン、一九二四年、一九二五年）。

ブロカはこの議論を用いて容易ではなかった問題を解決することになった。彼はホモ・サピエンス（クロマニオンタイプ）の最も初期のグループからの頭蓋骨サンプルを調べ、それらが頭蓋容量において近代フランス人を凌いでいることを発見していた。しかし幸いだったことに縫合前部が初めに閉じており、これらの祖先はやはり劣等であったに違いない。「これらは劣等の印である。あらゆる脳の活動が物質的生活のためにのみ使われているようなすべての人種に我々はその印を見出す。知的生活が人々の間に進展するにつれて、前頭縫合はより複雑化し、長期間開いたままになる」（一八七三年a、一九ページ）

前頭と後頭の論議[1]は、非常に融通性があり、広範囲にわたって適用され、明らかに矛盾する事実に直面したとき、先入観を理由づける強力な道具として役立った。次の二つの例を考えてみよう。

頭蓋示数

脳の大きさ以上に頭蓋計測学の中で最も陳腐でかつ誤用された二つの計測値は、顔面角（顔と顎が前に突き出すこと。突出の度合いが小さい方がより優秀である）と頭蓋示数である。頭蓋示数は計測が簡単ではあったが、決して多くの支持は得られなかった。これは頭蓋骨の最長（頭蓋骨の前部と後部を結ぶ線）の長さに対する最大の幅の比として計算された。相対的に長い頭蓋骨（比〇・七五以下）が長頭《ドリコセファリック》、相対的に短い頭蓋骨（〇・八以上）が短頭《ブラキセファリック》である。頭蓋示数を普及させたスウェーデンの科学者アーンダス・レッィウスは頭蓋示数に基づいて文明論を構築した。ヨーロッパの石器時代の人々は短頭であり、より進歩した青銅器時代の人種（インド・ヨーロッパ語族すなわちアーリア・ドリコセファリックス）が後から侵入し、元のより原始的住民と入れ替わり、元の短頭の血統のあるものはバスク人やフィン人やラップ人のような未開の人々の中で生き残っているとレッツィウスは信じた。

ブロカは、石器時代の頭蓋骨や「原始的」種族で現在まで生き残った者の中に長頭を発見することによって、この流布された話を反証した。ブロカには北方人種やチュートン人の科学者が長頭をより高等な能力の印として自負する気持を疑問視する正当な理由があった。ブロカ（マヌーヴリエ、一八九九年）を含めて大部分のフランス人は短頭だったからである。黒人と白人の脳は同じであるというティーダマンの主張をブロカが却下したのを想起させるような文章で、ブロカはレッツィウス説を経験的真理であるよりもむしろ、利己主義的自己満足であると決めつけた。ブロカは自分も同じような動機の餌食になるかもしれないと考えたことがあっただろうか？

「レッツィウス氏の研究以来、一般に科学者は十分な研究をせず長頭が優秀の印であると考えてきた。ことによるとそうかもしれないが、長頭や短頭という特徴は初めスウェーデンで、次いでイギリス、アメリカ合衆国、ドイツで研究された。これらすべての国々、特にスウェーデンでは長頭型が明らかに優勢であることを忘れるべきではない。先入観にとらわれることのほとんどない人々にとっても、自らの人種に支配的な特質と優秀性を結びつけるのは、人間にとって当然の傾向である」（一八六一年、五一三ページ）

明らかにブロカは短頭と生得的愚かさを同一視することは拒否した。にもかかわらず、長頭の優位さが非常に優勢だったために、彼の気持はいささか不愉快どころではなく、非常に不愉快だった。明らかに劣った人々にも長頭が現われることがわかったとき、素晴らしく堅固な一つの主張を考え出した。頭蓋示数は当時すでに非常にやっかいな問題に直面していた。アフリカ黒人やオーストラリア原住民が単に長頭であるというだけでなく、世界中で最長頭な人種であることがわかったからである。さらに悪いことには、クロマニオン人の頭蓋骨の化石が近代フランス人の頭蓋骨より大きいだけでなく、長頭でもあったのである。

長頭になるにはいくつかの方法があるだろうとブロカは推理した。つまりチュートン族の特質の印となっている長頭は、明らかに前頭部の伸長によって起こったものである。劣等であると認められている人々の長頭は、後頭部の伸長——ブロカの用語で後頭葉長頭——によって起こったに違いない。次の言葉で、ブロカは自分が研究したクロマニオン人の化石の大きい頭蓋容量と、長頭の両方を一挙に解決したのである。「後頭部頭蓋のより大きな発達によって、クロマニオン人の頭蓋容量は一般に我々より大きくなった」(一八七三年a、四一ページ)。黒人では後頭部の伸長と前頭部の幅の短縮が起こり、その結果、一般により小さな脳であり、かつどのグループをも凌駕する長頭(チュートン人型の長頭と混同してはならない)になった。フランス人の短頭に関しては、(チュートン人優秀至上主義者が主張するような)前頭部の伸長の失敗ではなく、もともと立派な頭蓋骨に横幅が加わったのである。

大後頭孔の事例

大後頭孔は我々の頭蓋骨の基底にある孔である。脊髄はこの孔を通り、脊柱は孔の端の骨（後頭顆）と関節状につながっている。すべての哺乳類の胚発生では、大後頭孔は頭蓋骨の下底部から誕生時に頭蓋骨の後頭部に移動する。人間では大後頭孔はほんのわずか移動するだけで、成人では頭蓋骨の下底に留まる。類人猿の成体では大後頭孔は中間の位置にあり、人間ほど前方ではないが他の哺乳類ほど後方ではない。大後頭孔の位置の機能的意味は明らかである。ホモ・サピエンスのような直立動物は、真っ直ぐに立ったとき前方が見えるためには脊柱の頂点に載った頭蓋骨でなければならない。四足獣は頭蓋骨の後部に脊柱を持ち、四本足の通常姿勢のとき前方が見える。

　これらの違いによって不当な比較に有無を言わせない資料が提供されることになった。劣った人々は当然サルや下等な哺乳類のように後方に大後頭孔をもつはずである。一八六二年ブロカはこの問題で論争の渦中に加わっていった。ジェームズ・カウルズ・プリチャードのようにどちらかというと平等主義者たちは、大後頭孔が白人も黒人も頭蓋中央にあると主張した。J・ヴィレイのような人種差別主義者は、高等な人種ほど大後頭孔が前方にあるという漸次変化を見つけていた。どちらの陣営もデータが多くないことにブロカは注目した。ブロカは、重要ではなかったが、この煩雑な問題を彼独特の客観性によって解明しようと乗り出した。

　ブロカは六十個の白人サンプルと三十五個の黒人サンプルを集め、大後頭孔の前縁から前の部分と後の部分の頭蓋骨の長さを計測した。両人種とも頭蓋骨の後部については同じ値であった――白人一〇〇・三八五ミリメートル、黒人一〇〇・八五七ミリメート

表3・1　ブロカによる大後頭孔の相対的位置の測定

	白人	黒人	黒人を規準にした差
前　部	90.736 mm	100.304 mm	＋ 9.568
顔面部	12.385	27.676	＋ 15.291
頭蓋部	78.351	72.628	－ 5.723
後　部	100.385	100.857	＋ 0.472

ル（小数点以下第三位の精度に注意）。しかし白人では前部の長さがずっと短かった（九〇・七三六に対し一〇〇・三〇四ミリメートル）。したがって白人の大後頭孔はより前方に位置することになる（表3・1を参照）。ブロカは次のように結論した。「オランウータンでは後頭隆起〔大後頭孔の後にある頭蓋骨部分〕はずっと短い。したがって、この点に関しても他の多くの点と同様に、黒人の配置はサルの配置に近づく傾向があることは否定できない」（一八六二年c、一六ページ）

　しかしブロカは心配になった。大後頭孔に関する標準的論議では頭蓋上の相対的位置だけが言及され、頭蓋の前部に突き出ている顔面は言及されていない。しかし、ブロカは顔面を前部の測定値に含めていた。現在では黒人が白人より長い顔面を持つことは周知の事実であるとブロカは書いている。このことは、それ自体でサルに似ている劣等の印《マーク》であるが、しかし、これを頭蓋内の大後頭孔の相対的位置と混同すべきではない。そこでブロカは自分の計測値から顔面が占める数値を差し引くことにした。黒人は確かに長い顔面をもっていることを彼は発見した——前部の計測値のうち顔面の部分は白人では一二・三八五ミリメートルしかなく、黒人の顔面は二七・六七六ミリメートルである（表3・1を参照）。ブロカは顔面の長さを差し引いた後で、頭蓋前部について次の数値を得た。白人では七八・三五一、黒人では七二・六二八。要するに頭蓋だけに基づくと黒人の大後頭孔はずっと前方にあることになる（ブロカのデータから計算された後部に対する前部の比は、白人が〇・七八一、黒人が〇・七二〇）。この研究を行なう前に明確に受け入れられていた規準に従うと、明らかに黒人は白人より優秀である。その規準が急遽《きゆうきよ》変更されなければ、そうなるはずである。すぐさま規準は変更された。

この前頭と後頭についての古くからある論議が、ブロカ自身と彼が言うところの脅かされた人々とを救い出したようである。黒人の大後頭孔がより前方に位置することは、なにも黒人の優秀さを示しているわけではない。それはただ脳前頭部の機能の欠如を反映しているにすぎない。白人と比較すると、黒人は前頭部のかなりの部分を失っている。しかしその代わり後頭部の脳がいくらか付け加わっている。こうして大後頭孔の前頭／後頭比が減少し、見かけの上で黒人の優位が示されることになる。しかし前頭部で失ったものすべてが劣った後頭部に付け加わったわけではない。したがって黒人は白人より小さく、均衡のとれない脳をもっている。

「白人の頭蓋前部の隆起は黒人の場合より四・九パーセント勝っている……それ故に

黒人の大後頭孔は、門歯〔顔面を含めて計測するブロカの以前の測定では一番先端にあたる〕を規準にするとずっと後方であり、これに反して脳の前頭部のへりを規準にするとずっと前方になる。白人の頭蓋を黒人の頭蓋へと変えるのには、顎を前方へ動かすだけでなく、頭蓋の前面部を短くしなければならない。すなわち脳の前頭部を萎縮させ、代わりに不十分ではあるが減らした量を頭蓋後部に与えなければならない。言いかえれば、黒人では顔面および後頭域が前頭域の損失によって発達するのである。」（一八六二年c、一八ページ）

この仕事はブロカの研究歴の中ではささいな出来事であった。しかし、彼のやり方――正しいデータをうまく処理して望ましい結論にいたるために規準を変える――について、これ以上適切な説明があるとは思えない。コインが表であろうが、裏であろうが、どちらでもかまわない。

それでいながら、古くからある議論は決して死に絶えないようである。アメリカのロボトミストの長老であるウォルター・フリーマン（彼は一九七〇年の引退までに三万五千例もの脳の前頭部の損傷手術を行なったり指図した）は晩年に次のことを認めた（シヨロバーに引用、一九七九年）。

「より高い知能を持つ人の中で最も多くを失う研究者の場合、失うものは、特に自分自身について内省し、思索し、哲学する彼らの能力、である。……概して精神病治療のための脳外科手術は創造力を減退させ、ときには全く破壊してしまう。」

ついでフリーマンは「女性は男性より、黒人は白人よりいい反応を示す」とつけ加えた。言いかえればもともと、前頭部がそれほど良くできてない人々は前頭部をひどく損なうことはないというわけである。

女性の脳

さまざまなグループ間の比較で、ブロカは男性と女性の脳に関する情報を最も多く集めた——彼が女性に対する特殊なアニムスをもっていたからではなく、多分より入手しやすかったからであろう。「劣等」グループは生物学的決定論の一般理論では、相互に互換性がある。劣等グループは連続的に並置されており、一つのグループは他のすべての代表として使われる——このための一般的前提としては、社会は自然に従い、社会の順位は生得的価値を反映していると考えられる。かくしてドイツの人類学者E・フーシユケは一八五四年に次のように述べた。「黒人の脳は、子どもや女性に見られるタイプの脊髄を所有し、またそれ以上に、高等なサルに見られる脳に近い」(モール、一九〇九年、一〜二ページ)。有名なドイツの解剖学者であるカール・フォークトは一八六四年次のように記した。

「黒人の脳は、頭頂が丸いことと後頭葉が発達していない点で、我々の子どもに似ており、頭頂葉が隆起している点で我々の女性に似ている。成長した黒人の知的能力は白人の子どもや女性や老人の特質と共通点がある……。いくつかの種族の中には国家をつくり、固有の組織を有するものがある。しかし残りについては、過去においても現在においても、人間性の発達に役立ったり、保存するにふさわしいことは何一つ行なわなかったとはっきりと断言できる」（一八六四年、一八三〜一九二ページ）

ブロカの同僚であるG・エルヴェは一八八一年に「黒人の男性が白人の女性より重い脳を持っていることはほとんどない」と記した（一八八一年、六九二ページ）。私は、一つのグループのための戦いは我々全体のためになるという主張を空しいレトリックだとは考えていない。

ブロカは近代女性を生物学的に位置づけるとき二組のデータを基礎にして論じている。それは近代社会では男性がより大きな脳をもつこと、および男性と女性の脳の大きさの違いは時代とともに拡大したと想定することである。彼はパリの四つの病院での死体解剖に基づいて非常に広範な研究を行なった。二百九十二個の男性の脳の平均重量は一三二五グラム、百四十個の女性の脳の平均重量は一一四四グラムであり、その差は一八一グラム。これは男性の脳重量の一四パーセントにあたる。ブロカは当然この差が男性の方が体が大きいためであると理解した。彼はすでにドイツ人の優越性の主張からフランス人を守るために、その補正を用いていた（一八七〜一八八ページ参照）。その時は心にくいほど詳細に補正を行なう術を知っていた。しかし今回はただ重さだけの効果を吟味しようとはしなかった。事実、彼はその必要性がなかったと述べている。女性は男性ほど知的ではないことを我々は知っているのだから、重さだけですべての差異を説明できるわけではない。

「女性の脳が小さいのは、もっぱら身体が小さいことに原因があるかどうかを問うことはできるだろう。ティーダマンはこの説明を提出した。しかし我々は女性が平均して男性よりいくぶん知能が低いことを忘れるべきではない。また、この差をあまり強調すべきではないが、現実である。それ故に女性の脳が比較的小さいことは、一部はその肉体が貧弱なことと、一部は知的に劣っていることによっていると考えてもよいであろう」（一八六一年、一五三ページ）

時代とともにそのギャップが拡大するという予想を確かめるために、ブロカはロム・モール洞窟[*8]から出た有史以前の頭蓋骨の容量を計測した。ここで彼は男性と女性の差がたった九九・五ccであることを発見した。一方、現代人ではその差は一二九・五から二二〇・七ccの範囲である。ブロカの一番弟子トピナールは、時代とともにこの差が増大するのは支配力をもつ男性と受身の女性に進化上の諸圧力が別々に作用したからであると説明した。

「生存競争で二人以上の人々と闘う男、すべてに責任を負い明日を配慮する男、また、環境や人間のライバルと常に積極的に闘う男は、彼が養い保護しなければならない女より、また精神的な仕事もなく、子どもを育て慈しみ、受身であることを役割とする定住的女性より大きい脳を必要とする」(一八八八年、一二二ページ)

一八七九年、ブロカ学派の中で最も女性嫌いのギュスタヴ・ル・ボンは、これらのデータを利用し、最近の科学文献の中で女性への敵意を最も顕著に示していると思われる論文を公表した(多分アリストテレス[*9]をやっつけるのは、もっと大変だろう)。ル・ボンは欄外に置かれるような煽動者ではない。彼は社会心理学の創始者であり、現在では群集の行動についても引用され敬意が払われている本を著わしている(『群集心理学』一八九五年)。彼の著作はムッソリーニにも強い影響を与えた。ル・ボンは結論として次のように書いている。

「パリ市民のように、きわめて知的に優れた人々のなかに、最も発達した男性の脳よりもゴリラの脳の大きさに近い脳をもった女性がたくさんいる。この劣等性は非常に顕著であるために、さしあたっては誰もそれに異議を唱えることはできない。つまり、その劣等性の程度だけが議論に値する。女性の知能を研究してきた心理学者、詩人、作家すべてが、今日では女性が人間進化の最も劣った形態を代表し、教養ある男性よりも子どもや野蛮人に近いことを認めている。彼女たちは非常に気まぐれで無節操、思考と論理を欠き、推論能力がない。何人かの目立って優秀な女性が確かに存在し、平均的男性よりはずっとすぐれている。しかしこの女性たちは、例えば二つの頭をもったゴリラのように、何らかの奇形として誕生したのであり、例外にすぎない。したがって我々は彼女たちを完全に無視できる」（一八七九年、六〇〜六一ページ）

ル・ボンは自分の見解に含まれている社会的意味にもひるむことはなかった。男性と同一の基盤の上に、高等教育を女性にも認めようというアメリカの改革者たちの提案を聞いた彼はショックを受けた。

「女性に同等の教育を受けさせ、ひいては、女性に同じ目的を与えようとする希望は危険な妄想である……。自然が女性に与えた下等な仕事を誤解して、女性が家庭を出て、我々の闘争に参入することになると、その時点から社会変革が始まり、家族の神聖不可侵な結びつきを維持しているすべてが消え失せることになるであろう」（一八

七九年、六二ページ）

当たり前に思えるだろうか？[2]

私は本書に述べたブロカのさまざまな言明の基礎となるデータを調べ直した。その結果ブロカの数字が妥当な数値であることはわかったが、ブロカの解釈はどう考えても根拠がなかった。時代とともに脳の大きさの差が増加するという主張は簡単に退けることが可能である。ブロカはロム・モールのサンプルだけに根拠を置いて論じている。男性のもの七個、女性のもの六個という少ない頭蓋骨からは決して思いどおりの結論が出せるものではない！

一八八八年にトピナールは、ブロカがパリの病院で得た広範なデータを公表した。ブロカは脳の大きさと同時に身長と年齢を記録していたので、現代の統計手法を用いてこれらの影響を差し引くことが可能である。脳重量は歳をとるに従い減少する。ブロカが扱った女性は、平均すると死亡時に男性よりもかなり高齢である。また脳重量は身長とともに増加する。ブロカの扱った男性の平均身長は女性のそれよりほぼ半フィート高かった。私は脳の重量に及ぼす身長と年齢の影響を同時に決定する技術である多重回帰を使った。女性についてのデータを分析していて、男性の平均身長と平均年齢に相当する女性の脳が一二一二グラムであることを見出した。[3]私は身長と年齢を補正することによって、一八一グラムの差を三分の一以上減少させて、一一三グラムに縮めた。

しかしブロカのデータには、脳の重量に決定的影響を与えることが知られている他の要因については何の情報も含まれていないために、残りの差を査定することは困難である。退行性の病気はしばしば相当な脳重量の減少を伴うように、死亡原因は重要な影響を与える。ブロカのデータについて研究したユージン・シュライダー（一九六六年）も、事故死した男性は伝染性の病気で死んだ男性より平均六〇グラム重いことを見出した。私が（アメリカの病院から）入手できる現代の最良のデータによると、退行性心臓病による死亡と、事故死または変死との間の差は一〇〇グラム以上である。ブロカが対象にしたものは非常に多くが老女であったのだから、長い退行性の病気は、男性よりも老女に一般的であったと仮定できる。

さらに重要なことだが、脳の重量を調べている現代の研究者の間では、身体の大きさがもつ顕著な影響を排除した適正値をめぐって今なお同意が得られていない（ジェリソン、一九七三年、グールド、一九七五年）。身長はある程度は当てはまるが、同じ身長の男性と女性が同じような骨格からできているわけではない。体重は身長よりもっと都合が悪い。その人固有の体重があるわけではなく、栄養に依存して変化するからである。太った、やせた、ということは脳に少しも影響を与えない。レオンス・マヌーヴリエはこの問題を一八八〇年代に取り上げ、筋肉量と力を使用すべきであると主張した。彼はこのとらえどころのない特徴をさまざまな方法で測定しようと試み、同じ身長の男性と女性でも男性に有利な著しい差を見つけた。そして彼の名づけた「性差量」で補正すると、女性の方が脳の重量でわずかに勝っていた。

ところで、私が補正した一一三グラムの差は確かにあまりに大きすぎる。本当の数値は多分ゼロに近く、男性同様女性にも好都合であろう。ついでに言うならば、ブロカのデータでは[4]五フィート四インチの男性と六フィート四インチの男性の間の平均差が一三〇グラムである——誰も背の高い男性の方が知能が上であるとは思いたくないはずである。つまりブロカのデータは、男性が女性より大きな脳をもつという確信に満ちた主張をも容認するものではない。

マリア・モンテッソリ[*10]は、自分の活動を子どもの教育改革だけに限定しなかった。彼女はローマ大学で数年間人類学の講義をし、『教育学的人類学』(イギリス版、一九一三年)と題した影響力ある本を著わした。彼女はどんなに控え目に言っても平等主義者ではなかった。彼女はブロカの大部分の著作を支持し、彼女の同国人であるチェザーレ・ロンブローゾ(第四章)によって提出された生得的犯罪説を支持した。彼女は自分の学校の子どもの頭の外周囲を測定し、最も期待できる子どもは大きい脳の持ち主であると推論した。ところが彼女はブロカが出した女性に関する結論は使わなかった。彼女はマヌーヴリエの研究を詳細に論じ、妥当な補正が行なわれるなら女性はわずかに大きい脳を持つ、という彼の不確かな仮説を重視した。女性は男性より知的に優れているが、今までは肉体的力によって男性の方が圧倒していたと結論づけた。技術が権力の道具としての体力を無効にしてしまったのだから、女性の時代がまもなく到来するであろう。

「そのような時代には本当に優れた人類が出現するであろうし、道徳的にも情緒的にも優れた男性が本当に存在するようになるであろう。多分このようにして女性支配の日が近づきつつあり、その時には女性の人類学的優秀さという未知の事実《エニグマ》も解読されるであろう。女性は常に人間の情緒、道徳、名誉の管理者であったのだから」（一九一三年、二五九ページ）

モンテッソリの議論は、あるグループが体格的に劣っているという「科学的」主張に対する一つの可能な解毒剤である。生物学上の差異が妥当だと認めることもできるが、その結果に利害関係をもつ先入観で毒された男性によってそのデータが誤って解釈されてきたのだと主張できるし、また、不利なグループが本当は優れているのだと主張することもできる。近年エレーヌ・モーガンは自著『女性の由来』の中でこの戦略をとった。すなわち、女性の観点から人類の有史以前を推測し再構成した。これは男性のための男性による周知の大げさな話と同様に茶番めいている。

私は本書を別の立場から執筆した。モンテッソリとモーガンはブロカの方法を踏襲し全く同じような結論に達した。私はむしろどのような目的であろうと、さまざまなグループに生物学的価値を固定しようとするすべての企てに対して、それが見当違いであり、知的に論拠薄弱であり、全く有害であることを示したかったのである。

補遺

頭蓋計測についての議論は、我々の世紀にその輝きの大半を失った。それは決定論者が自らの忠誠心を、知的価値によってグループをランクづけるという同じ論拠薄弱な目的に対して、より「手っとり早い」方法である知能テストへと方向転換し、さらに科学者が、頭の形や大きさについての多くの文献を方向づけた先入観のばかばかしさを暴露したからであった。アメリカの人類学者フランツ・ボウアズは、例えば荒唐無稽な頭蓋示数についての簡単な研究を行ない、それが同一グループの成人間でも、個人の一生の間でも、ともに大きな幅で変動することを示した（ボウアズ、一八九九年）。さらに彼は移民の両親とアメリカ生まれの両親の子どもの間で頭蓋示数に有意な差があることを発見した。これまで変化することのなかった短頭の南欧人の頭の丸みが環境の変化によって、一世代のうちに長い頭の北方民族の標準に変わってしまうのかもしれない（ボウアズ、一九一一年）。

一九七〇年に南アフリカの人類学者P・V・トバイアスは、脳の重量についてのグループ間の差が知能と何らかの関係をもつというのは神話であることを暴露する勇気ある論文を書いた。もちろん彼は、身体の大きさやその他の影響を与える要因とは関係ない脳の重量が、グループ間で違うことは、今まで全く証明されていないと主張した。

この結論は、脳の大きさに関して公表された大量のデータを熟知していた有名な科学者のものであるだけに、読者に奇異なものとして印象づけられたかもしれない。つまるところ、脳を量るよりも簡単な方法があるのだろうか？――脳を摘出せよ、そしてはかりの上に載せよ、ということである。困難なのは測定そのものである。つまり脳はどのレベルで脊柱から切断されるのか、髄膜は取り除かれるのか、取り除かれないのか（髄膜とは脳をおおう膜であり、脳脊髄硬膜すなわち厚い外皮であって、五〇～六〇グラムの重さがある）、死後どのくらい経過しているのか、脳は重量を量るまで何らかの液体の中に保存されるのか、もしそうならばどのくらいの期間か、死後何度の温度で保存されたのか。ほとんどの文献はこれらの要因を明細に記述していない。それ故異なる科学者によって行なわれた研究は一般には比較できない。我々が同一の対象を同一条件下で同じ方法によって計量したと確信できたときですら二次的なゆがみが介入してくる。すなわち知能や人種の好ましい属性とは直接関係がない要因――性差、身体の大きさ、年齢、栄養、栄養以外の環境、職業、死因――が脳の重量を左右する。したがって発表された数千ページに及ぶ報告や数万にもなる対象にもかかわらず、我々には――重大事であるかのようだが――平均として黒人が白人より大きい脳をもつのか小さい脳を持つのかはわからないのだ、とトバイアスは結論づけている。しかし白人の脳がより大きいことは、つい最近まで白人の科学者の間で異論のない「事実」であった。

多くの研究者たちは人間の脳の大きさがグループ間で違いがあるという問題に並々ならぬ注目をしてきた。しかし彼らが何の解答も得ることができなかったのは、解答が存在しなかったからではなく、解答を得るのが非常に困難であり、しかもア・プリオリな信念が非常に鮮明で支配的であったからであった。ブロカとグラチオレの激しい論争のさ中に、ブロカの擁護者の一人が、明らかに意地悪な論点ではあるが、頭蓋計測学の伝統を通じて暗黙に存在した動機を見事に要約する指摘を行なった。ジュヴァンセルは、「私は、一般に脳容量の知的重要性を否定する人の頭が小さいことに長い間注目してきた」と述べている（一八六一年、四六五ページ）。理由は何であれ、はじめから利己主義がこの頭を悩ませる問題についての個人的意見の源だったのである。

第四章　身体を測る

望ましくない人びとの類猿性《アピッシュネス》の二つの事例

進化という概念は、十九世紀を通じて人間の考えに変化をもたらした。生命科学の大部分の問題は進化の光の下に再編成された。この観念ほど、かつて幅広く用いられ、あるいは、誤って用いられたものはなかった。例えば、「社会ダーウィニズム」は貧困が不可避なものだということを正当化するために進化論を根拠にした。アガシやモートンら創造論者も、ブロカやゴルトンら進化論者も、脳の大きさの数値を利用し、グループ間に根拠のない、不公平な区別をもち込んだ。しかし、さらに進化論から生じた、より直接的な副産物としてそれとは別の数量的議論がある。本章では、広く流布したものとして二つの事例をとりあげる。これらは著しい対照を見せながらも、同時に興味ある類似性を示している。一つめの事例はグループをランクづけるための最も一般的な進化論的擁護論であり、しばしば当惑するほどの早口言葉の典型である「個体発生は系統発生を繰り返す」ontogeny recapitulates phylogenyという反復説による主張である。二つ目の事例は、人間の犯罪行為についての生物学的性質を特殊な進化論的仮説で説明しようとするもの、すなわちロンブローゾの犯罪人類学の話である。いずれの理論とも数量的、かつ進化論的と称される方法に頼るものであった。それは望ましくないと考えられるグループの中にサルに似た形態の徴候をさがすことである。

我々にはみんなサルの状態があった――反復現象

いったん進化の事実が確立されると、十九世紀の博物学者たちは進化がたどった実際の道を跡づけることに専念した。換言すれば、生命の樹の再構築が目ざされたわけである。化石が現存生物の実際の祖先を記録しえるのだから化石がその証拠を提供しているかもしれなかった。しかし、化石の記録はきわめて不完全であり、生命の樹の中心となる幹や枝の部分は、化石として保存される硬い部分が進化する以前にすべて発達していた。そこで何か間接的な規準を見出さなければならなかった。ドイツの偉大な動物学者エルンスト・ヘッケルは創造論者の唱えた古い生物学理論を一掃し、生命の樹は高等生物の胚発生から直接読みとれるであろうと指摘した。彼は「個体発生は系統発生を繰り返す」と宣言した。この流暢な早口言葉を詳しく説明すると、こうである。一つの個体はそれが発生する過程で順序正しくその祖先の親の姿を示す一連の段階を通過する。簡単に言えば、一つの個体はそれ自身の系統樹を上っていくというものである。

反復説は十九世紀末の科学で最も影響力のあった考えに位置づけられる。また、発生学、比較形態学、古生物学を含めて、いくつかの専門分野の研究を支配した。これらの分野はすべて進化のたどった系統を再構築するという考えに取りつかれていたし、反復説をその追究のための鍵として認めていた。人間の初期胚に鰓裂《さいれつ》が見られるのは、魚が人間の祖先であることを、少しあとの段階で一時的に尾が現われるのは、哺乳類の祖先である爬虫類が人間の祖先であることを示していた。

反復説は生物学からこぼれ出て、いくつかの他の分野に決定的なやり方で影響を及ぼした。ジクムント・フロイトやC・G・ユングはともに反復論者として認められている。ヘッケルの考えは精神分析学理論の発展に少なからぬ役割を果たした（例えば『トーテムとタブー』で、フロイトは若い男性のエディプス・コンプレックスを手がかりにして人類史の再構築を試みている。フロイトは、親殺しのその衝動は、祖先の大人たちの間で実際起こったことを反映しているはずだと推論し、それ故、子孫の息子たちが女性を手に入れるために自分たちの父親を殺したに違いないという）。十九世紀末の多くの小学校のカリキュラムは反復説の光の下に再編成された。いくつかの教育委員会は低学年に「ハイアワサ（イロクォイ族インディアンの族長）の歌」を学習するように定めた。その理由は子どもたちは未開時代の祖先の段階を通過しつつあるので、歌と一体感をもつだろうというものである。[1]

反復説は人間のグループを高等とか下等とかランクづけようとした科学者に魅惑的な規準を提供した。劣ったグループの成人は優れたグループの子どもに似ているに違いない。子どもは原始時代の祖先の成人の状態を表わしているからである。もし、成人の黒人や女性が白人の男の子に似ているならば、彼らは白人男性の進化過程における祖先の段階を示す生きた見本である。頭のみでなく、身体全体を基にした人種ランクづけのための解剖学上の理論が構築されていた。

反復説は生物学的決定論の総合理論としての役割を果たした。すべての「劣等」グループ――人種、性別、階級――は白人の男の子と比較された。E・D・コープは反復のしくみを明らかにしたアメリカの優れた古生物学者であるが（グールド、一九七二年、八五―九一ページ）、この規準によって、次の四つのグループを下等な人間の種類とした。すなわち、非白色人種、すべての女性、北欧の白人の対極にいる南欧の白人、および優れた人種の中の下層階級、である（一八八七年、二九一～二九三ページ。コープは、とくに「アイルランド人の下層階級」を軽蔑した）。コープは北方民族の優越性を説き、ユダヤ人や南欧人のアメリカへの移民を減らすよう訴えた。南欧人の劣等性を反復説の言葉で説明するために、より暖かい気候では人間はより早く成熟すると論じた。成熟は身体の発達を遅らせ、途中で止めさせるので、南欧の人は子どもっぽい。したがって未発達な大人の状態になる。優れた北欧の人たちはおそい成熟によって発育が止まる前に、より高等な段階に進む。

「インド・ヨーロッパ語族では、北方地域の人より熱帯地域の人の方がある面では早く成熟するようだ。それは疑いのないことだと言える。多くの例外はあるが、一つのルールと見なすのに十分な一般性がある。したがって、その人種には、少なくとも欧米の暖かい地域においては、分別に従うよりも、情に流されて行動すること――これは女性に一般的である――がかなりの割合で見られる……。おそらく、さらに北部のものはそうした性質をみんな青年期に失ったのであろう」（一八八七年、一六二～一六三ページ）

反復説は人種のランクづけについての人体測定学的議論、とりわけ頭蓋計測学的議論に対して、根本的視点を与えることとなった。再び、脳が大きな役割を果たすことになった。すでに創造論者の立場でルイ・アガシは、黒人の成人の脳と、七カ月の白人の赤ん坊の脳とを比較していた。我々は前にフォークトの次のような驚くべき主張を引用した（二〇八ページ参照）。黒人の成人および白人の女性のそれぞれの脳は、白人の男の子の脳と同じ程度であり、それから考えれば、黒人はどのような注目に値する価値ある文明をも創りあげることはできないと説明した。

コープは頭蓋骨、特に、「よく発達した鼻とあごひげを美の大切な要素」として注目した。しかし、黒人に対してはふくらはぎの筋肉が不完全であることをあざけった（一八八七年、二八八―二九〇ページ）。

「黒人において最も目につく二つの特徴は、典型的なインド・ヨーロッパ語族では未成熟段階に現われる特徴である。不完全なふくらはぎは、ごく初期の幼児の特徴である。しかし、もっと重要なのは、平べったい鼻柱とか短い鼻骨とかいう特徴が、インド・ヨーロッパ語族では、通常未成熟な状態のものだということである……。ある人種、例えばスラヴ人ではこの未発達な特徴が他の人種に比べ、後まで続く。ギリシャ人の高い鼻は、審美的な美しさに一致しているばかりでなく、完全に発達した状態にある」

一八九〇年、アメリカの人類学者D・G・ブリントンは測定を称賛する言葉でこの議論をまとめている。

「胎児や幼児、あるいはサルのような特徴をより多く留めている成人は疑いもなく、もっと発達の進んだ人に比べて劣っている……。この規準で判断すると、ヨーロッパ人、すなわち白人がランクの最上位に位置し、アフリカ人、すなわち黒人は最下位に位置する……。人種に関する比較解剖学という科学を打ちたてるために、人体のあら

ゆる部分が、正確に入念に調べられ、大きさ、重さが測定されてきた」（一八九〇年、四八ページ）

もし、解剖学が反復説の数的データに基づく議論を築いたとすれば、心理研究はそれを確証する豊かな分野を提供した。野蛮人や女性が子どもに似て感情的だということは誰もが知らなかったことなのだろうか。以前にも蔑視されているグループが子どもと比べられたことがあったが、反復説はこの古くて陳腐な話に本道の科学理論としての体裁を与えた。「彼らは子どものようだ」という言葉はもはや単なる頑迷なメタファーではなかった。これが、劣った人々は優れたグループの祖先の段階に文字どおりはまり込んでいるという理論的主張に具体性を与えたのである。

当時のアメリカの指導的心理学者G・スタンリー・ホールは、一九〇四年に、一般論として次のように述べた。「大部分の野蛮人は、ほとんどの点で子どもだ。ところが性的には成熟しているので、正確に言えば、青年期でいつづける大人だ」（一九〇四年、第二巻、六四九ページ）と。彼の一番弟子のA・F・チェンバレンは温情主義をとり、「原始的な人たちのいない世界は、全体としては、まさに子どもの恩恵を知らない小さな世界のようなものだ」と語った。

反復説を主張する人々は、自分たちの議論を驚くほど多様な人間の能力という方向に拡大した。コープは、有史以前に書かれた絵を子どもや現存する「原始人」のスケッチと比べた（一八八七年、一五三ページ）。「我々がいくらかなりとも知っている最も初期の人種の力作は、教育を受けていない幼児が石板の上に描いたり、野蛮人が崖の岩肌に描いたりする作品と全くよく似ている。」イギリスの指導的心理学者のジェームズ・サリーは子どもと野蛮人の美的感覚を比較し、子どもの方が優れていると評価している（一八九五年、三八六ページ）。

「子どもの美的感覚から出たこの初めてのつたない表現の多くこそが我々とその人種の接点であり、その人種の好みが初めて表われたものである。明るくて、ぴかぴか光る物とか、きらびやかな物とか、色彩の強いコントラストとか、さらには羽根——お気に入りの身につける飾り——のように動くものに喜びを感じるのは、野蛮人の特徴として知られていて、文明人の目には彼らの嗜好は子どもっぽく見える。いっぽうで、花の美しさについて子どもが感じるのと同じように野蛮人も感じるかどうかは疑わしい」

社会ダーウィニズムの主唱者ハーヴァート・スペンサーは次のような含蓄のあるまとめをしている（一八九五年、八九〜九〇ページ）。「文明化されていない人々の知的特色は……文明社会の子どもに再び繰り返された特色である」と。

反復説が生物学的決定論の総合的理論の中心となって以来、多くの男性科学者はこの議論を女性の問題へと延長させた。E・D・コープは女性の「形而上学的形質」は次のようなものだと述べた。

「……男性が成長の初期に示すものと本質的にはよく似ている……。女性は非常に感受性が強いのが特色であり、論理的であるよりも情緒的であり、それに従順である。また、外の世界に対しては臆病で、変則的な行動をする。これらすべての特質は一般的規則として、生涯のある時期に男性にもみられる。ただ人によって時期を異にしているが、その特質は失われる……。おそらく、ほとんどの男性は、感情が支配的であった子どものころ、すなわち、苦しみを見て、大人のときよりも感情が動かされやすい時期があったことを思い出せるであろう。また、たぶんすべての男性は、英雄を崇拝した青年期、より強い人が必要だと感じ、自分たちに同調し、援護してくれる頼もしい友人を尊敬するのを好んだ時期を思い出せるであろう。これは〝女性の段階〟の特徴である」（一八八七年、一五九ページ）

生物学的決定論の報告書の中で最もばかげた主張であるに違いないのだが、私はG・スタンリー・ホール――彼は変わり者でなく、アメリカ心理学の第一人者だということを再度確認しておくが――は女性が進化において原始的な段階にある印として自殺率の高いことをあげている（一九〇四年、第二巻、一九四ページ）。

「これは男女間の深遠な精神的差異の一つの現われである。女性の肉体と魂は系統発生的にはより古く、より原始的である。一方、男性はより新しく、変異に富み、保守的ではない。女性は常に古い習慣と思考方法をとる傾向がある。女性は受身的方法を好む。自殺するとき、重力のような自然の力に身をゆだね、高い所から身を投げたり、毒をあおぐという方法では男性より勝っている。ハーヴェロック・エリスは、身投げがひんぱんに起こり、その点で女性たちはますます女性らしくなりつつあると考えている」

帝国主義を正当化するものとして、反復説はあまりにも希望を抱かせたために、アカデミックな発言に留まっていることができなくなった。すでに私はアフリカ黒人についてのカール・フォークトの低級な意見を引用している。それは黒人の脳と白人の子どもたちの脳との比較に基づいたものであった。B・キッドはこの主張を熱帯アフリカへ植民地を拡大することを正当化するのに用いた（一八九八年、五一ページ）。彼は、我々は「子どもが個体の発達過程で示すのと同じ段階をその発達段階で示す人種を扱っている。それ故、熱帯はその原住民自らの力では開発されないであろう」と書いている。

フィリピンを併合する権利をめぐっての論争の過程で、アメリカの指導的帝国主義者であるジョシア・ストロング師は偽善的に「我々の政策は国家的な野望によってでもなく、商業的な見地でもなく、世界一般に対しての、特にフィリピン人に対する我々の義務によって決定されるべきである」と言明した（一九〇〇年、二八七ページ）。彼に反対する者たちは、神は自己統制力のない人々など創造するはずがないというヘンリー・クレイの主張を引用し、我々の慈善的な保護など不必要であると論じた。しかし、クレイは進化論や反復説が現われる以前の悪しき古き時代に発言していた。

「クレイの考えは、……個人が数年間で成長するのを人種は数世紀もかけて成長するものであり、自己統制力のない未発達の人種は、自己統制力のない未発達の子どもと同様、全能者の面目をそこなうものではないということを近代科学が明らかにする以前に、形づくられたものである。この文明開化された時代に、誰もができるからといって、フィリピン人にも自己統制が可能だと信じる人々の意見など考慮する価値がない」

ルッドヤード・キップリング[*1]は帝国主義の桂冠詩人であるが、白人の優越性を主張した有名な詩の最初の節で反復説の考えを示している。

白人の重荷を背負え――
君たちが育んだ最良のものたちを送れ

とらわれ人たちの窮乏を救うために
君たちの息子たちを故国から追いやろう
きびしい仕事に耐えて
あわてふためく未開の民に奉仕しよう
君たちが新たに捕えた無愛想な人々は
半ば野獣で、半ば幼な児

テッディ・ルーズベルト[*2]は、彼の判断は必ずしも辛辣というわけではなかったが、ヘンリー・キャボット・ロッジにあてて、この詩は「とてもおそまつな詩だが、領土拡張の見地からするとよく理解できる」と書き送っている(ウェストン、一九七二年、三五ページ)。

もし、今世紀に興味ある新しい考えが付け加わらなかったとしたら、十九世紀の愚かさと偏見に対する一つの証明であるこの話はそのまま続いたかもしれない。一九二〇年までに反復説は崩壊していた(グールド、一九七七年、一六七〜二〇六ページ)。それから間もなく、オランダの解剖学者ルイス・ボルクがまさに正反対の理論を提出した。反復説では、祖先の成人の特徴が子孫ではより早く発達し、子孫では子どもの特徴になることが必要であった。それ故、現代の子どもの特徴は祖先の成人の特徴、つまり原始人の特徴である。しかし、進化でしばしば見られるように逆の過程が起こると考えてみよう。

つまり祖先の子どもの特徴が、子孫では成長がひどくおくれて、成人の特徴になったと考えてみよう。この遅滞成長の現象は自然界では普通に見られるもので、ネオテニー(文字どおりに解釈すると「若さを保つ」)と呼ばれている。ボルクは、人間は本質的にはネオテニー的なものだと論じている。彼は人間の成人、サルの胎児や、若いサルには共通してみられるが、親のサルには欠けている一連の印象的な特徴をリスト・アップした。すなわち、頭蓋骨がアーチ状であること、体の大きさのわりに大きな脳をもつこと、顔の小さいこと、頭やわきの下、それに陰部にのみ体毛が限られていること、および回転しない大きな足指といったものである。私は本書の二〇二～二〇七ページで人間のネオテニーの最も重要な徴候の一つをすでに論じている。それは頭蓋骨の底部の大後頭孔の位置が胎児の状態を保っているということである。

さて、人間のグループをランクづけるのにネオテニーがどのような意味を含んでいるかを考えてみよう。反復説では、劣った人種の成人は優れた人種の子どもに似ている。しかし、ネオテニーでは逆の考えが成り立つ。ネオテニーの文脈では子どもの特徴が残り、ゆっくり成長することは「良い」ことであり、進歩し、優れていることになる。そこで、優れたグループは成人において子どものような形質を残し、劣ったグループはより高い年齢の子どもも時代を通り越し、サルに似た状態へと退化していく。さて、白人が優れており、黒人が劣っているという白人科学者たちの従来からある偏見を考えてみよう。反復説では黒人の成人は白人の子どもに似るはずであり、ネオテニーでは白人の成人は黒人の子どもに似るはずである。

七十年間、反復説の支配下で、科学者たちは皆、成人の黒人・女性・下層階級の白人が上流階級の白人の男の子に似ているという同じメッセージを声を大にして宣言しながら、大量の客観的データを集めてきた。さて、ネオテニーから見ると、これらハードなデータは、たった一つのことを意味しうることになる。他のグループでは子どもの優れた特徴が保たれているのに、上流階級の男性ではそれが失われているために劣っているということになる。このことは逃れられない結論である。

少なくとも一人の科学者ハーヴェロック・エリスはこの明白な含意にかぶとを脱ぎ、女性が優れていることを認めた。ただし、黒人については同じような告白はせずに、巧みに切り抜けた。彼は田舎と都会の男性をも比較し、都会の男性は女性的な形態を発達させていることを見出し、都会の生活の方が優れていると主張した（一八九四年、五一九ページ）。「都市文明の下で、大きな頭、繊細な顔、弱々しい骨をもっている男性は、野蛮人より典型的な女性に近い特徴である。脳が大きいだけでなく、骨盤が大きいことからも、現代の男性はそもそも女性によって引かれていた道筋をたどっている。」しかし、エリスは因習を打破したり、論争的であったり（彼は性に関する初めての体系的研究書を書いた）、性差にネオテニーの考えを応用したりしたが、大きなインパクトを与えることはなかった。その間、人間のネオテニーの支持者たちは人種の差異に関連して、より一般的な、別の戦術を採用した。彼らは七十年にわたるハードなデータを放棄し、黒人の劣等性を確固とするために新たに、反対の情報を探し求めた。ネオテニーの主要な擁護者のルイス・ボルクは、最もネオテニー化の大きい人種は優れていると断言した。より子どもっぽい特徴を保つことによって、彼らは「サルに似た人間の祖先」からはるか遠く離れた位置を保ってきた（一九二九年、二六ページ）。「この観点からすると、人類を高等な人種と下等な人種に分けることは十分に正当化される（一九二九年、二六ページ）。私が自分の理論を基礎にした、人種不平等の確固たる信者であることははっきりしている」（一九二六年、三八ページ）。ボルクは解剖学の宝探し袋に手を伸ばし、黒人の成人が少年期の有利なプロポーションからより遠くへ離れていることを示す特徴をいくつか引っぱり出した。これらの新しい事実によって、古くからの心地よい結論へとたどりついたボルクは「白色人種は最も成熟が遅いので最も進歩しているように見える」（一九二九年、二五ページ）と公言した。ボルクは、「リベラル」な人間であると自認していて、黒人が永久に愚かであるとすることは拒否した。彼は、将来においては進化が彼らに慈しみを与えるだろうことを希望した。

「他のすべての人種が、今、白色人種が占めている発達の頂点に達することも可能である。そのために唯一必要なことは、人類の発達について生物学上の原則（すなわち、ネオテニー）が、これらの人種に継続的に前進的に作用することである。黒人は胎児の発生過程で、白人ではすでにその最終段階になっている段階を通過する。そこで、黒人でも遅滞が続くと、まだ発生途中の段階が、この人種にとって最終段階となるであろう」（一九二六年、四七三〜四七四ページ）

ボルクの主張は二つの理由でほとんど不正に近い。一つは、コープがほめちぎったギリシャ人の鼻やゆたかなあごひげなど、反復主義者たちが白人を子どもの状態から遠くに位置づけるために断固として強調していたすべての特徴を都合よく忘れていることである。二つ目は、白人ではなく、東洋人が明らかに最もネオテニー化した人種だという執拗で当惑する議論を避けたことである（ボルクは東洋人、白人両方の人種のネオテニー的な特徴を選んでリストを作ったが、その差異はわずかで、そうは言えないと主張した。より公正に評価するためには、アシュレー・モンターギュ、一九六二年を見よ）。さらに、女性は男性よりもネオテニー的である。たとえ私が東洋人の女性の優越性を強調することを拒否し、その代わりにネオテニーの程度をもとにグループをランクづける全ての企てが根本的に正しくないと言明したとしても、私が悪趣味ないいわけがましい白人だと思われないだろう。そう私は信じる。アナトール・フランスやウォルト・ホイットマンのように、ツルゲーネフの半分ほどの重さの脳しかもたない人でも、彼と同じように作品が書けるのと同様に、もし、人種間のネオテニーの程度にみられるわずかな差が知能や道徳的価値に何らかの関連があるとしたら、大いに驚きである。

それにもかかわらず、古い主張は決して死に絶えることはない。一九七一年、イギリスの心理学者で遺伝決定論者でもあるH・J・アイゼンクは黒人の劣等性を示すために再びネオテニーの考えを登場させた。彼は三つの事実をとりあげ、それらから一つの物語を作りあげるためにネオテニーの考えを用いたのである。一つは、黒人の赤ん坊や幼児は、白人より運動感覚の発達が迅速であること。すなわち、彼らは胎児状態から早く離脱するのでネオテニーの度合いは少ない。二つ目は、白人の平均IQ値が三歳までに黒人の平均IQ値を上まわるようになること。三つ目は、生まれて一年目の運動感覚の発達とその後のIQの間にわずかな負の相関があること。すなわち、早く成長する子どもは低いIQ値のままで終わる傾向がある。アイゼンクは次のように結論づける（一九七一年、七九ページ）。「これらの発見は、幼児期が長くなればなるほど、その人種の認知能力や知的能力は一般により高いという生物学のきわめて一般的な考え方（ネオテニー論）の故に重要である。この法則は一つの人種内でさえも通用するように思われる。」

アイゼンクは自分がほとんど確実に因果関係のない相関性に基づいて議論してきたことをほとんど認識していなかった（因果関係のない相関性は統計的推論にとって有害である。第六章参照のこと。それは数学的には完全に〝真〟であっても何の因果関係も示さない。たとえば、過去五年間の世界の人口増加と大陸移動によってヨーロッパと北アメリカ間の距離が広がることとの間に目ざましい相関、最大値一・〇に近い数字が計算されるであろう）。例えば黒人のIQ値が低いことが純粋に貧困な環境の結果であると想像してみよう。運動感覚の迅速な発達は、ある人を黒人であると判断する一つの方法ではあるが、皮膚の色によるほど的確な方法ではない。貧困な環境と低いＩＱ値の相関は多分因果関係があるだろう。しかし、運動感覚の迅速な発達とＩＱ値の低さの相関はおそらく因果関係はないであろう。なぜなら、この文脈では、運動感覚の迅速な発達は単にその人が黒人であると特定しているにすぎないからである。アイゼンクの主張は、人種差別の社会では黒人の子どもが一般に貧しい生活環境下にあるという事実を無視している。こうした環境下では、ＩＱの点数は低くなる。それでも、アイゼンクは自分の遺伝学者としての偏見を反映させた因果関係のない相関に理論的意味を与え、そうすることによって因果論的地位を与えようとして、ネオテニーに訴えたのである。

我々の誰かに存在するサル——犯罪人類学

先祖返りと犯罪性

トルストイの最後の偉大な小説『復活』（一八九九年）の中で、冷酷なモダニストの検事補は間違って殺人罪に問われた一人の売春婦に有罪の宣告をするため立ちあがった。「検事補は非常に長くしゃべった……。彼の弁論には、当時彼らの社会に流行していた、そして科学的知識の最後の言葉としていまもなおもてはやされている最新式のものは、すべてとり入れられていた。そこには、遺伝もあれば、先天的犯罪性もあり、ロンブローゾもあれば、タルドもあり、進化もあれば、生存競争もあり……『いやどうも、先生すこししゃべりすぎるね』裁判長はにやにやしながら、むずかしい顔をした同僚のほうへ身をかがめて、こう言った。『とほうもないでくの坊だ』と、むずかしい顔をした判事は言った」（河出書房新社版、中村白葉訳より）

ブラム・ストーカーの『ドラキュラ』（一八九七年）の中で、ヴァン・ヘルシング教授はミナ・ハーカーに凶悪なドラキュラ伯爵を描写するように、しきりにうながしていた。「その輝く眼であなたが見る冷酷な科学者について教えてほしい。」彼女は答えて、「ドラキュラ伯爵は犯罪者であり、犯罪を犯すタイプです。ノルダウやロンブローゾならば彼をそのように分類するでしょう。犯罪者なので彼の精神《マインド》は不完全にしかできていません。」[2]

マリア・モンテッソリは一九一三年に戦闘的な楽観論を次のように表明している。「犯罪は抑制者も救援者もいないために広まる。昨日まではただ嫌悪と憎悪のみを我々にひき起こしてきた。しかし、科学がこの道徳的腐敗に手をさしのべているのだから、全ての人類が協力してこの犯罪と闘うことが求められている」と。

こうした本質的に異なった評価に共通する主題は、人体測定学の伝統からこれまで生じた中で最も影響をおよぼした教義であるチェザーレ・ロンブローゾの『犯罪者』の理論である。イタリアの医者ロンブローゾは、生得的な犯罪性の理論および、彼が確立した犯罪人類学という専門分野を導いた洞察について描写している。一八七〇年に、「うまく成功しなかったが」彼は犯罪者と精神異常者との解剖学上の違いを見つけようとしていた。「十二月の陰鬱なある朝」、有名な山賊ヴィヘラの頭蓋骨を調べていた彼に、ある洞察がひらめき、狂喜した。それは素晴らしい発見であり、常軌を逸した考えだった。彼はその頭蓋骨の中に、人間の現在の姿というよりもサルに似た過去の様子を思い起こさせる一連の先祖返りの特徴を見たのである。

「これは、単なる思いつきでなく、霊感がひらめいたのである。その頭蓋骨を見て、燃える大空の下の広大な平原のように、突然すべてが明るく照らし出され、犯罪者の本性の問題がわかったように思えた。つまり犯罪者は原始人や下等動物の残忍な本能がその人の中に再現された先祖返りである。解剖学的に表わせば、犯罪者や野蛮人、そしてサルに見られる次のような特徴、すなわち大きなあご、高いほお骨、突出した目の上のアーチ、手のひらを横断する一本の線（猿線）、極端に大きい眼窩、取っ手状の耳などである。痛みには無感覚で、極端に鋭い視線をもち、刺青をし、過度のなまけぐせがあり、飲めや歌えの騒ぎを好み、自分のためなら悪事でも無責任に懇願もする。犠牲者の命を絶つばかりでなく、死体を切り開き、肉を引きさき、血を飲むことをも望む」（テイラーなど、一九七三年、四一ページ）

ロンブローゾの理論は、犯罪は遺伝的である——このような議論は当時一般的であった——という漠然とした声明ではなく、人体測定学のデータに基づいた特殊な進化理論であった。犯罪者は我々の中の進化的な先祖返りである。先祖の過去を秘めた胚種は我々の遺伝質の中に眠っている。不幸な人にその過去が再び生きかえってくる。これらの人々は普通のサルや野蛮人がするのと同じような行動を生まれつき行なう。しかし、そのような行動は、我々文明社会では犯罪者として映る。幸いなことに生まれつきの犯罪者を同定することはできる。それは彼らにはサルに似た解剖学上の特徴が生じるからである。彼らの先祖返りは肉体的、精神的の両面で見られるが、ロンブローゾが烙印《スティグマータ》と呼んだ肉体的標識ははっきりしている。犯罪的行動は正常な人にも起こりうるが、ロンブローゾの解剖学上の特徴から「生まれつきの犯罪者」を知ることはできる。事実、解剖学上の特徴は宿命的で、生まれつきの犯罪者はその遺伝的汚点から逃れられない。「決して影響力は止むことなく、また法規集に書かれたいかなる法律よりも権威をもって社会を支配する無言の法律によって我々は支配されている。犯罪は……自然現象であるように思える」（ロンブローゾ、一八八七年、六六七ページ）

生得的犯罪者としての動物と野蛮人

犯罪者の中にサルへの先祖返りの特徴を特定することによって、ロンブローゾの議論が落着したわけではない。というのは肉体的な類猿性《アピッシュネス》が人間の野蛮な行動を説明できるためには、野蛮人やより下等な動物の自然の性向が犯罪的である必要がある。たとえ、ある人がサルに似ていたとしても、サルがおとなしい動物ならば、この議論は失敗に終わる。そこでロンブローゾは自分の大作（『犯罪者』一八七六年初版）の初めの部分を、もっぱら動物の犯罪行為の分析にあてている。これは、これまで出版された擬人主義の中で最もこっけいな脱線話であるに違いない。例えば、激怒にかられてアリマキを殺し、その体をバラバラにするアリ、愛人と一緒になって夫を殺した不倫のコウノトリ、孤立した仲間を殺すために集団をつくるビーバーの犯罪者仲間、性的に成熟したメスに近づかないで生殖器の退化した働きアリ（メス）を犯し、大きな苦痛と死を与えるオスアリなどを引用している。また、ある植物が虫を食べる行為を「犯罪に等しい行為」だとまで述べている（ロンブローゾ、一八八七年、一～一八ページ）。

そこで、ロンブローゾは次の論理的段階へと進む。すなわち、犯罪者と「劣等」グループの比較である。彼を支持するあるフランス人は「私は犯罪者を今日の社会に先祖返りによって現われた野蛮人と比べようと思う。彼は野蛮人に生まれついたのだから、犯罪者に生まれついたのだと考えられる」（ボルディエ、一八七九年、二八四ページ）と書いている。ロンブローゾは、犯罪性が劣等な人々の中では普通の行為であることを確認するために、民族学にまで踏みこんでいった。彼はナイル河上流のディンカ族について小論文を書いている（ロンブローゾ、一八九六年）。その中で彼は次のように語っている。彼らは濃い刺青をし、痛みには鈍感である。思春期にはハンマーで自分の門歯をたたきこわす。彼らには解剖学上、正常な部分としてサルに似た烙印《スティグマータ》がある。「彼らの鼻は……ぺちゃんこなだけでなく、三つに裂けていて、サルの鼻に似ている」。彼の同僚G・タルドは、犯罪者の中には「アメリカ・インディアンの種族の代表的人物あるいは徳をそなえた第一級の人物になる人がいてもよいはずである」と記している（エリス、一九一〇年、二五四ページ）。ハーヴェロック・エリスは、犯罪者や劣等な人々は多くの場合赤面することがないという主張を重視した。「赤面することができないのは犯罪行為や破廉恥につきものだと考えられてきた。赤面することは白痴や野蛮人の間でも大変珍しいことである。スペイン人たちは南アメリカ・インディアンについて、〝赤面するしかたも知らないものをどうして信用できようか〟とよく口にしたものだ」（一九一〇年、一三八ページ）。では、インカの人々は征服者ピサロを信用して、どのくらい得をしたのだろうか。[*3]

ロンブローゾは実際には自分のすべての議論を、それがくつがえされるのを不可能にするやり方で構築したので、科学的には無意味なものになった。自分の研究を客観性があるように見せるために、彼は多くの数量的データを引用したが、非常に弱点が多くみられたので、大部分のブロカ学派の人たちにとっても先祖返りの理論に不利なものになった。ロンブローゾは自分の理論に反する事実にぶつかったときにはいつでもそれを自分の体系の中に取り込むために、いくつかの知的訓練を実行した。こうした姿勢は劣等な人々の邪悪な行為に関する彼の主張の中にはっきりと表われている。彼は軽蔑しようと思っていた人々が勇気と実行力をもっているという話に何回か出会っていたからである。が、こうした話はすべて自分の体系の中に都合よく織り込んだ。例えば、もし、好ましい特徴を認めなければならないときには、それを蔑視しうる他の特徴と結びつけた。自分の結論のために、多少時代おくれのタキトゥス（ローマの歴史家）の権威を引用しながら、彼は次のように述べている。「野蛮人のなかに、名誉、貞節、同情などが見られるときでさえ、衝動的な心や怠け心は決してなくなっていない。彼らは連続的な仕事を毛嫌いする。したがって活動的で秩序立った労働へ導くのはまさに淘汰の道か、奴隷制の道にあるのみである」（一九一一年、三六七ページ）。あるいは、ジプシーという劣等で犯罪的な人種に対する彼のねたみを含んだほめ言葉を考えてみよう。

「彼らはすべての非行者に似て、虚栄心が強いが、彼らには不安もなければ、恥もない。かせいだお金はみんな飲んだり、装身具に使ってしまう。はだしのように見えるが、明るい色か、レースで飾られた衣服を身につけている。靴下ははいていないが、黄色い靴をはいている。彼らは野蛮人や犯罪者と同じようにその日暮らしである……。彼らは腐りかけの肉をむさぼり食う。彼らはばか騒ぎをし、にぎやかなのが好きで、市場では大声でわめきたてる。彼らは強奪するために冷酷にも人を殺し、かつては人食いの習慣さえもっていた。……この人種は道徳的に劣っており、文化的にも知的にも発達することは不可能である。また、いかなる産業も生みだせないし、詩の世界では、最も下手な叙情詩さえも超えられなかった。そういう人種がハンガリーでは信じられないほどの音楽芸術を作りだした。つまり先祖返りが伴うと、犯罪者の中にも天才が見出されるという一つの証拠である」（一九一一年、四〇ページ）

もし、ほめることと同時にけなす特徴がなければ、彼は「原始的な人」たちの中に見られる明らかに価値ある行動の動機を無視するだけだった。拷問により勇敢にも死んでいく白人の聖者は英雄中の英雄として扱われる。しかし同じような尊厳さで息を引きとる「野蛮人」については、それは単に痛みを感じないだけであるという。

「彼ら〔犯罪者たち〕が肉体的に苦痛を感じないことは、白人だったら耐えられないあの野蛮人たちの思春期の儀式の拷問に耐える姿を思い起こさせる。旅行者はみんな、黒人とアメリカの野蛮人が苦痛に対しては無感覚であることを知っている。後者は、拷問のため柱にしばりつけられ、ゆっくりと火あぶりにされても、その間自分たち種

A

B

C
center

D

E

F

G

H

I

図4・2　売春婦の足。この図は1896年の国際犯罪人類学会議のためにL・ジュリアンが提出したものである。これに説明を加えてロンブローゾは「これらの観察によれば、売春婦の形態は犯罪者のそれより異常であり、とくに、足の形態が先祖返りの異常形を示している。なぜならばものをつかむのに適した足は先祖返りである」と述べている。

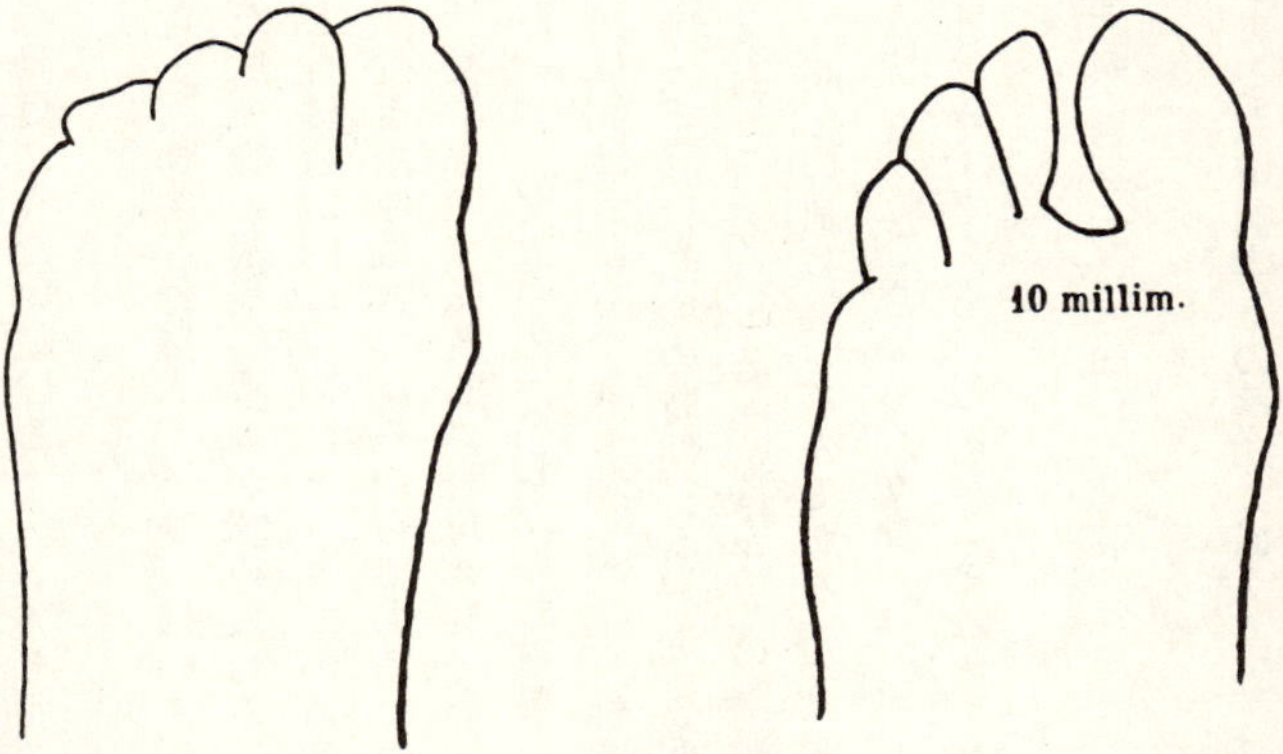

図4・1　犯罪者の顔の一覧。ロンブローゾの『犯罪者』の図解の口絵。グループEはドイツの殺人犯。グループIは夜盗（ロンブローゾは、山高帽をかぶった姿の男の右側にで描かれた男が、仮の鼻をつけて永年にわたって裁判を逃れていた鼻なしの男であると説明している）。Hは財布のひったくり。Aは万引き。B、C、DおよびFは詐欺師。いっぽう、最下段の紳士たちは破産宣言を詐欺的に行なった人たち。

族をたたえる歌を陽気にうたい続ける」(一八八七年、三一九ページ)

先祖返りの犯罪者を、動物、野蛮人、下等人種の人たちとこのように比較していくことに、前節で論じた反復説の基本的議論が認められる。ロンブローゾはこの連鎖を完成させるために、子どもは遺伝的に犯罪性をもっていると主張する必要があった。子どもは昔の大人であり、生きた原始人であるからである。ロンブローゾはこの必然的な含意に躊躇しなかった。文学の中で伝統的に表現されている無邪気な子どもは犯罪者であると彼は烙印を押した。「私の学派が発見した最も重要なものの一つは、ある年齢に成長するまでの子どもには犯罪者がもつ最も悲しむべき性向が現われるということである。非行や犯罪性の芽は人生のはじめの時期にも普通に見出される」(一八九五年、五三ページ)。子どもに罪がないという我々の印象は我々の階級の偏見である。我々気楽な庶民は子どもの自然の性向を抑制しているのである。「上流階級の中で生活する人はアルコール飲料が大好きな赤ん坊など思いもつかない。しかし、下層階級では、目を輝かせてワインや酒を飲む乳飲み子さえも一般的なことなのである。[3]」(一八九五年、五六ページ)

解剖学的、生理学的、社会的烙印《スティグマータ》

ロンブローゾが考えた解剖学上の烙印(図4・1)は、大部分が病理学的な変異でもなければ、不連続的な変異でもなく、正規分布曲線の端に位置するものでそれは類人猿で見られる同じ特徴の平均値に近いものであった（現代からみると、これがロンブローゾの根本的な誤りの源である。腕の長さは人によって異なるし、ある人は他の人より長いはずである。チンパンジーの腕は人間の腕より平均して長い。しかし、このことから相対的に腕の長い人が遺伝的にサルに似ているということにはならない。一つの集団内の正規分布と、集団間の平均値の差とは生物学的には異なった現象である。こうした誤りは再三起こっている。アーサー・ジェンセンが、アメリカの白人と黒人の間のIQの平均値の差は主として遺伝によるものだと主張したときの謬論も、これを基にしたものである。（二九二〜二九七ページを参照のこと）。本当の先祖返りは不連続的であり、遺伝的根拠があり、祖先の形質である。たとえば、ときどきウマで機能をもつ側指《そくし》がみられるのがそうである）。ロンブローゾがあげたサルに似た烙印の中には、頭蓋骨が厚いこと、頭蓋縫合が単純なこと、顎が大きいこと、頭蓋骨より顔面が目立つこと、腕が相対的に長いこと、額に早くしわが寄ること、狭い額と大きな耳、禿げないこと、皮膚が黒っぽいこと、眼がするどいこと、痛みの感覚がないこと、血管反応（赤面すること）が欠如していることなどが表にまとめられた（一八八七年、六六〇〜六六一ページ）。一八八六年の国際犯罪人類学会議で、彼は売春婦の足がサルに似て、ときどき把握力がある（親指が他の指と大きく離れている）と論じている（図4・2）。

ロンブローゾは他の烙印については、もっと「原始的」な生物との類似性をさぐるた

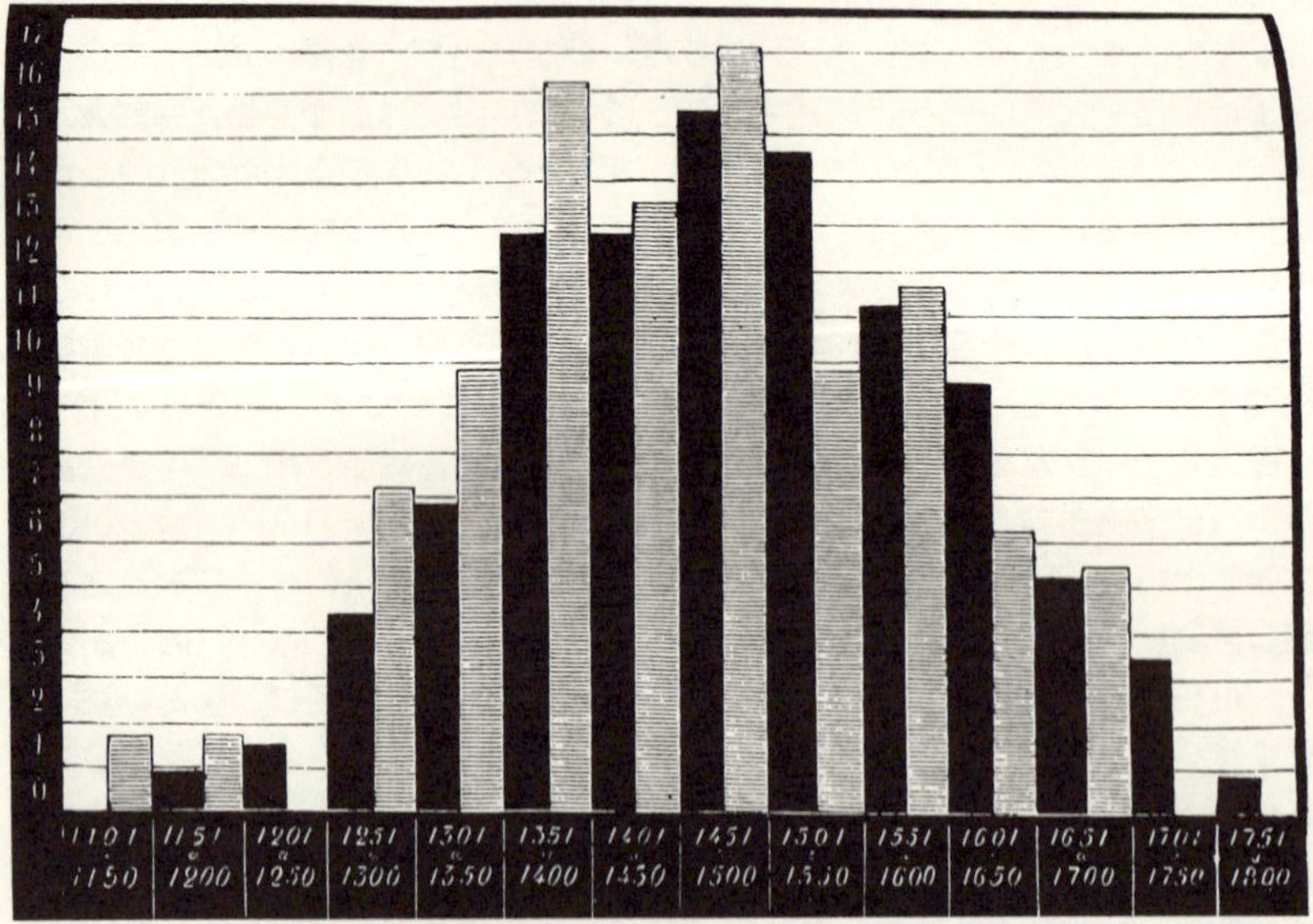

図4・3　通常人（黒ベタ）と犯罪者（横線）との頭蓋容量の比較。縦軸は実数ではなく、比率を表わしている。

めにサルより下等な生物へと下りていった。突き出た犬歯や平べったい口蓋をキツネや齧歯《げっし》類の解剖学的な構造と、奇妙な形をした後頭関節丘（頭蓋骨と脊柱の関節部分）をウシやブタの正常な関節丘と（一八九六年、一八八ページ）、さらに異常な心臓をカイギュウ（珍しい海洋哺乳動物の仲間）の普通の心臓とそれぞれ比較した。彼は何人かの犯罪者の顔面の非対称を体の上面に両眼をもつヒラメと比較し、その類似性に意味があると主張した！（一九一一年、三七三ページ）

ロンブローゾは、特定の欠陥についての自分の研究を犯罪者の頭や身体に関する一般的な人体測定学の調査で補強した。つまり死んだ犯罪者から三百八十三個の頭蓋骨のサンプルを、また生きている一般の人の中から三千八百三十九人を測定している。ロンブローゾのやり方を示すものとして、彼の最も重要な主張——たとえ非常に大きな脳をもつ犯罪者が何人かいたとしても、一般に犯罪者の脳は正常な人の脳より小さい——の数的根拠を考えてみよう(4)（一九一一年、三六五ページ）と彼の弟子たち（たとえばフェリ、一八九七年、八ページ）はこの主張を繰り返し続けた。しかし、ロンブローゾのデータはそのようなことを示していない。図４・３は彼が測定した百二十一人の男性犯罪者と高潔な三百二十八人の頭蓋容量の頻度分布を示したものである。二つの分布はほとんど違いがないことを示すおかしな統計学など必要はない。つまりロンブローゾは犯罪者の場合「小さな容量が支配的で、極端に大きいのは稀である」と結論づけた（一八八七年、一四四ページ）が、私は、それぞれの階級内の割合を示したロンブローゾの複数の表から元のデータを再構成し、犯罪者の頭の平均値が一四五〇cc、法律を遵守する人の頭の平均値が一四八四ccであると計算した。二つの分布の標準偏差（平均値からの広がりの尺度）には有意差はなかった。このことは次のことを意味している。法律を遵守する人のサンプルの変異の幅が大きいということ――つまり、まともな一般人の最大頭蓋容量が犯罪者より一〇〇cc以上上まわることがロンブローゾにとっては重要な点であった――は、これらの人々のサンプル数が大きいことによる単なる人為性である（サンプル数が多ければ多いほど、極端な値が含まれる機会は大きくなる）。

多くの社会的形質もロンブローゾの烙印の中に含まれている。特に彼は次の点を強調している。（一）犯罪者の仲間うちで使われる隠語。これは子どもや野蛮人の言葉によく似て、甲高い擬声を伴った独特の言葉である。「先祖返りは他のいかなるものより、この隠語に貢献している。彼らは感じ方が違うので、違った話し方をする。彼らはこの輝かしいヨーロッパ文明の只中にいる真の野蛮人であるが故に野蛮人のような話し方をするのである」（一八八七年、四七六ページ）。（二）刺青。これは、犯罪者が痛みの感覚がないことと、装飾を好むことの両方での先祖返りを反映したものである（図4・4）。ロンブローゾは犯罪者の刺青の表わす意味を数量的に調査し、それらが概して、無法（復讐）や言いわけ（「不幸な星の下に生まれた」「運がない」）であることを知った。ただ一つだけ「フランス万歳、フレンチ・フライド・ポテト万歳」と読みとれる刺青に出会

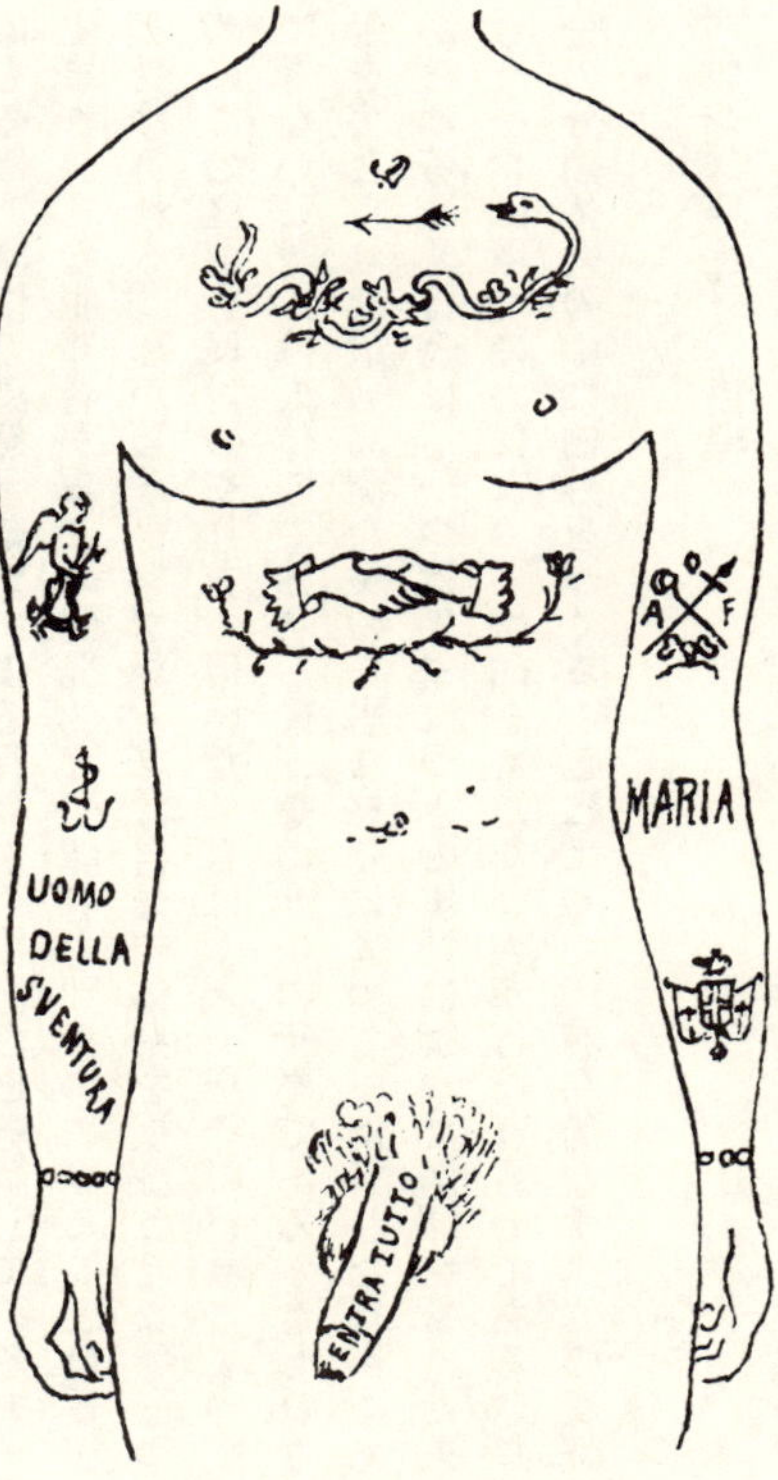

図4・4　ロンブローゾは刺青を生得的な犯罪性の印であると考えた。ロンブローゾの『犯罪者』に描かれたこの無頼漢の腕に「不幸な男」という刺青が刻まれている。ペニスには、「それはどこにも入り込む」と読める刺青がある。ロンブローゾは、挿し絵の解説で、握手の刺青がしばしば男色者に見られることを示している。

った。

ロンブローゾは犯罪者のすべての行為を先祖返りの烙印をもった人々のせいにしたわけではなかった。彼は犯罪者の約四〇パーセントが遺伝的に強制されたものであり、他のものは、激情、激怒、絶望による行為からであると結論している。一見すると、この生まれつきの犯罪者からこの偶発的な犯罪者を別扱いにすることは妥協か後退の表われと受けとれる。しかし、ロンブローゾは自分の体系を反証させない一つの主張にするためにこの区別を反対のやり方で用いた。もはや人々をその行為によって断定することはできない。殺人は人体の中にある最下等のサルの行為であるかもしれないし、あるいは妻を寝とられた最も高潔な夫の正当な怒りによって圧倒された行為であるかもしれない。あらゆる犯罪行為は、一つは生まれつきの本性によって烙印をもった人が行なうもの、もう一つは環境の力によって烙印をもたない人が行なうものである。ロンブローゾは自分の分類体系の中に例外をつくることによって、潜在的なすべての反証を排除した。

ロンブローゾの後退

ロンブローゾの先祖返りの理論は大きな渦をまき起こし、十九世紀における最も熱のこもった科学論争の一つを惹起させた。彼は自分の研究成果を数多く出版したが、冷徹な客観性にはいつも敬意を表わさなかった。ポール・ブロカの弟子たちの、多くの先験主義者たちさえも、彼の科学的やり方ではなく、むしろ彼の法律家的なやり方に対して小言を言った。ポール・トピナールは彼についてこう語った（一八八七年、六七六ページ）。「帰納的推論を私に示唆する事実がここにある。私が間違っているかどうかを調べよう。厳密に進めよう。他の事実ももっと集めよう。……彼はそのようには言わなかった。結論はあらかじめ作られている。彼は証拠をさがし、自分のテーゼを守る。ちょうど自分自身納得しておしまいにする弁護士のように。……［ロンブローゾ］は確信をもちすぎである」

ロンブローゾは集中砲火をあびて、ゆっくりと後退した。しかし、彼は部隊長のように後退した。しばらくの間、犯罪は生物学的であるという自分の観念を妥協させたり、放棄したりはしなかった。彼は生得的要因の範囲を広げただけだった。彼のオリジナルの理論は、犯罪者は我々の中のサルであり、先祖返りの解剖学的烙印をもっている、という単純性ときわだった独創性をもっていた。あとから出された理論はより広がりをもったが、より包括的にもなった。先祖返りは犯罪行為の主要な生物学的要因として留まったが、ロンブローゾはその要因の中に先天的な病気や退行といったいくつかのカテゴリーを付け加えた。「我々は犯罪者の中に野蛮人を、また同時に病人を見出す」と書いている（一八八七年、六五一ページ）。ロンブローゾはのちに犯罪性の目印としててんかんに特別な重要性を与えている。最後には、ほとんどの「生得的な犯罪者」はある程度てんかん症にかかっていると主張した。ロンブローゾの理論によって何千人というてんかん患者に付け加えられた苦しみは計り知れないものである。てんかん患者たちは、ロンブローゾがこの病気を道徳的退廃の目安として詳しく説明したことも原因となって、優生計画の主要な標的となった。

今日、ほとんどの人は知らないが、好奇心をそそられる横道の話がある。病的変質と人種のランクづけを想像によって関連づけたことは我々に少なくとも一つの遺産を残した。それは、「モンゴル人種に似た白痴」という名称、すなわち、もっと物やわらかに言えば、「蒙古症《モンゴリズム》」であり、「ダウン症候群」として知られる染色体異常に対してつけられた名称である。ジョン・ランドン・ハイドン・ダウン博士はイギリスの貴族であるが、『白痴の民族学的分類に関する観察』と題する論文（ダウン、一八六六年）でこの病気を同定している。

ダウンは、多くの生まれつきの「白痴」（彼の時代には準専門用語であり、通り名ではなかった）は、両親には無いが、下等な人種に明白な特徴と考えられる解剖学上の特徴を示していると論じた。彼は「エチオピア人の変種」――ヨーロッパ人種の系統ではあるがホワイト・ニグロ（一八六六年、二六〇ページ）――の白痴、マレイ人タイプの白痴、つまり、「もともとアメリカ大陸に住んでいた、額の狭い、ほお骨の目立つ、眼が深くくぼんだ、鼻がいくらかサルのそれに似ている人種に類似した」白痴を見出した（二六〇ページ）。その他の白痴は「偉大なモンゴル人種」に似ていた。「非常に数多くの先天的白痴は典型的なモンゴル人である。」（二六〇ページ）次いで彼は自分が世話をしている一少年のダウン症の特徴を正確に記述した――いくつかの点で東洋人と偶然類似している（「つりあがった」眼とわずかに黄色い皮膚）が、大部分の特徴は似ていない（褐色でうすい毛、厚い唇、しわのある額など）。それにもかかわらず、彼は次のように結論づけた（一八六六年、二六一ページ）。「その少年の容貌はヨーロッパ人の子どもだと認めるのがむずかしいほどであるが、これらの特徴はかなり頻繁に現われるので、これら人種についての容貌が退化の結果であることは疑いのないところである」。ダウンはこの病気で苦しんでいる子どもたちの行動を説明するのに、自分の人種についての洞察を用いさえしている。「彼らはものまねが大変うまい」――これはダウンの時代の人種差別主義者の慣習的な分類において、典型的なモンゴル人種としてしばしば引用される特徴である。

ダウンは自分を人種問題ではリベラルであると考えた。下等人種の特徴が高等な人種の退化したものに現われることを示すことによって、彼は人類の単一性を証明しなかったのだろうか？（一八六六年、二六二ページ）。事実、彼はロンブローゾがまもなく犯罪性について確立することになったことをただ病理学で行なっていた。つまりそれは白人で望ましくないものを下等なグループの生物学上の代表とすることによって従来の人種差別主義のランクづけを主張することである。ロンブローゾは先祖返りとは「ヨーロッパの犯罪者をオーストラリア原住民やモンゴル人種のタイプにたとえる」ことであると述べている（一八八七年、二五四ページ）。しかし、ダウンのつけた呼称は今日まで存続し、つい最近徐々に使われなくなっている。ピーター・メダワー卿は最近私に語った。自分や何人かの東洋人の研究者たちが一九七〇年代後半にロンドンの『タイムズ』紙に対して、「蒙古症《モンゴリズム》」をやめて「ダウン症候群」にするよう説得したと。この有能な博士はやはり尊敬に値する。

犯罪人類学の影響

ロンブローゾの対立者として有名なフランスのダルマーニュは、一八九六年、ロンブローゾの影響に敬意を表して、次のように述べている。

「彼の考えは、私たちの意見を変革し、あらゆるところに健全な感情を、また、さまざまな種類の研究に喜ばしい競争をひき起こした。二十年間にわたって彼の考えは議論に養分を与えた。つまり、このイタリア人の大学者は、あらゆる論争において当時の秩序であり、彼の考えは注目される出来事としての役割を果たした。あらゆるところに活気が満ちあふれていた」

ダルマーニュは、ただ外交辞令でこのように述べているのではなく、そこにはいろいろな事実が記録として残されていた。犯罪人類学は単に学者の論争ではなく、人さわがせな論争であった。何年もの間、法律や刑法にかかわる人々の議論の主題であった。犯罪人類学は多数の「改革」を駆り立て、第一次大戦までは、科学者はもとより、裁判官、法律家、政府機関のために開かれる四年ごとの国際会議の議題でもあった。

こうした特別なインパクト以上に、ロンブローゾの犯罪人類学は犯罪実行者および彼らの環境の役割について生物学的決定論の基本となる議論を支持することに重大な影響を及ぼした。犯罪者は生まれつきのものであり、犯罪を理解するためには犯罪者を研究すべきなのであり、その人の育ちや教育、あるいは盗みや強奪を犯すようになった苦境を研究しても意味はない。「犯罪人類学」は犯罪者をその本性のレベルで研究することである。言いかえれば生物学や病理学の分野での研究である（ロンブローゾの弟子セルギ、チンメルンからの引用、一八九八年、七四四ページ）。これは保守的な政治的主張としていつでも勝利をうる。邪悪であったり、非常識であったり、貧しかったり、公民権を奪われたり、堕落したりするのは、それらの人々がそう生まれついているからである。社会的な制度は自然の反映である。とがめられるべき（研究されるべき）はこれらの犠牲者であり、彼らの環境ではない。

例をあげよう。イタリアの陸軍はかつて、上官を殺害したミスデアという名の兵士にちなんでつけられたミスデイスモ、すなわち我々が「上官殺傷《フラギング》*4」と呼ぶ現象で悩まされた。ロンブローゾはこの兵士を調べ「神経性のてんかん症状であり……、悪性遺伝の影響を強く受けている」と述べた（フェリ、一九一一年）。ロンブローゾは、陸軍からてんかん症は排除されなければならないと忠告した。フェリによれば、これによってミスデイスモがなくなったという（イタリアの陸軍において、第二次大戦中、てんかん症でない人によって一度も上官殺傷《フラギング》が起こらなかったと私には思えない）。いずれにせよ、新兵の権利や待遇を考慮しようとは誰も思わなかったようだ。

ロンブローゾの理論の最もいかがわしく、潜在的な意味をもつ帰結、すなわち人々が烙印《スティグマータ》をもっている人を、何らかの違反を犯す以前にあらかじめスクリーニングし、隔離することは、法的に実現されなかったし、彼の支持者たちからも提案されなかった。ただフェリは、刑事犯として三世代にわたって処刑されたのち、その一族が追放されたことを本質的に、まさにプラトンの弁明であると認めてはいる（一八九七年、二五一ページ）。しかしながら、ロンブローゾは子どもたちのプレスクリーニングを主張した。そうすれば、教師たちは心の準備ができるし、烙印を持つ生徒たちが何をするかをあらかじめ知ることができるであろうと。

「人類学的な検査は、犯罪者のタイプ、身体が早熟なこと、身体の釣り合いがとれていないこと、頭が小さいこと、顔が異常に大きいことを指摘することによって、そうした烙印を持つ子どもたちの学校教育上、訓育上の欠点を説明し、彼らを恵まれた仲間たちから早期に隔離し、もっとその子の気質に適した生活の方へ向けることを可能にする。」（一九一一年、四三八〜四三九ページ）

ロンブローゾが示した犯罪性の烙印が多くの刑事裁判の重要な判断規準となったことを我々は知っている。いっぽうで、広範囲に刺青をしていたがために、また赤面しなかったために、あるいは異常なほどあごが大きかったり、腕が長かったりしたために、いかに多くの人々が不当にも罰せられたかを知ることはできない。ロンブローゾの第一の弟子E・フェリは次のように書き記している（一八九七年、一六六〜一六七ページ）。

「犯罪の人類学的要因の研究は、有罪を決定する際に新しく、より確実な方法を法律の守護者と行政官に提供する。刺青、人体測定学、人相学、身体的精神的状態、感受性の記録、反射活動力、血管運動、視野の範囲、犯罪統計学のデータ……は警察官や判事が取調べにあたっての科学的指針を十分に提供するであろう。目下のところ、取調べは、取調べ官の個人的な勘や知的機敏さに依存している。証拠不十分のために罰をのがれる多くの犯罪者や違反者、あるいはひんぱんに状況証拠だけから有罪にされていることを思い起こすとき、犯罪社会学と刑罰のあり方との間の直接的結びつきが実際に有効であることは容易に知られる。」

ロンブローゾは専門家の証言として自分の経験をくわしく述べている。二人の息子のどちらがまま母を殺したのかを決める際に、ロンブローゾは、一人は「事実、生得的犯

バジリカテの強盗

盗賊ピエモンテ

放火犯女と仇名された

ミスデア

図4・5　自分の上官を殺した悪名高いミスデアを含めた4人の「生まれつきの犯罪者」。

罪者の最も完璧なタイプ、すなわち、大きなあご、くぼんだ額、ほお骨の突起、薄い上唇、大きな門歯、異常に大きな頭（一六〇〇cc〔他の文脈では天才の印、しかしここでは違う〕）、感覚器のマニシニズムを伴った触感のにぶさ、という特徴をもっている」と明言した（一九一一年、四三六ページ）。

他の事例では、ロンブローゾは、かなり漠然とした、状況的としか言えないような証拠に基づいて、ファーツィオなる人物の有罪判決を支持した。金持ちの農民に対する強盗殺人を問われていたのである。一人の少女が、殺された人のそばでファーツィオが寝ていたのを見たと証言した。次の朝、憲兵が近づいたときこの男は寝ていた。彼が有罪だという証拠は他に提出されなかった。

「尋問のときに、私はこの男が大きな耳、大きなあご骨とほお骨、キツネに似た突起、前頭骨の分裂、年齢より早く現われたしわ、人相の悪さ、鼻が右に曲がっていること、これらからこの男が人相学的に犯罪者タイプであることを知った。瞳孔はほんのわずかしか動かない……彼は胸には、〝セリナ・ローラ（彼の妻）の思い出〟と書かれた女性の大きな絵が、腕には少女の絵がそれぞれ刺青されている。この男にはてんかんの伯父と神経異常の従兄弟がいる。調査したところ、この男は賭ごとが好きだし、なまけものである。したがって、どう見てもこのケースでは、別の証拠も加わっていることもあり、犯罪者に寛大でない国なら、この男を十分有罪にする材料を生物学が与

えていたのである。それにもかかわらず、この男は無罪だった」(一九一一年、四三七ページ)

何か得るものもあれば、失うものもある(皮肉にも、ロンブローゾの影響を阻止したのは法律学が持つリベラルな特質ではなく、むしろ保守的な特質だった。多くの裁判官や法律家たちは、昔からある自分たちの領域に数量科学という考えが侵入してくることが我慢できなかっただけである。彼らはロンブローゾの犯罪人類学が似非科学であることを知らなかった。が、犯罪人類学という領域では十分に論理的な研究であっても、それが自分たちの領域に入りこむことは不当なことだとして拒否した。犯罪は社会に原因があると主張するフランスのロンブローゾ批判家たちも、ロンブローゾの潮流を食いとめるのに役立った。彼ら、特にマヌーヴリエとトピナールは、ロンブローゾと数字を回避できたからである)。

死刑を論じる際、ロンブローゾとその弟子たちは確信をもって、生まれながらの犯罪者はその本性によって罪を犯すのだと強調した。「先祖返りは、生得的な犯罪者に刑罰を与えてもききめがないことを示しているし、彼らが周期的に罪を犯すのが避けられないのはなぜなのかを示している。」(ロンブローゾ、一九一一年、三六九ページ)。「理論的な倫理観は、ちょうど油が大理石の表面を浸みこまずに流れるように、これら病的な脳に浸みこまずに流れ去る」(ロンブローゾ、一八九五年、五八ページ)

一八九七年、フェリは、他の多くの学派の考えに反対して、ロンブローゾ派の犯罪人類学者たちは死刑が合法的であると、こぞって宣言していると述べた（一八九七年、二三八〜二四〇ページ）。ロンブローゾはこう記している（一九一一年、四四七ページ）。「悪事をするために生まれてきた犯罪者が存在することは事実だ。彼らにどんな社会的治療をほどこしても、ちょうど岩に立ち向かうようなもので効果がない。この事実こそが、死によってでも彼らを完全に排除するよう我々を強要するのである」。彼の友人で哲学者のイポリット・テーヌは、もっと大げさにこう表現している。

「あなたは我々に、人間の顔をした獰猛でみだらなオランウータンたちを見せてくれた。彼らはそうしたものなのであり、それ以外のふるまいができないのははっきりしている。もし彼らが強奪したり、盗みをしたり、さらには人殺しをしたとするならば、それは彼らの本性によるのであり、彼らの過去がそうさせるのである。しかし、彼らがいつまでもオランウータンのままであることが立証されたときには、何よりも彼らを撲滅する理由が存在することになる」。（ロンブローゾによって好んで引用された。一九一一年、四二八ページ）

フェリ自身はダーウィン理論を引き合いに出して、死刑が普遍的な正当性をもつことを論じた（一八九七年、二三九〜二四〇ページ）。

「私には、死刑は自然によって定められており、宇宙の生命のあらゆる瞬間に働いているように思われる。進化という普遍的法則は、あらゆる種類の生命の進歩が、生存闘争に最も適していないものの死による絶え間ない淘汰によっていることを我々に示している。さて、この淘汰には下等な動物の場合と同様、人間の場合でも、自然的なものもあれば人為的なものもあるだろう。したがって、人間社会でも人為淘汰によって反社会的な、調和しえない人々を排除すべきであるということは自然法に一致する」

それにもかかわらず、ロンブローゾと彼の仲間たちは、生まれながらの犯罪者を社会から除くのに、死以外の手段の方を一般に好んだ。早くから田舎のような環境に隔離することによって生得的な性癖が和らげられるかもしれないし、厳しく継続的に監督することで有用な生活がもたらされるだろう。矯正できない犯罪者の場合には、流刑植民地へ移したり追放する方が、死刑より人道主義的な解決であった。しかし、流刑は終身的なもので、取り消し不能のものでなければならない。フェリは、イタリアの植民地が小さいことに注目し、風土病のマラリアがあるために耕作されたことがない土地へ「国内追放」することを主張した。「もし、このマラリアの蔓延で多数の人間が犠牲にならざるをえないのならば、正直な農民よりも犯罪者を犠牲にする方がよっぽどましであろう」（一八九七年、二四九ページ）。最後に、彼はアフリカ植民地のエリトリア地方への国外追放をすすめている。

ロンブローゾ派犯罪人類学の研究者たちは狭量なサディストでもなければ、ファシストの先行者でも、また保守的な政治的イデオローグでもなかった。彼らは自分たちを政治的にはリベラルであり、社会主義的でさえあり、自分たちを科学的に啓発されたモダニストであると考えていた。彼らは近代科学を、法律学から自由意志と軽減されない道徳的責任という古臭い哲学的荷物を一掃するための箒《ほうき》として使うことを望んだ。彼らは自分たちを犯罪学の「実証」学派と呼んだ。それは彼らが非常に確信的であったからというよりも（彼らは確信的ではあったのだが）、思弁的というよりもむしろ経験的で、客観的であるという哲学的意味からである。

ロンブローゾの主な敵対者である「古典」派は、刑罰は犯罪の性質に応じてきびしく科せられるべきであり、すべての人は自分の行動に責任を負うべきである（軽減事由はない）と論じ、それまでの刑の手続きの訴訟のきまぐれさと戦ってきた。ロンブローゾは生物学を援用して刑罰は犯罪者に合わせるべきで、ギルバートの「ミカド」[*5]にも書かれているように、犯罪に合わせるべきではないと論じた。正常な人間も嫉妬《しっと》に燃えた瞬間には殺人者になるかもしれない。しかし、この人を処刑したり、生涯刑務所に入れておいて何の役に立つのだろうか。彼は更生する必要はないのだ。なぜなら、彼の性質は善良なのだから。社会は彼から防護する必要はない。彼が再び罪を犯すことはないだろうからである。生まれつきの犯罪者が軽い犯罪で被告席につくことがあるかもしれない。短期間の刑は何の役に立つだろうか。彼は更生されえないのだから、短期間の刑は次の、多分もっと重い違反までの時間減らしにすぎないのである。

実証学派は、最近まで啓発的で「リベラル」であると考えられていた一連の改革や、不定期刑の原則にかかわるあらゆることに対して、最もきびしく、最も効果的なキャンペーンを張った。大部分のことに彼らは勝利を得たが、仮釈放、早期釈放、不定期刑といった現代の諸制度が、部分的には、生得的な犯罪者と偶発的な犯罪者に対して違う処置をすべきだと主張したロンブローゾのキャンペーンに由来していることを知る人は少ない。犯罪人類学の主要な目標は「犯罪の客観的重大さに代えて犯罪者の人格を、処罰ルールの第一の対象と原則にすること」であると一九一一年にフェリは書いている（五二ページ）。

「刑法の制裁は犯罪者の人格に……適合させられるべきである。……この結論の論理的帰結は不定期刑であるが、これは古典的、形而上学的な犯罪学者によって、司法上異端だとして強く反対されてきたし、今でも反対されている……あらかじめ期間の固定された刑は社会防衛の手段としては不合理である。それはあたかも、入院の長さをそれぞれの病気に合わせたいと望む病院の医者のようなものだ」（フェリ、一九一一年、二五一ページ）

初期のロンブローゾ主義者たちは「生まれながらの犯罪者」に対してきびしい処置をすべきだと主張した。人体測定学と進化論のこの誤った適用は、ロンブローゾの生物学モデルが全く論拠薄弱であるが故に、また、犯罪がもつ社会的基盤から犯罪者の生得的性癖についての謬論へと注意を大きく移していったが故に、何よりもいっそう悲劇的である。しかし、実証学派の人たちはロンブローゾのモデルを拡張させたり、最終的には生物学と同様に幼児期の教育にも犯罪の起源を拡大さえしながら、不定期刑や情状軽減事由の概念を適用するためのキャンペーンに大きな影響力をもった。実証学派の信念は、その大部分が、我々が行なっていることなので、我々は彼らを人道にかなった進歩的な人々であると見る傾向がある。ロンブローゾの娘は慈善事業を進めていたが、アメリカ合衆国を称賛の対象に選んだ。我々は古典派の犯罪学の支配からすでに脱出し、改革に対して、いつもの寛容さを示していたからである。多くの州ではすでに実証学派の計画を採用し、矯正施設、保護観察制度、不定期刑、恩赦法などを確立していた（ロンブローゾ＝フェレロ、一九一一年）。

とはいっても、実証学派の人々がアメリカと自分たち自身を称賛したとしても、彼らの研究には、現代の多くの改革派にロンブローゾの不定期刑が人道にかなっていることを疑わせ、古典派の犯罪学に固定刑の復帰を擁護させるのではないかという不信のたねが含まれている。アメリカの指導的な実証学派の一人モーリス・パーミーリーは治安案乱行為、治安紊乱の営業、酔っぱらい、放浪生活といった違反に対して三年以内の不定期刑を定めた一九一五年のニューヨーク州法を、あまりにも無慈悲なものであるとはげしく非難した（パーミーリー、一九一八年）。ロンブローゾの娘は、いくつかの州で若い犯罪者を更正に導くことに成功したボランティア女性がその犯罪者たちの気持や行為を完全に記録した書類を、保管していたことを称賛した。それらは「もし、子どもが罪を犯したとき、生まれつきの犯罪者と、習慣になってしまった犯罪者を区別するのに役立つでしょう。しかしながら、その子どもはこの書類があることを知らないでしょう。それで、そのことによって子どもが成長するための完全な自由が与えられるでしょう」（ロンブローゾ＝フェレロ、一九一一年、一二四ページ）。彼女は保護観察のいくつかの制度に含まれる悩みや誇りが傷つけられるというやっかいな要素も認めた。特に一生続くかもしれない無期限の仮釈放があるマサチューセッツ州において。「ボストンの中央保護観察所で、私は被保護者から寄せられた多くの手紙を読みました。彼らは文句をつけられ保護者による辱めをたえず受けつづけるよりも刑務所へ戻してほしいと訴えていました」（彼女がフランス語で言った言葉は、「自分たちの仲間へ」）（ロンブローゾ＝フェレロ、一九一一年、一三五ページ）。

ロンブローゾ主義者にとって、不定期刑というのは、善良な生物学と国家のための最大の防護とを具体化したものである。「刑罰は報復による犯罪に対する天のさばきであるべきではなく、むしろ犯罪者がもたらす危険性に向けられた社会の防護であるべきである」（フェリ、一八九七年、二〇八ページ）。危険人物はより長く刑に服し、その後の彼らの生活はよりきびしく監視される。そして不定期刑の制度――ロンブローゾの遺産――は服役者の人生のあらゆる点にわたって普遍的で、強い支配力を発揮している。服役者の調査書類は彼の運命を広げ、支配する。彼は刑務所で見張られ、その行動は目の前にぶらさげられた早期釈放というニンジンを使って判断される。またこの制度は危険なものを隔離するというロンブローゾのもともとの意味でも用いられている。彼にとって危険なものとはサルに似た烙印のある生まれつきの犯罪者を意味していた。今日、それは、しばしば、反抗者、貧困者、黒人を意味している。『ソールダッドの兄弟』の著者ジョージ・ジャクソンはロンブローゾの遺産の下で死んだ。彼はガソリンスタンドから七〇ドルを盗んだ罪で一年から一生という不定期刑に服して十一年後（このうち八年半は独房に入っていた）に逃亡しようとしたのである。

結尾

トルストイがロンブローゾ主義者に落胆したのは、一つの可能な解決策として社会改革を必要とした、より深刻な問題を回避するために、彼らが科学に救いを求めたことに対してである。トルストイは、科学がしばしば既存の制度と強固に結びついて機能することを悟った。彼の主人公ネフリュードフ公は、自分がかつてひどい扱いをした一人の女性を誤って有罪にした制度を突き止めようと試み、犯罪人類学の学術的研究を調べたが、何の答えも見出せなかった。

「なお彼は、その愚鈍さと残忍さとで人におもてをそむけさせるような、一人の浮浪漢と一人の女とを見たが、しかし、彼らの上にも、イタリア学派のいうような犯罪者の典型を見いだすことは、どうしてもできなくて、ただ、監獄外で燕尾服を着たり、肩章をつけたり、レースを飾ったりしている人々の中にも見いだすのと同じような個人的にいやな人間を見いだしたにすぎなかった……。

はじめネフリュードフは、この問題にたいする解答は書物のなかに見いだせるだろうと思って、それに関する著書を手あたり次第買いこんだ。彼はロンブローゾ、ガロファロ、フェリ、リスト、モーズレイ、タルドなどの著書を買いこんで、それらの書物を熱心に読んだ。ところが、そうした書物を読めば読むほど、彼はますます幻滅を感ずるばかりだった。……科学は彼のまえに、刑法にあるきわめて複雑な、困難な諸種の問題にたいしては、数かぎりない解答をあたえてくれたけれども、彼が解答を求めている事柄にたいしてだけは、なんの解答をもあたえてくれなかった。彼は、きわめて簡単なこと——いったいどういう理由で、またどんな権利があって、ある人間が他の人間を監禁したり、苦しめたり、追放したり、笞打ったり、殺したりできるのだろう。しかも彼ら自身、自分たちを苦しめたり、笞打ったり、殺したりしている人間と全く同じ人間でありながら？　こういうことをたずねているのであった。しかるに、彼にあたえられた解答は、人は意志の自由をもつものなりやいなや？　とか、頭蓋骨その他の計量によって、犯罪性あるものかいなかを知ることができるかどうか？　とか、遺伝は犯罪のなかでいかなる役割を演じているか？　とか、先天的の不道徳というものがあるかどうか？　とか。」（『復活』一八九九年）（翻訳は河出書房新社版より）

エピローグ

我々は、非常に微妙な世紀に生きているが、基本的な議論は決して変わっているとは思われない。頭蓋示数の未熟さは、知能テストの複雑さに道を譲った。生得的犯罪性の目印はもはや大ざっぱな解剖学上の烙印ではなく、二十世紀の規準、すなわち遺伝子と脳の微細な構造に求められることになった。

一九六〇年代の中ごろ、XYY型として知られる男性の染色体異常と暴力的犯罪行為との関連を示す論文が現われ始めた（正常な男性は母方から一本のX染色体、父方から一本のY染色体を受けとり、正常な女性は両親からそれぞれ一本のX染色体を受けとる。ときに父方から二本のY染色体を受けとる子どもがある。XYYをもつ男性は正常に見えるが、身長は平均をやや上まわる傾向があり、皮膚は弱く、平均して知能テストの成績はいくらか低い傾向がある――これは論争中であるが）。XYYをもつ何人かの人たちについての限られた観察や逸話的な報告、また犯罪者の精神病のための施設にXYY型の人が多く収容されていることなどから、犯罪染色体についての物語が生まれた。この物語はシカゴで八人の看護学生を殺したリチャード・スペックの弁護士が、犯人の染色体がXYY型であると論じて刑罰を軽くするよう求めたことから人々の意識の中へ爆発的な広がりを見せた（実際には、彼は正常なXY型であった）。『ニューズ・ウィーク』誌は「先天的犯罪者」と題する記事を載せた。また出版界はロンブローゾと彼が犯罪者の烙印としたものの最新の生まれかわりであるこの話題について数多くの報告を書きたてた。学者の研究がとりあげられ、XYYをもつ人の行動について何百という論文が書かれている。善意からではあるが、私には愚直に思える、ボストンの医者のグループによって新生児の男子について大規模なスクリーニング計画が開始された。彼らはサンプルとなったXYY型の多数の少年の成長を監視して、それが攻撃的行為と何らかの結びつきがあるかどうかを確かめたいと思った。しかし、自己達成的な予言をしてどうなるのだろうか。というのは、両親には告知されたのであり、どんな学問的試みであっても、新聞報道や、すべての子どもたちに時折表われる攻撃的行為に悩む親たちの思いこみのいずれにもうち克つことはできないからである。とくに、この関連が偽りのものであるなら――確実にそうなのだが――両親が受ける苦悩はいかばかりだろうか。

理論的には、XYY型と攻撃的犯罪性との結びつきは、男性が女性より攻撃的であり、男性には女性が持っていないY染色体があるので、Y染色体が攻撃性を示す遺伝子の座であるに違いないし、Y染色体が二つ重なると、二倍の効果が現われるはずだということになるが、このきわめて単純な考え以上にはうまくいかなかった。ある研究者のグループ（ヤービック等、六七九〜六八〇ページ）は一九七三年に次のように論じている。「Y染色体は男性決定の染色体であり、それ故に、Y染色体が余分にあると並はずれた長身で、生殖力も旺盛で……強い攻撃的性癖といった特徴を示す男らしい人間が生まれるのは別に驚くべきことではない」

XYY型が犯罪性の烙印であるという物語は今では神話であることが一般に明らかにされている（ボルガオンカールとシャー、一九七四年。ピエリッツ等、一九七七年）。これらの研究は、XYY型と犯罪性の関係を主張する多くの文献には方法上基本的な欠陥があることを暴いている。XYY型の男性は犯罪者精神病施設では不釣り合いに多いように思われるが、普通の監獄で頻度が高いという十分な証拠はない。アメリカのXYY型男性の最高一パーセントが犯罪者精神病施設で人生の一部を過ごすであろう（ピエリッツ等、一九七七年、九二ページ）。これに加えて、普通の監獄に、正常なXY型の男性と同じ頻度で収容されるであろう人数を追加し、ショロバー（一九七九年）は、XYY型の男性の九六パーセントが普通の人生を過ごし、刑法当局者の注意を決して引かないであろうと評価した。全く、罪深い染色体だ！　さらに、犯罪者精神病施設でXYY型が相対的に頻度が高いことは高いレベルの生得的な攻撃性と何らかのかかわりがあるという証拠もないのである。

他の科学者たちは脳の特定部位の働きが機能不全であることに犯罪的行為の原因を求めようとした。一九六七年の夏、ユダヤ人街での大暴動の後、三人の医者が有名な『アメリカ医学協会誌』に手紙を書き送っている（ショロバー、一九七九年に引用）。

「何百万というスラム街の住民のうちわずかな人たちが暴動にかかわったこと、また、これらの暴徒のごく一部が放火、狙撃、暴行をほしいままにしたことを認識する必要がある。が、もし、スラムの状況だけが暴動を起こさせ、その発端となったのであれば、どうしてスラムの大多数の住民が（自らの）抑えきれない暴力の誘惑に抵抗できたのだろうか。平和を好む彼らの隣人たちと違った何かが、この暴動に加わったスラムの住民にはあるのだろうか」

我々は自分の専門分野から物事を一般化する傾向がある。この三人の医者たちは精神外科医である。しかし、絶望的になり、落胆しきった人々の暴力行為をどんな根拠で彼らの脳の機能障害に結びつけるのだろうか。いっぽうで、国会議員や大統領の汚職や暴力についても同じような考え方をしようとしないではないか。人間集団はいろいろな行為に対してかなり変化に富んだ対応をするものである。ある人はするが、ある人はしないというこの単純な事実こそが、行為者の脳の特定の場所に位置づけられる特別な病理的異常が存在する証拠などないことを示している。我々は暴力に対する根拠のない思弁、つまり犠牲者を非難する決定論哲学に従う思弁に注意を集中させようではないか。それよりも、まず、ユダヤ人地区《ゲットー》を築き、そこの失業者の心を徐々に弱めるような迫害の排除に努めようではないか。

第五章　ＩＱの遺伝決定論

アメリカの発明

アルフレッド・ビネーとビネー尺度の本来の目的

頭蓋計測との出会い

ソルボンヌ大学の心理学実験室の室長であったアルフレッド・ビネー（一八五七～一九一一）は、知能の測定方法を研究しようと決心した。彼は迷わず十九世紀末に支持された方法、すなわち偉大な同国人ポール・ブロカの研究に目を向けた。要するに彼は、ブロカ派の基本的結論に初めは何の疑問も感じないで、頭蓋計測に取り組んだのである。

「被検者の知能とその頭の容積とに関連性があること……は全く明白であり、組織的に研究を行なった人たちによって例外なく肯定されてきた。……これらの研究は数百の被検者の観察を含んでいるのだから、頭の大きさと知能の間に相関があるという前述の前提は議論の余地がないと考えなければならない」（ビネー、一八九八年、二九四〜二九五ページ）

彼は頭蓋計測に関する九つの論文を、一八九五年に自ら創刊した雑誌『心理学年報』に一八九八年から三年間にわたって発表した。しかし、この仕事が終わるころに、確信はゆらいでいた。学童の頭に関する五つの研究は、研究を開始したころの信念を打ちくだいてしまった。

ビネーは種々さまざまな学校へ出かけ、教師によっていちばん頭脳明晰であるとか愚かであると指名された生徒の頭を、ブロカが推奨したやり方で測定した。いくつかの研究ではサンプルを六十二人から二百三十人に増やした。「私は、知的に優れているものは脳の容積が大きいとする、多数の科学者の研究によって頭に焼きつけられた考えから出発した」と彼は述べている（一九〇〇年、四二七ページ）。

ビネーは、問題にならないほど小さな差を見つけたがそれは、より優秀な生徒たちがより高い平均身長であることの記録にすぎないのかもしれない（一・三七八に対して一・四〇一メートル)。大部分の測定値はできの良い生徒に有利ではあったが、できの良い生徒とできの悪い生徒の平均の差は数ミリメートルにすぎなかった——極端に少ないとビネーは記している。彼は頭蓋骨の前頭部でも、より大きな違いを見つけられなかった。前頭部は、より高い知能の宿る場所と考えられており、ブロカが常に優秀な人々と不運な人々との間に重大な差を見出していた場所である。事態をより悪くしたのは、知能を評価する時に決定的であると考えられていたいくつかの測定値が、できの悪い生徒の方が良かったことである——頭蓋骨の前後方向の長さは、できの良い生徒よりできの悪い生徒の方が三・〇ミリメートルも長かった。たとえ大多数の結果が「正しい」方向にある傾向があったとしても、この方法は個人を評価するには有効ではなかった。両者の差はあまりにも小さすぎたし、できの悪い生徒の場合、できの良い生徒の場合よりずっと測定値の変動幅が大きいことにビネーは気づいたからである。要するに、測定値のうち最小値のものは常にできの悪い生徒のものであったが、しばしば最大値も、またできの悪い生徒のものであった。

ビネーは、また、自分自身の被暗示性——無意識のうちに偏見に固執することや、「客観的」量的データが先入観に驚くほど引きずられやすいこと——についての驚くべき研究によって、自分自身に懐疑の目を向けはじめた。これこそが本書の基本テーマについての実験になっている。「知能のすぐれたものと、知能のすぐれないものの頭の容積の差を見つける意図をもって頭を測定するとき、私は無意識のうちに、しかも忠実に、優秀なものの頭を大きく、劣ったものの頭を小さく測ってしまうことになったのではないかと恐れる」とビネーは書いている（一九〇〇年、三二三ページ）。彼は先入観が隠されており、しかも科学者が自らの客観性に自信をもっている場合、より大きな危険がひそんでいることを認識していた。「被暗示性の影響は……十分に意識的にする行動の方が中途半端な意識に基づく行動より少ない。――被暗示性の危険はまさにこれなのだ」（一九〇〇年、三二四ページ）。

もしすべての科学者がそのように率直なやり方で自己吟味するならば、我々はどれほどうまくいくことか。ビネーは次のように書いている。「私は、自分自身について観察したことを全くありのままに述べるつもりである。これから述べることは、ほとんどの著者が公表しないことであり、知られたくないことである」。ビネーと彼の弟子のシモンは、シモンがインターンとして働いていた病院で「白痴と痴愚」の人の頭を二人別々に測定した。ある重要な測定で、シモンの値が一貫して自分の値より低かったとビネーは記している。そこで彼は同じ人たちに二度目の測定を行なった。一回目は、「自分の方法に忠実であろうとする以外いかなる先入観ももたず、機械的に測定した」と認めている。しかし二回目は、「私には別の先入観があった。私はシモンと私自身の測定値の差に悩んでいた。私はこの差を正しい値にしたいと望んでいた……これが自己暗示である。重要な事実は、差の数値を小さくしたいという願いの下で行なわれた二回目の実験の測定値が、当然最初の測定で得た〔同じ頭についての〕値よりも小さかった、ということである」。実際、一例を除いて、すべての被検者の頭の大きさが二つの測定の間に「縮小」したことになり、平均の縮小値は三ミリメートルであった――これは彼が以前、研究したできの良い生徒とできの悪い生徒の差の平均値よりずっと大きい。

ビネーはその落胆ぶりを素直に語っている。

「私は御しがたい問題を攻略したと確信していた。測定は、旅をする場合のように、あらゆる種類のうんざりする手続きを必要とした。しかも、知能のすぐれた生徒とそうでない生徒の頭の測定値の差がしばしば一ミリメートルもないという落胆させる結果となった。頭を測ることによって知能を測るという考えはばかげていると思えた……私はこの研究を放棄しようかと考えた。この研究について一行の文章すら発表したいとは思わなかった」(一九〇〇年、四〇三ページ)

結局ビネーは敗北を認めながらも、ささやかで心もとない勝利を拾い上げたのである。彼は自分のすべてのサンプルを再度調べ、それぞれのグループの生徒上位五人と下位五人を抽出し、中間のもののサンプルをすべて除いた。グループ内の両極端の差はより大きく、一貫性があり、平均三～四ミリメートルであった。しかし、この差でさえ、被暗示性によって起こりうる偏りの平均値を超えるものではなかった。十九世紀の客観主義の宝石と言われた頭蓋計測学は、その後も称賛され続けるわけにはいかなかったのである。

ビネーの尺度とＩＱの誕生

一九〇四年、再びビネーは知能の測定に戻ったが、以前の失望感ゆえに、別の方法を使うことにした。彼は頭蓋計測の「医学的」アプローチやロンブローゾの解剖学的烙印の研究を放棄し、代わりに「心理学的」方法を採用することにした。知能テストに関する文献は当時比較的少なく、全く未知の分野であった。ゴルトンはすでに一連の測定法で実験を行なっていたが、目立った成果はなく、推論のテストというよりは、大部分が生理学的なものや反応時間の記録だった。ビネーは推論についてのさまざまな観点をより直接的に評価する作業を考案しようと考えた。

一九〇四年、ビネーは文部大臣から実際的かつ特定の目的のために、ある研究を行なうよう委託された。それは、普通クラスで落ちこぼれた児童には何らかの特別教育が必要と思われるが、そのような子どもたちを特定する方法を開発することであった。ビネーは純粋に実用的なやり方を選んだ。日常生活の諸問題と関連をもつ非常に多くの単純な課題（例えば貨幣を数えることや、どの顔が可愛らしいかを決めること）を集めることにした。しかしながらこれらの課題は、方向づけ（秩序づけ）、理解力、工夫の力、批判力（訂正すること）といった基本的な推論の過程を含むと考えられたのである（ビネー、一九〇九年）。読むというような学習能力は系統立って論じられるものではないだろう。テストは訓練を受けた検査官によって個人的に管理された。検査官は被検者に難易度順になっている一連の課題を行なわせる。精神《マインド》という特殊で独自な「能力」を測ることを目的とした以前のテストとは違って、ビネーの尺度は、さまざまな活動の寄せ集めであった。彼は、さまざまな能力テストを混ぜ合わせるならば、子どもの総合能力を一つの得点で一般化できるであろうと考えた。ビネーは、「テストの数が多ければ、テストとは何かという問いはほとんど問題ではなくなるに違いない」（一九一一年、三二九ページ）という有名な言明によって、自分の研究の経験的な特質を力説した。

ビネーは、一九一一年に亡くなるまでに、尺度について三種類の説を発表している。一九〇五年の初版では、単に難易度順に課題を配列しただけであった。一九〇八年の版では、それ以後のいわゆるIQを測るのに用いられる規準を確立した。ビネーは、普通の能力の子どもがその課題を首尾よく完成できるであろう最低年齢を決め各課題に対する年齢のレベルを指定した。一人の子どもが最低年齢用の課題からビネーのテストを始め、順に進んでいって、それ以上課題ができなくなるまで連続して行なう。その子どもが達成できた最後の課題に対応する年齢が「精神《メンタル》年齢」となり、その子どもの一般知能水準は、本当の暦年齢から精神年齢を差し引いて計算された。精神年齢が暦年齢よりずっと低い子どもは、特別の教育プログラムが必要であると判定された。このようにしてビネーは文部大臣から委任された責務を果たしたのである。一九一二年、ドイツの心理学者W・スターンが、精神年齢と暦年齢の差ではなく、精神年齢を暦年齢で割るべきで[1]あると主張し、ここに知能指数（知能商）、すなわちIQが誕生した。

IQテストは二十世紀にきわめて重大な結果をもたらすことになった。このような状況の中で、もし創始者が生きていたら、また、彼の関心に留意されていたなら、テストの誤用の悲劇がどれほど回避できたかを十分認識するためにも、ビネーの動機を探る必要があろう。

ビネーの一般知能というやり方とは対照的に、彼の尺度の最も好奇心をそそる面は、それが実践的かつ経験的な面に焦点を当てていることである。多くの科学者は心から信頼し、明らかに好意をもって、この方法を用いている。彼らは、理論についての憶測はむなしく、真の科学とは、精緻な理論をテストするのではなく、基本的事実を集めるために行なわれる単純な実験からの帰納によって進歩すると信じている。しかし、ビネーは何よりもまず理論家であった。重大な疑問に問いかけ、自分の専門に関する重要な哲学論争に意気込んで参入したのである。彼は知能理論についてずっと関心をもちつづけた。一八八六年、彼は『推論の心理学』についての初めての著書を出版し、つづいて一九〇三年、有名な『知能の実験的研究』を出した。その中で彼は以前のかかわりをきっぱりと捨て、人間の思考を分析する新しい方法を開発した。だが、ビネーは自分の最も得意な主題で行なった広範かつ重要な研究である知能の尺度に対して、理論的解釈を与えることは断固として拒否した。なぜ偉大な理論家がそのように奇妙で一見矛盾する行動をとったのだろうか？

ビネーは、自分の尺度では、「生まれながらの知能と教育とを分離しよう」とした（一九〇五年、四二ページ）。つまり「その子どもが受けた教育の程度をできるかぎり無視し、我々は知能だけを測定しようとした……我々は子どもたちに読ませず、書かせず、またある決まったやり方を学習しさえすれば成功するようないかなるテストも課さない」（一九〇五年、四二ページ）。「こうしたテストの特に興味深い特徴は、必要な時にはいつでも、素晴らしい生まれながらの知能を学校の束縛から我々が解き放つことを可能にしてくれることである」（一九〇八年、二五九ページ）。

しかし、ビネーは獲得した知識による表面的な影響を取り除こうというこの強い希望以上に、子どもたちにつけた得点の意味を定義し考えることを拒んだのである。知能はたった一つの数値でとらえるには余りにも複雑である、と明言している。後にIQと呼ばれるこの数値は、限られた実用上の目的のために考案された単なる大まかな経験的指針にすぎないのである。


「正確に言えば、この尺度は知能の尺度ではあり得ない。なぜならば、知能の特質は上下関係に置くことはできないのだから、直線状に伸びた平面を測定するようには測れない」（一九〇五年、四〇ページ）

しかも、数値は多くの行動の単なる平均にすぎず、そのものの実体ではない。知能が身長のように単一の測定可能なものではないことを、ビネーは我々に気づかせてくれる。「我々はこの事実を主張しなければならないと思う」とビネーは注意を促している。「なぜならば、これから我々は、表現を単純化するために、七歳または九歳の知能をもつ八歳の子どもというだろう。この表現は、もし恣意的に受け取られるならば、のちのち思い違いへと導くことになるであろうから」。ビネーは非常に有能な理論家だったので、ジョン・スチュアート・ミルが確認した論理的な誤解――「どのように受け入れられていようとも、名称とは一つの実体すなわち存在物であり、それ自体の独立した存在をもつと信じること」――に陥ることはなかった。

ビネーが控え目だったのはある社会的意図によっていた。自分の実用上の考案物が、一つの実体として万一具象化されると、助けを必要とする子どもを特定する指針としてよりも、むしろ消すことのできないレッテルとして悪用され利用されるということを非常に恐れた。彼は「異常に熱心な」教師がＩＱを都合のいい口実として利用するかもしれないと心配した。「教師は次のように考えるかもしれない。〝我々を手こずらせる子ども全員を排除するまたとない好機である〟。また真の批判的精神《スピリット》もなく、教師たちは、手に負えない、学校に興味を示さない子どもたちを名指しする」と（一九〇五年、一六九ページ）。しかし、ビネーは以前から「予言の自己達成」と呼ばれていることをいっそう危惧していた。厳密なレッテルを貼ることは教師の態度を駆りたて、結局子どもたちの行動を予言した道へと向かわせることになるからである。

「あらかじめ注意するように言われてから愚かさを示す何らかの徴候をその人に見い出すことは実際には非常に簡単である。このことは、ドレフュスが有罪だと信じられていた時に、ドレフュスの筆跡に裏切り者、すなわちスパイの印を見つけた筆跡鑑定者と同じことが働くだろう」（一九〇五年、一七〇ページ）[*1]

ビネーはIQが生まれつきの知能を決めるとは考えなかっただけでなく、IQが知的価値に基づいてすべての生徒をランクづける一般的な考案物であると考えることも拒否した。彼は、自分の尺度を文部大臣から委任された、限られた目的のためにのみ考案したのである。すなわち特別な教育を必要とする能力の劣った子ども——現在我々が学習不能者、軽度の知恵遅れと呼んでいる人々——を特定する実用上の指針としてであった。ビネーは次のように書いている（一九〇八年、二六三ページ）。「我々の尺度の最も有意義な利用は、正常な生徒にではなく、むしろ知能のより低い段階の生徒に適用するというのが我々の意見である」。劣った成績の原因について考えることをビネーは拒否した。いずれにせよビネーのテストは次のことを解決できなかった（一九〇五年、三七ページ）。

「我々の目的は、正常か知恵遅れかを知るために連れて来られた子どもの知的能力を測定できるようにすることである。したがって我々はその時点で、そのことのみについて子どもの状態を研究すべきである。その子どもの経歴や将来について行うべきことは何もない。それ故我々はその子どもの原因追究は無視するし、後天的白痴か先天的白痴かを区別することもしない。その子どもの将来に関することについても、我々は同様に禁欲的であり、予後見通しを確かめたり準備したりはしない。すなわち我々は、この知恵遅れが治療可能であり、まして改善可能であるかどうかの問題は不問のままにし、現在の知的状態に関してのみ真実を確かめることに限定している」

とはいえ、ビネーはあることを確信していた。学校での劣った成績の原因が何であれ、自分の作った尺度の目的は、限定のためのレッテルを貼るためではなく、手を差しのべ、改善するために特定することである、と。ある子どもたちは生まれながら普通の成績をあげられないかもしれない。しかし、全員が特別な援助によって改善可能である。

厳密な意味での遺伝決定論者とその反対者との間の相違は、戯画《カリカチュア》が示しているように、子どもの成績が全て生まれつきであるという確信か、あるいは、すべてが環境と学習の働きによるものだという確信か、というものではない。ゴチゴチの反遺伝決定論者は、子どもたちの間に見られる生まれつきの多様性すら否定しているのではないかと私には思われる。両者の違いは、社会政策や教育上の実践の問題に、より多くみられる。遺伝決定論者は知能の測定値こそ不変の印、すなわち生まれつきの限界であると理解する。

このようにレッテルを貼られた子どもたちは、その遺伝的資質に従って区別され、訓練され、生物学的にふさわしい職業に振り分けられることになる。知能テストは限定理論となる。ビネーのように反遺伝決定論者たちは、特定し、手を差しのべるためにテストを行なう。どのように訓練しても、全ての子どもがニュートンやアインシュタインの仲間になれるわけではないという明白な事実を否定はしないが、反遺伝決定論者は、しばしば広範で全く予期しない方法で全ての子どもの学力を増大させる創造的教育の威力を強調する。この場合には知能テストは、それにふさわしい教育を通じて潜在能力を高めるための理論となる。

ビネーは、遺伝決定論者の根拠のない憶測に悲観的になった善良な教師に説得力をもって語りかけている（一九〇九年、一六〜一七ページ）。

「私の経験によると……優等生のいるクラスには同時に劣等生もいなければならず、それは当然のことであり、避けられない現象であって、教師は、そんなことにくよくよすべきでないと、暗々裡に認めているようだ。社会に、富めるものも貧しいものもいるのと同じであるというわけだ。何と恐ろしい誤解であろうか」

子どもに対して、生物学的宣言によって学業が不可能であるとレッテルを貼るならば、我々はどのようにして子どもに手を差しのべることができるのだろうか？

「もし我々が行動を起こさず、積極的、かつ有効に介入しないならば、その子どもは時機を逸しつづけ……結局、絶望に陥ることになる。事態はその子どもにとって非常に深刻であり、しかもその子は例外ではないのだから（理解力に欠ける子どもは沢山いるのだから）、このことは我々すべてにとって、また社会全体にとっても深刻な問題であると言えよう。教室で勉強する楽しみを失ったその子どもは、学校を離れた後もその楽しみを得ることが全くできないという危険にさらされているのである」（一九〇九年、一〇〇ページ）

ビネーは「ばかは死ぬまで」という標語をののしり、知能の低い生徒に興味を示さない教師を非難した。「そのような教師は生徒に同情も配慮もせず、生徒たちの前で不謹慎な言葉、〝おまえは全く何もできない……生まれつき無能だ……頭が悪い〟を口にする。私はこうした不謹慎な言葉をどれほど聞いたことであろう」（一九〇〇年、一〇〇ページ）。次いで、自分の大学入学資格試験《バカロレア》の際のエピソードとして、ある試験官が、君には「真の」哲学的精神《スピリット》が全く欠けていると言ったという話を披露している。「全く！何と重い意味をもつ言葉であろう。最近の何人かの思想家たちが、個人の知能は固定された特質であり、それは上昇することはないと主張したことによって、この嘆かわしい判定に道義的支持を与えてしまったようである。我々はこの残酷な悲観論に抗議し、反

対しなければならない。また、これには断じて何ら根拠がないことを証明しなければならない」（一九〇九年、一〇一ページ）

ビネーのテストによって特定された子どもたちは消すことのできないレッテルを貼られるのではなく、手を差しのべられるべきだったのである。ビネーは教育についての明確な提案をもっており、多くは実行に移された。まず第一に彼は、恵まれない子どもたちの個々の要求に合わせて特別教育がなされなければならないと確信していた。つまり「その子どもたちの性質や態度に基づかねばならない、そして我々自身を彼らの要求や能力に合わせる必要性」に基づかせねばならないと確信していた（一九〇九年、一五ページ）。公立学校では、当時恵まれない子どもの学級は六〇〜八〇人が一般的であったが、ビネーは一五〜二〇人の小人数学級を勧め、特に、彼が「知能整形」と呼んだプログラムを含む特別な教育方法を主張した。

「彼らがまず学ぶべきことは、たとえどれほど重要性があるとしても、通常の教科ではない。彼らには意志、注意力、鍛練の授業が与えられるべきである。文法の練習問題の前に、彼らは知能整形の訓練を受ける必要がある。すなわち、いかにして学ぶかを学ばねばならない」（一九〇八年、二五七ページ）

ビネーの知能整形学についての興味あるプログラムには、意志の力、注意力、そして学問的課題を学ぶのに欠くことができないと彼が判断した練習、これらは知的機能に変えることになるのだが、改善しようと意図された一連の身体的訓練が含まれていた。その一つ「銅像練習」と呼ばれるものでは、注意力を高めることが意図され、子どもたちは、その場所で止まって動かないで、と言われるまで激しく動き回る（私は子どもの頃ニューヨークの街でこのゲームで遊んだ。我々もこれを「銅像」と呼んでいた）。毎日、静止したままの時間が徐々に増えていったものである。速さを改善しようとした別の訓練では、子どもたちは割り当てられた時間内にできる限り多くの点を一枚の紙に書きこんだ。

ビネーは自分の特別学級の成功を喜々として語り（一九〇九年、一〇四ページ）、このように有効な練習を積んだ生徒は知識を増やしただけでなく、知能も高くなったと主張した。知能《インテリジェンス》は、この言葉のもつ深い意味合いで[*2]、有効な教育によって高めることができるものであり、固定した生まれつきの数量ではない。

「これらの子どもたちの知能が向上したと我々が言うのは、こうした実践的意味においてであり、それが我々に理解できる唯一のことである。我々は、生徒の知能を構成しているもの、すなわち、学ぶ能力と教育を我がものにする能力を増加させたのである」

アメリカにおけるビネーの意図の破棄

ビネーは概要で、自分のテストを利用する際の三つの基本原則を強調した。しかし、その後、彼の警告はすべて無視された。アメリカの遺伝決定論者たちは、全ての子どもをテストするために新たに考案したお決まりの道具として、ビネーの尺度を筆記形式に書きかえたことによって、ビネーの意図はくつがえされてしまった。ビネーの三つの基本原則とは、次のことである。

1．得点は実用に役立つように考案されたものであり、いかなる知的機能についての理論にも与《くみ》するものではない。また得点は何らかの生得的あるいは永続的なものを明示するものでもない。我々は得点が「知能」または他のいかなる具象化された実体であるとも考えない。

2．尺度は特別の援助を必要とする中程度の知恵遅れの子どもや学習障害の子どもたちを特定するための大ざっぱな経験的指針である。尺度は普通の子どもをランクづけするために考案されたものではない。

3．援助が必要であると認められた子どものその障害の原因が何であれ、特別な訓練による改善に力点が置かれること。低い得点は、子どもたちが生まれつき無能であることを印すために用いられないこと。

ビネーのこの原則が守られ、彼のテストが彼の意図どおりに利用されていたならば、今世紀の科学の悪用はどれほど避けられたことであろうか。皮肉なことに、多くのアメリカの教育委員会では元に戻り、現在では、ビネーが初めに推奨したように学習に特別問題のある子どもたちを査定する道具としてのみＩＱテストが利用されている。個人的なことを言えば、ＩＱタイプのテストは学習障害児である私の息子にとって適切な診断として役立つと感じている。私の息子の平均得点、すなわちＩＱそのものは、何ら意味をもたなかった。というのは非常に高い得点と非常に低い得点が混在した数値にすぎなかったからである。とはいえ、いくつもの低い値は彼の弱点の領域を示している。

知能テストの誤用はテストそれ自体の考え方にもともとあったものではない。それは主として、社会的ランクづけと区別を維持する目的でテストを利用したいと望む人々によって熱心に（そう思える）信奉された二つの謬論から生じている。すなわち具象化と遺伝決定論である。次章で具象化――テストの得点は、一般知能と呼ばれ頭の中にある単一で測定可能なものを表わしているという仮定――について論ずることにする。

遺伝決定論者の謬論とは、ＩＱがある程度「遺伝的」であるという単純な見解ではない。その程度について熱狂的な遺伝決定論者によって誇張されてきたのは確かであるが、私は「遺伝的」であることは間違いないと思っている。全く遺伝的な構成要素がないならば、人間の行動や人間の解剖学についての包括的な見方を探すことは難しい。遺伝決定論者の謬論とは、この基本的事実から引き出された次に示す二つの間違った含意にある。

1.「遺伝する」と「避けられない」が等価であると考えること。生物学者にとって遺伝力《ヘリタビリティ》とは、遺伝的伝達の結果として家系を通してその特徴や傾向が伝えられることである。遺伝力はそれらの特徴が環境の中でどのように変化するか、その変化の幅についてはほとんど語らない。我々の日常語では「遺伝した」はしばしば「避けられない」を意味する。しかし、生物学者にとってはそうではない。遺伝子は、身体の特定の小片や断片を作るのではなく、一連の環境条件においてある幅をもって形態をつくり出す暗号を指定している。さらに、ある一つの形質が形成され身体の一部となった時でもなお、環境の介入によって遺伝された欠陥は修正可能である。例えば、数百万人のアメリカ人は、生まれつきの視力の欠陥を矯正するレンズによって正しく視ることができる。IQはかなりの割合で「遺伝可能である」という主張は、質的に向上した教育が、日常語でも「知能」と呼ぶものを向上させうるという信念に抵触しない。部分的に遺伝した低いIQは、適切な教育によってかなり改善されるかもしれないし、そうでないかもしれない。IQの遺伝力という単なる事実だけではどのような結論も容認しない。

2.グループ内遺伝とグループ間遺伝の混同。遺伝決定理論の政治への重大なインパクトは、テストの得点が遺伝しうるという推測からではなく、理論的に根拠薄弱な一般化を行なうことから生ずる。IQの遺伝性の研究は、血縁者の得点を比較したり、生物学上の親と法律上の親の両方をもつ子どもの得点を対比するといった伝統的方法によって行なわれており、すべて「グループ内」についてのものである——すなわち、単一の緊密に関連をもつ集団《ポピュレーション》（例えば白人のアメリカ人）内の遺伝力を評価するのは許される。もしグループ内の個体間にみられる一定の割合の変異が遺伝によって説明できるならば、例えば白人と黒人といったグループ間の平均ＩＱの同じような割合の差も遺伝によって説明できるに違いないと想定することに一般的な誤りがある。しかし、一つのグループ内での個体間にみられる変異とグループ間の平均値の差とは全く別の現象である。一つの事柄によって別の事柄について憶測する許可など与えられていない。

仮説的ではあるが異論のない実例をあげることにしよう。人間の身長はこれまでＩＱに提出されたいかなる値よりもより高い遺伝力がある。二つの別々の男性グループを考えてみよう。第一のグループは平均身長が五フィート一〇インチで、繁栄したアメリカの都市に住んでいる。第二のグループは五フィート六インチの平均身長で、第三世界の村で飢えに苦しんでいる。遺伝力は九五パーセントであり、どちらの場所でも同じであり、このことは比較的背の高い父親は背の高い息子をもち、比較的背の低い父親は背の低い息子をもつことを意味するにすぎない。グループ内の長身の遺伝力は、次世代に栄養状態がよくなった第三世界の村に住む人の平均身長が繁栄した都市に住むアメリカ人の平均身長より高くなる可能性を肯定も否定もしない。同様にＩＱはグループ内ではかなり遺伝しうるかもしれないが、アメリカの白人と黒人の平均ＩＱの差はやはり黒人の生活環境が劣っていることを単に示しているのかもしれない。

こうした忠告に対する次のような答えに私はしばしば失望させられてきた。「ええ、もちろんあなたの言わんとすることは理解できるし、理論的には正しいことは分かっています。論理的には何ら必然的つながりはないかもしれないが、それでもやはり、グループ間にみられる平均IQの差はグループ内の変異と同じ原因で生じているようには考えられないだろうか」。答えはやはり「否」である。グループ内で遺伝力が増加し、グループ間で差が拡大するかぎり、蓋然性の度合いを高めることによって、グループ内遺伝とグループ間遺伝を結びつけることはできない。二つの現象は全く別のことである。正しいと「感じる」が、正当化しえない主張ほど危険なものはないのである。

アルフレッド・ビネーはこのような謬論を回避するために、三つの基本原則を支えにしたのである。アメリカの心理学者たちはビネーの意図を歪曲し、IQの遺伝決定理論をつくりあげた。彼らはビネーの得点を具象化し、それが知能と呼ばれる実体を測定したものであると考えた。知能はかなり遺伝的であると想定し、生得的特質と文化の違いを混同するもっともらしい一連の論議を展開した。IQ得点は遺伝的であり、それが人々やグループに人生で逃れられない社会的身分を示すと信じた。そしてグループ間の平均IQの差を、そのグループ間で生活の質が非常に大きく違っていることがはっきりしているにもかかわらず、ほとんどが遺伝の所産であると考えた。

この章ではアメリカの三人の先駆的な遺伝決定論者たちの主要な研究を分析する。H・H・ゴダードはビネー尺度をアメリカに導入し、その得点が生得的知能だと具象化した。L・M・ターマンはスタンフォード＝ビネー尺度を開発し、IQ得点によって職業を振り分ける合理的社会を夢みた。R・M・ヤーキーズは第一次大戦の時、陸軍を説得して百七十五万人の軍人をテストし、遺伝決定論者の主張を正当化する一見客観的と思われるデータをつくり上げた。ところが、一九二四年にはこのことが劣等な遺伝子をもつ国からの移民の人数を低くおさえる移民制限法を導くことになった。

IQの遺伝決定論はアメリカが自ら考えだしたものである。この主張が平等主義の伝統あるこの国には逆説的だと思われるならば、第一次大戦時の好戦的愛国主義を想い出すとよいだろう。これはヨーロッパ南部や東部から移民してくる安い（しばしば政治的に急進的な）労働力の流入に直面した、古くからのアメリカの支配層の怖れそのものであり、何よりも我が国の頑固で固有の人種差別主義を示しているのである。

H・H・ゴダードと精神薄弱児の脅威

知能は一つのメンデル性遺伝子である

ゴダードによる魯鈍の特定[*3]

精神薄弱の特質を決め、知能指数理論を完成することが、現在残された課題である。

――H・H・ゴダード、一九一七年、一九一六年のターマンについての論評の中で世界というものはきちんとした小さな包み《パッケージ》で我々のもとへ届かないので、分類学では常に論争が展開されている。知能障害の分類は今世紀初めに健全な論争を巻き起こした。分類された三種類のうちの二つは一般に承認されている。白痴は十分話すこともできず、精神年齢三歳以下である。痴愚は書かれた言葉を理解できず、精神年齢が三歳から七歳の幅である（白痴と痴愚の二つの用語は、現在、日常表現ではののしる時の言葉としてしか用いられていないので、古い心理学での専門的位置づけは一般に認識されていない）。白痴と痴愚はほとんどの専門家には識別でき、分類可能である。なぜならば、彼らの心身の不幸は、病理学的診断が正しいと認めうるほど甚大だからである。彼らは我々とは異なっているのである。

次に「高度知能障害者」——これらの人々は訓練によって社会で働くことができ、異常と正常の間に橋を架けることができる。したがって分類体系を脅かすことになる人々——という意味で曖昧模糊とし、ずっと脅威的な領域の人々と考えることにしよう。これらの人々は精神年齢が八歳から十二歳であり、フランス語で精神薄弱者 débile と呼ばれている。英米人は通常「精神薄弱者」feeble minded と呼んでいる。この用語は別の心理学者によって、「高度知能障害」だけでなく知能障害全体を示す総称用語として用いられているため、精神薄弱という用語は救いようもなく曖昧である。

分類学者はしばしば名称を考案することによって問題が解決したと勘違いする。ニュージャージーにある精神薄弱の少年少女のためのヴィネランド訓練学校の精力的かつ改革的な指導者だったH・H・ゴダードは、この決定的誤りを犯した。彼は「高度」知能障害者のための名称を考え出した。その言葉は他の世代のノック＝ノック・ジョーク[*5]や象のジョーク[*6]と張りあった一連のジョークを通して我々の言語の中に確立するようになった。これらのジョークは老人のあごひげのメタファーから連想されるように、古くから長い間用いられてきたので、多くの人はこの名称が古い起源をもつものと思うかもしれない。しかし、ゴダードは今世紀にこの言葉を造ったのである。彼はこれらの人々にギリシャ語でばかを意味する「魯鈍《モロン》」という名を与えた。

ゴダードはビネー尺度をアメリカで初めて普及させた。彼はビネーの論文を英語に訳し、ビネーのテストを実施し、それらを広く利用するよう熱心に勧めた。彼はビネーが述べたように正常範囲以下の人々――ゴダードが新しく魯鈍と名づけた人々――を特定するのに最も有効であると同意している。しかし、ビネーとゴダードが似ているのはここまでである。ビネーは得点が「知能」を決定することを拒み、手を差しのべるために特定することを望んでいた。しかし、ゴダードは得点が一つの生得的実体の尺度であると考えた。彼は外国からの移民や精神薄弱者による多産によって脅かされ危険にさらされたアメリカ人の血統がこれ以上劣悪化することを防ぐために、知能に境界を定め、隔離し、繁殖を抑える目的のために特定したいと望んだのである。

知能の単線状尺度

知能障害、すなわち白痴から痴愚、魯鈍へと上っていく単線的尺度を確立しようという企ては、本書で論じられている生物学的決定論のほとんどの理論に染み込んでいる二つの共通する謬論を含んでいる。その一つは前節で触れたように、知能を単一で測定可能な実体として具象化することであり、もう一つはすでに述べたモートンの頭蓋骨にさかのぼり（一二一～一五一ページ）、ジェンセンによる一般知能の普遍的尺度（下巻二二二～二二五ページ）に至るまで共通に見られる仮説で、進化が単線的進歩の物語であり、故に原始的なものから発達したものへ上っていく単一の尺度こそが多様性《ヴァリエーション》を秩序づける最善の方法であるという仮説である。進歩の概念は、古い起源をもつ根深い偏見であり（ビュアリ、一九二〇年）、進歩の概念を明確に否定する人々に対してすら巧妙な力をもっている（ニスベット、一九八〇年）。

知能障害という範疇のもとに集められた非常に多くの原因や現象を、そのランクが単一の物質の相対的量によるということを意味する単一尺度の上に有効に順序づけることが可能であろうか？　また知能障害は、普通の人よりその物質の量が少ないことを意味している。かつて多数の普通の人が高度知能障害者に含められ混乱したいくつかの現象を考えてみよう。すなわち、一般的な軽度の知恵遅れや特殊な学習障害などであるが、これらは局所神経の損傷、環境条件の不利、文化的相違、および検査官への敵意に原因がある。潜在的原因のいくつかを考えてみることにしよう。すなわち遺伝した機能パターン、偶発的かつ家系内で伝達されていない発生上の異常、つまり妊娠中の母体の病気に起因する先天的脳損傷、出生時の外傷、胎児期や乳幼児期の低栄養、誕生後の初めのころおよびそれ以後のさまざまな環境状況の不利などである。しかし、ゴダードにとっては、八歳から十二歳の精神年齢をもった人はすべて魯鈍であり、彼はこの人たちすべてをほぼ同じように扱った。つまり施設に収容するか、注意深く管理し、彼らを十分に満足させることによって幸福感に浸らせ、何よりも子どもを作らせなかった。

ゴダードは最も鈍感な遺伝決定論者だったかもしれない。彼は、自分がつくった知能障害の単線的尺度を使い、知能が一つの実体であることを確認した。また、知能について最も大切なことは、それが生まれつきのものであり、家系内で遺伝するとした。彼は一九二〇年に次のように書いている（チューデナム、一九六二年、四九一ページより引用）。

「大胆な言い方をすれば、人間の行動を第一に決定するものは、我々が知能と呼ぶ分割できない知的プロセスであるということが我々の論点である。このプロセスは生得的な神経機構によって条件づけられるということ、またこの神経機構によって達成される有効性の度合い、および個人の知的あるいは精神的レベルの必然的な段階は、生殖細胞が合体するときに合一する染色体の種類によって決定されるということ。さらにこの機構の一部が破壊されるような重大な出来事以外、それ以後のいかなる影響にもほとんど左右されないということである」

ゴダードは生得的知能の違いによってひき起こされる社会現象の範囲を拡張し、ついには人間行動に関与するほとんどすべての事柄を知能に含めた。魯鈍からはじまり、尺度を入念に作り、さらにほとんどの望ましくない行動を犯罪者の遺伝的知能障害のせいにした。犯罪者の問題は愚かさばかりでなく、低い知能と不道徳(2)が結びつくことによって起こる。優れた知能は数学の問題を解くことを可能にするだけでなく、すべての道徳的行為の基礎となる正しい判断力をもたらす。

「知能は感情をコントロールし、感情は知能の度合いに応じてコントロールされる……。したがって知能がほとんどないならば感情はコントロールされないであろうし、感情が強かろうが弱かろうが、行動は規制もコントロールもされず、経験から明らかなように常に望ましくない行動を感情がひき起こすことになるだろう。それ故、ある個人の知能を測定し、精神薄弱と呼ばれるほどその人の値が通常より低いことがわかったときには、我々はその人についての最も重大な事実を確認したことになる」(一九一九年、二七二ページ)

多くの犯罪者、大部分のアルコール中毒患者、売春婦、単なる社会に非適応の「無頼漢」さえも魯鈍である。「我々は精神薄弱とは何であるか知っている。それ故に我々は自分の環境に適応できない人や社会の規則に従って生活できない人、すなわち賢明に行動できない意志薄弱の人々すべてが怪しいと思っている。」（一九一四年、五七一ページ）単に愚かであるという次のレベルは、なりゆきのままに、あくせく働く労働者だと思う。「退屈な仕事をする人々は、一般にそれにふさわしい位置にいるのである」とゴダードは書いている（一九一九年、二四六ページ）。

「我々は次に大勢の肉体労働者がいることを知っておかなければならない。彼らは子どもたちよりほんの少し上に居るだけで、何をすべきかを命じられ、その方法を指図されなければならない。惨事を避けようと思うならば、彼らが自分の判断力によって行動しなければならない状況に置いてはならない。……指導者はごくわずかしかいない。大部分は従う人でなければならない」（一九一九年、二四三〜二四四ページ）

尺度の最も上位にいる知的な人々は快適に、しかも当然の権利として支配する。ゴダードは一九一九年、プリンストン大学の在校生を前にして、次のように公言した。

「事実を述べるならば、労働者は十歳の知能しかもたないが、あなた方は二十歳の知能をもっている。あなた方が快適に暮らしているような家庭を彼らのために要求することは、すべての労働者が大学の卒業証書を受け取るべきだと主張するのと同様にばかげたことである。知能がこのように幅広いにもかかわらず、社会的に平等であるということがありうるだろうか？」

「民主主義とは、幸福であるために何をすべきかを人々に語れる最も賢明で最も知能があり最も人間的な人を選ぶことによって、国民が統治することを意味している。それ故に民主主義は、最良の人々によって、真に慈善的な貴族政治に到達する方法である」とゴダードは主張した（一九一九年、二三七ページ）。

尺度をメンデル遺伝のやり方で分割する

もし知能が単一の分割不可能な尺度であるならば、我々を悩ます社会問題はどのように解決できるのだろうか？　というのは、尺度のあるレベルで低い知能の社会病質人格者を生み、一方、次の段階で産業社会は、機械を動かし低い報酬で満足する従順で愚鈍な労働者を必要とする。どのようにして、分割できない尺度をこの決定的な点で二種類用に作り直し、なおかつ知能が遺伝する単一の実体であるという考えを維持することができるのだろうか？　ゴダードがなぜあれほど熱心に魯鈍に注目したのか、今では理解できる。魯鈍は好ましくない人々の中では最も上位に位置し、もし特定されないなら、子孫を殖やすこともありうるので、民族の繁栄を脅かすことになる。我々は全員が白痴と痴愚を認識しており、どうすべきかも理解している。ということは、魯鈍のレベルのすぐ上で尺度は切断されなければならない。

「白痴は我々にとって最重要な問題ではない。もちろんいまわしい存在であるが……にもかかわらず、白痴は自分の生《せい》を生き、全うする。彼は自分のような子どもたちを作りつづけることはない。……我々にとって大きな問題は魯鈍である」(一九一二年、一〇一〜一〇二ページ)

ゴダードは、メンデルの研究が再発見され、遺伝の基本的解読が進められていた熱狂のさ中に研究を行なっていた。現在では、身体のそれぞれ主な特徴は、多くの遺伝子の相互作用および遺伝子と外部環境とのかかわりによって構成されることが知られている。しかし当時、多くの生物学者たちは、人間のすべての形質がメンデルの用いたソラマメの形質である色、大きさ、シワが発現するのと同じやり方で発現するだろうと無邪気に想定していた。つまり、彼らは身体の最も複雑な部分でさえも単一の種類遺伝子によって構成され、構造や行動の違いはこれらさまざまな遺伝子の優性形または劣性形の違いを表現するからだと信じていた。優生学はこのばかげた考え方を積極的に利用した。なぜなら、このように考えるならば、優生主義者は望ましくないすべての形質を一種類の遺伝子に起因させ、繁殖を厳しく制限することによって、その特徴を除去できると主張しえたからである。初期における優生学の文献は、ほとんどが思弁の産物であった。苦労して系図が編纂され、海軍大佐の家系をたどって旅行好きの遺伝子とか、人に安心感を与えたり、傲慢な態度にさせる気質の遺伝子などがでっち上げられた。今日から見ると非常にばかげて見えるこのような考え方に惑わされてはならない。この考えはほんのつかの間、正統遺伝学の座につき、アメリカへ甚大な社会的インパクトを与えた。

ゴダードは、知能の具象化を企てその最終結論を表わしている一つの仮説を受け入れ、つかの間の時流に加わった。彼はヴィネランドの学校で知能障害児の家系を追跡し、「精神薄弱」はメンデルの遺伝法則に従うと結論を下した。それ故、知能障害は一つの明白な実体であり、一種類の遺伝子に支配され、他の正常な知能に対して明らかに劣性であるに違いない（一九一四年、五三九ページ）。「正常な知能は単一の形質であり、間違いなくメンデル形式で伝達されるように思われる」とゴダードは結論している（一九一四年、ixページ）。

ゴダードは、予め存在した希望や先入観ではなく、証拠の力によって、このような思いもよらない結論を導かざるをえなかったと述べている。

「提出された理論や仮説はデータ自体から導かれたものであり、データが構成すると思われることを理解しようとする努力の中で導き出された。結論のいくつかは筆者にとって驚くべきものであり、多くの読者にとっても筆者にとっても受け入れ難いものである。」（一九一四年、viiiページ）

ゴダードにとって自分の計画全体にうまく合致し、しかも差し迫った問題を見事に解決してくれる仮説を、彼が強制されて不承不承受け入れたとまともに考えられるであろうか？　正常な知能に対応する一種類の遺伝子という考えは、潜在的矛盾を解消した。つまり知能を測定可能な一つの実体であるとして印した、単線状の尺度であるということと、そして知能障害をカテゴリーに分けて分離、同定したいという願望との矛盾を解消したのである。ゴダードはすでに自分の物指しを、まさにその位置で二つの部分に切り離していた。魯鈍は二つの劣悪な劣性遺伝子をもっている。愚かな労働者は、少なくとも正常遺伝子の一つをもっているので、機械に向かって仕事をすることができる。さらに、悩みの種である精神薄弱は、簡単に計画できる人種改良計画によって取り除かれるはずである。一種類の遺伝子であれば突き止められるし、位置もわかるし、人種改良により排除することもできる。もし、一〇〇個の遺伝子が知能を支配しているならば、優生学的人種改良は失敗し、希望のないまま、なす術がないに違いない。

魯鈍にふさわしい保護とケア（人種改良ではなく）

知能障害が一種類遺伝子によるものであるならば、それを結果として取り除く方法は明らかに存在する。すなわち、彼らに子どもをもたせないことである。

「もし両親が精神薄弱であるなら、その子どもはすべて精神薄弱であろう。そのような結婚は当然許されるべきではない。すべての精神薄弱者は結婚すべきではないし、親になるべきではないことは自明の理である。このルールが実行されるべきものである以上、社会の知性ある人々がそれを推進しなければならないことは明白である」（一九一四年、五六一ページ）

もし魯鈍が人類のために自分の性衝動をコントロールし、抑制できるならば、我々は彼らが自由に生きることを許すだろう。しかし、不道徳と愚かな行為は強固に結びついているために、彼らにはできない。賢明な人は理性的に性欲を抑制できる。「しばし性的感情を考えてみよう。これはすべての人間の本能のうちで最も抑制しがたいものであると考えられているが、にもかかわらず知的な人はそれすらも抑制できることは周知の事実である」（一九一九年、二七八ページ）。魯鈍はそのように模範的で禁欲的な行動はとれない。

「彼らは抑制がきかないし、まして道徳がなんであるかの認識もない場合が多い。もし彼らに結婚を禁じたとしても、親になることを妨げようがない。それ故、精神薄弱者が親となるのを完全に防ぐためには、単に結婚を禁ずる以外の方法を考えなければならない。この目的のために二つの提案がある、第一は隔離、第二は断種である」（一九一四年、五六六ページ）

ゴダードは断種に反対はしなかったが、社会の伝統的感性はまだそれほど合理的ではないので、多くの人々への身体傷害の行為は、阻止されるだろうから現実的ではないと考えた。ニュージャージー州のヴィネランドにある彼の施設のような典型的な施設への隔離は、好ましい解決であるに違いない。こうした施設においてのみ魯鈍の生殖を制限できるだろう。監禁用の多くの新しいセンターを建設するのに多額の費用がかかる。そのことに世論が躊躇したとしても、その費用などは、そのこと自体によって簡単に埋め合わせることができる。

「もしそのような隔離地《コロニー》が、地域共同体内のすべての明白な精神薄弱者を保護するのに必要なだけ提供されるならば、それらは現在の養老院や牢獄の大規模な代替となり、しかも精神病院の数を大幅に減少させるであろう。このようなコロニーは、責任能力のない人々の行動によってこうむる財産と生命の年間損失を減少させ、その額は、新しい施設の建設費のほとんどあるいはすべてを償うのに十分であろう」(一九一二年、一〇五〜一〇六ページ)

これらの施設内では、魯鈍は、自分の性という生物学の基本的特質だけが否定され、生物学的に決められたそのレベルに安堵して活動できる。ゴダードは、知能障害の原因について論じた著書で、施設に収容されている魯鈍のケアに対する懇願の言葉でしめくくっている。「彼らの精神年齢に応じて子どもと同じように扱ってあげなさい。いつも勇気づけ褒め、決して落胆させたり叱ってはいけません。幸福感で満たしてあげなさい。」(一九一九年、三二七ページ)

魯鈍の移民と生殖を阻止すること

ゴダードは精神薄弱の原因を一種類の遺伝子にあると認めていたので、対策は非常に簡単に思えた。国内の魯鈍に子どもをつくらせないことと、外国人の魯鈍を締め出すことであった。第二段階への貢献として、ゴダードとその仲間たちは一九一二年エリス島を訪れ、状況を視察し、「知能障害者を見分ける目的で、移民者をより完璧にテストす

るには何ができるか、いくつかの提案を示した。」（ゴダード、一九一七年、二五三ページ）

その日ニューヨーク港は霧がたちこめていたので、移民者は誰も上陸できなかった、とゴダードは描写している。しかし、彼が到着した時には、一〇〇名がすでに船を離れる準備を終えていた。「我々は知能障害と思われる一人の若い男を選び出し、通訳を介してテストを受けさせた。その青年はビネー尺度で八歳であった。通訳は〝私がこの国に来た時、こんなことはしなかった〟と言い、このテストが不当であると考えているようであった。我々はこの少年が知能障害であることを通訳に納得させた」（ゴダード、一九一三年、一〇五ページ）

これがアメリカにおけるビネー尺度の初めての適用例の一つであるが、ゴダードはそれに勇気づけられ、より完全な研究を行なうために基金を集め、一九一三年の春、エリス島へ二人の女性を二カ月半にわたって送り込んだ。彼女たちは外見から精神薄弱者を選び出すように教育されていた。この仕事はゴダードが女性を任命したいと望んだものであり、彼女たちには優れた、生まれながらの直観力があることを彼は認めていた。

「この仕事でかなりの経験を積むと、ほとんどの場合精神薄弱者がどのようなものかが分かり、精神薄弱者を遠くからでも識別できるようになる。この仕事に最適で、有能な力を発揮するのは女性であると思う。女性は男性より細やかな観察を行なうようである。この二人の女性が全くビネー・テストの助けもなく、どのようにして精神薄

弱者を選び出せるかは、他の人々は全く理解できなかった」（一九一三年、一〇六ページ）

このゴダードの女性たちはユダヤ人三十五人、ハンガリー人二十二人、イタリア人五十人、ロシア人四十五人をテストした。これらのグループはランダムなサンプルであるとは思えない。なぜなら、政府役人がすでに「障害者として認めていた人々を選んで除外して」いたからである。この偏りを調整するためにゴダードと彼の協力者は「明らかに正常と思われる人々はサンプルから外した。こうして〝平均的な移民〟の大集団が残ったのである」（一九一七年、二四四ページ）。（私は、この客観的と思われる説明の中に無意識の言明がしのび込んでくるのに驚かされつづけている。ここで言う平均的移民者とは、正常以下であり、少なくとも明らかに正常でないことに注目しよう――ゴダードのア・プリオリな主張ではなく、多分彼がテストした結果の提案である）。

これら四つのグループについてのビネー・テストは驚くべき結果をもたらした。ユダヤ人の八三パーセント、ハンガリー人の八〇パーセント、イタリア人の七九パーセント、ロシア人の八七パーセントが精神薄弱――すなわちビネー尺度で十二歳以下であった。ゴダードも仰天した。国民の五分の四が魯鈍などと信じられるだろうか？「前述のデータを評価して得られた結果は驚異であり、承認しえない。データそのものが正しいとも思えない。」（一九一七年、二四七ページ）おそらく通訳がテストを十分説明しなかったのではないだろうか？　ユダヤ人の場合はイディッシュ語を話す心理学者がテストしたが、彼らは他のグループと同様なレベルであった。最終的にゴダードはテストを操作し、いくつかのテストを除外し、数値を四〇～五〇パーセントへと低くしたが、それでも悩まざるを得なかった。

ゴダードの数値は二つの理由で――一つは明白だが、もう一つはそれほど明白ではない――彼が考える以上に意味のないものだった。明白でない理由としては、ゴダードが最初に翻訳したビネー尺度は非常に厳しく人々を点数化し、通常、正常と考えられる被検者を魯鈍に分類した。一九一六年ターマンがスタンフォード＝ビネー尺度を考案した時、ゴダードの解釈が、ターマンの尺度よりずっと低く人々をランクづけていることを見出した。ターマンは、自らのテストで精神年齢が十二歳から十四歳の一〇四人の大人（低いけれども正常な知能である）が、ゴダードの尺度によると五〇パーセントが魯鈍になると報告している。

もう一つの明白な理由として、英語を喋れず、三等船室で大西洋の船旅を耐え抜いてきたばかりの緊張した男女のことを考えてみよう。大部分は貧しさから学校へも行ったことがなく、多くは鉛筆もペンも手にしたことすらなかった人たちである。彼らは船から上陸し、その後すぐ、ゴダードのあの直観力あふれる女性によって脇へ連れて行かれ、坐らせられ、鉛筆を握らされ、ほんの一瞬見せられた数字を紙の上に書くように要求される。彼らの失敗は、生まれつきの愚かさというより、テストされた情況や気弱さ、恐怖心、困惑の結果だったのではないだろうか？　ゴダードはその可能性を考えてはみたが、否定した。

「次の問題は〝記憶をたどって絵を描くこと〟である。これはたった五〇パーセントしか通過しなかった。手ほどきを受けたことのない人には、絵を描くことは難しそうに思えるので、それほど驚くことではないかもしれない。また、正常な十歳の子どもたちが難なく通過するという事実をよく知ってる人も、多くの移民がそうだったように、実際にペンや鉛筆を手にしたことがない人々が絵を描くのが難しいことは十分理解できるであろう」（一九一七年、二五〇ページ）

こうした失敗を寛大に考えるとしても、三分間に母国語で六〇語以上のいかなる単語も言えなかったことには、ばか以外の説明はできなかったのだろうか。

「正常な十一歳の子どもたちは三分間で二〇〇語言えることがあるのに、同じ時間に六〇語しか言えなかったものが、わずか四五パーセントだった事実をどう解釈したらよいのだろう！　知能の欠如、あるいは語彙の欠如以外の説明を見出すことは難しい。大人でそのような語彙の欠如は、おそらく知能が欠如していることを意味するのだろう。三分間に確実に六〇を想い出すことができるには数百の名前を記憶しなければ、

どんな環境であろうとも、十五年間どのように生活できたのだろうか？」（一九一七年、二五一ページ）

日付、あるいは年月さえ分らなかったのだろうか？

「アメリカへ移民するようなヨーロッパの農民は時間の経過に全く注意など払っていないと、またもや結論しなければならないのだろうか？　生きていくための単調な仕事は、今日が一月か六月か、あるいは一九一二年か一九〇六年かに注意を向けることすら不可能にするほど苛酷だと結論しなければならないのだろうか？　かなり知能のある人でも、環境の異常さ故に、またたとえカレンダーが一般にヨーロッパ大陸では使われておらず、たとえ使われていたとしてもロシアのように複雑であれば、ごく当たり前の知識すら身につかなかったということがあり得るのだろうか？　もしそうだとしたら、何とひどい環境だろうか！」（一九一七年、二五〇ページ）

ヨーロッパや直接の環境によってこのようなみじめな失敗を説明することはできなかったので、ゴダードは次のように述べた。「我々はこれらの移民が驚くほど低い知能であるという一般的結論を避けることはできない」（一九一七年、二五一ページ）。魯鈍の割合が高いことは、やはりゴダードを悩ませていたが、最終的にその原因を移民の質の変化に求めた。「最近の移民は、初期のころの移民とは質が決定的に異なっている。……現在ではそれぞれの民族の最悪な人々を受け入れつつある」（一九一七年、二六六ページ）。「〝三等船室〟の平均的移民者の知能は低く、多分魯鈍の段階であろう」（一九一七年、二四三ページ）。おそらく、ゴダードは上甲板では事態はずっとましだと大声で叫びたかったのであろうが、そうした金持ちの客にはテストしなかった。

では、どうしたらいいのだろうか？　すべての魯鈍を船で送り返すべきなのか、出発地点で阻止すべきなのか？　ゴダードは、十年以内に立法化されることになる移民制限法を予示し、自分の結論が「将来における科学的、社会的、かつ法律的行動のための重要な考察を提供する」と主張した（一九一七年、二六一ページ）。しかし、この時までにゴダードは、魯鈍を隔離するというはじめのころの自分の厳しい態度を和らげていた。おそらくあからさまに言えば、人が嫌悪する多くの仕事のために、頭の悪い労働者が不足していた。魯鈍が穴うめをしなければならなかったのかもしれない。「彼らは誰もが嫌がるような沢山の仕事を行なう。……しなければならない莫大な苦役がある。より知能のある労働者に支払うほど多額の報酬を支払いたくない多くの仕事がある。……多分、魯鈍が適しているであろう」（一九一七年、二六九ページ）。

にもかかわらず、ゴダードは入国基準を全般的に厳しくすることを好んだ。知能障害者の国外退去は、一九一三年には、それ以前の五年間の平均より三五〇パーセント増加し、一九一四年には五七〇パーセントも増加した、と彼は報告している。

「このことは、知能テストが精神薄弱の外国人を発見するのに利用できるという信念をもった医者のたゆまぬ努力のおかげだった。……アメリカ民衆が精神薄弱の外国人を締め出したいと望んでいるならば、議会が受け入れ港に必要な施設を提供するよう、要請しなければならない」(一九一七年、二七一ページ)

一方、自国で精神薄弱者を特定し、子どもを作らないようにさせなければならない。ゴダードはいくつかの研究で、魯鈍の脅威を明るみに出した。もし精神薄弱の祖先が子どもをもつことを禁じられていたならば、決して存在することのない、国家や共同体にとって足手まといの沢山の無用な人々の家系を公表したのである。ゴダードはニュージャージー州の「松林の荒地」に住みついた一群の貧困者と浮浪者を見つけ出し、彼らの祖先を追跡した。そして高潔な男性と精神薄弱と思われる旅館の娘との姦通にまでその祖先を辿ることができた。のちにこの同じ男性は、クエーカー教徒の名士の女性と結婚し、全く善良な市民である別の家系の出発点ともなった。祖先が善良な家系と劣悪な家系の両方の出発点となったので、ゴダードはギリシャ語の美 kallos と悪 kakos を合成し、その男性にマーティン・カリカック Kallikak という仮の名を与えた。ゴダードのこのカリカック家族は数十年にわたる優生学運動の最初の神話としての役目を果たすことになる。

ゴダードの研究は、はじめから決まっていた結論を根拠とする当て推量以上の何ものでもない。彼の方法は、常に外見から精神薄弱を識別する直観力のある女性の訓練に基礎を置いていた。ゴダードは松林の荒地に建った丸太小屋でビネー・テストを行なったわけではない。実際には視覚による特定をあくまでも信頼したのである。一九一九年、彼はエドウィン・マーカム[*7]の詩「鍬もつ人」の分析を行なった。

数百年の重圧に打ちのめされ
鍬に寄りかかり、大地を凝視する、
その顔に何代ものむなしさが
その背に、世界の重荷が……

マーカムのこの詩はミレーの同じ題名の有名な絵からインスピレーションを得たものである。この詩は「ミレーの描いた男が諸々の社会状況に屈伏させられ、あたかも自分が耕した土くれのようになってしまったとほのめかしているように思える」とゴダードは不満を述べた（一九一九年、二三九ページ）。ナンセンスだとゴダードは言う。ミレーの絵はそれを証明しているにすぎない。貧しい農夫の大部分は、自らの精神薄弱に苦しんでいる、と。マーカムは農夫に知能障害があることがわからなかったのだろうか？

「ミレーの鍬もつ人は知能の発達が停止した男である。絵は完璧に痴愚を示している」

（一九一九年、二三九〜二四〇ページ）。「誰が、この男の脳の中の炎を吹き消したのだろうか？」というマーカムの鋭い問いに対して、ゴダードは精神の炎はかつて一度も燃え上がったことなどなかったと答えている。

ゴダードは一枚の絵を吟味しただけで知能障害の程度を決められたのだから、生身の人間にかかわる困難などきっと予測もしていなかっただろう。彼は、まもなくエリス島で次の活動をすることになるあの恐るべきカイト女史をさっそく「松林の荒地」へ派遣し、劣悪家系の哀れな系図を急遽作り上げた。ゴダードはカイト女史が判定した事例の一つを次のように記している（一九一二年、七七〜七八ページ）。

「赤貧と堕落を見ることに慣れた彼女でも、屋内の惨状には目を覆うばかりであった。頑強で健康そうな肩幅の広いその父親が、片隅で無気力に坐っていた。……三人の子どもはわずかな衣服をまとっているだけであり、かろうじて足にくっついている靴をはき、口をだらしなくあけて、ぼんやりと立っていた。まぎれもない精神薄弱の状態である。……義務教育の法律を作り実施することによって、劣悪な人々を望ましい市民にしようとする試みが無用であることは、この一家が生きた証明となっている……父親自身は頑強で精力的ではあるが、その顔つきから、子ども程度の知力しかないことがわかる。母親は不潔でボロをまとい子どものようであった。この赤貧の家庭の中で、唯一確かな見通しが立つのは、人類の進歩の歯車を鈍らせることになるより多くの精神薄弱の子どもを産み出すということであろう」

このように手っとり早い特定があまりに性急で怪しく思われるならば、故人、あるいは他の理由で現在は存在しない人の知能程度を推定するゴダードの方法を考えてみよう（一九一二年、一五ページ）。

「ある程度の経験を積むと、その調査官は、彼女が面接した人の様子を記述するのに用いた言葉と、まだ会ったことのない人々を記述するのに用いられた言葉との類似性から、まだ会ったことのない人々の状況を推測するのに熟達するようになる」

このようなばかばかしさの中では取るに足りないことかもしれないが、私は、やや意識的に行なわれた不正を発見した。同僚のスティーヴン・セルドゥンと私は、カリカック に関するゴダードの一冊の本を調べた。口絵には劣悪系統の一人で、ヴィネランドにあるゴダードの施設に収容され、堕落を免れた、デボラと彼が呼んでいた美しい女性の写真が載せられている（図5・1）。彼女は白い洋服を着て静かに坐り、本を読んでいる。猫が彼女の膝の上で心地よさそうに眠っている。別の三枚の写真には、田舎の丸太小屋で貧困のうちに暮している劣悪家系の人々が写っている。全員がどことなく邪悪な様子をしている（図5・2）。彼らの口元には不吉な表情があり、眼は陰気にくぼんでいる。

図5・1　デボラの修整されていない写真。カリカックの子孫はゴダードの施設に住んでいた。

図5・2　ニュージャージー州の松林の荒地に住んでいる貧しいカリカック家の人々の修整した写真。口や眉が悪人や愚鈍の相を表現するため濃く強調されていることに注意。その効果はゴダードの著書にある元の写真によりいっそう鮮明である。

しかし、ゴダードの本は約七十年前のものである。インクはあせてしまっている。隔離されなかった劣悪家族の写真すべては、悪魔的な様相を鮮明にするために、眼や口に黒い線が入れられているのが今でははっきりわかる。デボラ嬢の三枚の写真は未修整のままである。

セルドゥンは本をスミソニアン研究所の写真部部長のジェームズ・H・ウォレス・ジュニア氏の許へ持って行った。ウォレス氏は次のように報告している（セルドゥンへの手紙、一九八〇年三月十七日）。

「カリカック家系の人々の写真が修整されていることは疑う余地がない。さらに、この修整は特に眼、まゆ毛、口、鼻、髪など顔の造作にはっきり限られている。

現代の水準からすると、この修整はかなり未熟で、すぐわかる。しかし、この本が初めて出版されたころは、我々の社会は視覚的には全く洗練されていなかったことを記憶しておくべきである。写真はあまり普及していなかったので、当時、偶然写真を見る機会を得た人は、現在の十歳代の子どもと同じ程度の比較能力さえもっていなかったであろう。

このどぎつさは、明らかに陰気で凝視した表情を、邪悪に見せたり、知恵遅れの顔つきに見せたりする。この写真の人たちの特徴に対し、見る人に悪い印象を与える目的以外に、なぜこの修整が行なわれたのか理解しがたい。この写真の個人が修整され他の部分が修整されなかったという事実は、この点においても重要であると私は確信している。

私はこれらを写真操作の非常に興味ある一例であると思っている」

ゴダードの撤退

一九二八年までにゴダードは方針を転換し、その後、彼が初めて歪曲したアルフレッド・ビネーの近代の擁護者になった。ゴダードはまず第一に魯鈍の上限をあまりに高く置きすぎたことを認めた。

「精神年齢が十二歳以下であると判定されたすべての人々が精神薄弱であると、一時はうかつにも決め込んでいた。……もちろん今では、テストで十二歳と判定された人々のごく少ない割合だけが実際に精神薄弱であることが分かっている——すなわち精薄は普通の慎重さで自分の仕事を処理できなかったり、生存闘争を戦い抜くことができない人々である。」(一九二八年、二二〇ページ)

しかし、再定義されたレベルでも、魯鈍はあふれるほど存在した。この人々をどのように扱ったらよいのだろうか？　ゴダードは魯鈍が遺伝する知的能力であるという信念を捨てたわけではなかったが、彼はビネーの方針を採用し、全員ではないにせよ、大部分の魯鈍が社会に役立つように訓練できると主張した。

「魯鈍の問題は教育と訓練の問題である。……このことを意外に思うかもしれない。しかし、概して半分しか適正とは言えない教育システムによって、魯鈍に何が起こったかを率直にながめるとき、次のように結論するのは困難ではない。万一適正な教育が与えられるならば、自分自身や自分の仕事を処理できなかったり、生存闘争に勝ち抜くことのできない魯鈍はいなくなるであろうと。これに加えて、あらゆる人に文字どおりチャンスを与えてくれる社会秩序が期待できるならば、私はその結果を確信している」（一九二八年、二二三〜二二四ページ）

しかし、魯鈍を社会の中で生活させるとすれば、彼らは結婚し、子どもをつくらないだろうか。これこそ、最も危険なことであり、ゴダードの以前からあった強い警戒心の原因なのではなかろうか。

「この計画がこの問題の優生学的側面を軽視していると反対する人がいるかもしれない。社会では、これら魯鈍が結婚し、子どもをもつであろう。どうしてそれがいけないのだろう。……魯鈍の両親が痴愚や白痴の子どもをもつ傾向があるということにはまだ異議が唱えられるかもしれない。そのような事例に多くの証拠が存在するわけではない。危険はたぶん取るに足らない。少なくとも一般の母集団内以上の頻度で生ずるとは思われない[3]。諸君の多くは、私と同じように、今述べたことが正しい見解であると認めるのは難しいのではないかと私は思っている。我々はあまりにも長い間古い概念のもとで研究をしてきたのだから」（一九二八年、二二三～二二四ページ）

ゴダードは自分の以前のシステムにあった二つの堡塁を破棄し、次のように結論した（一九二八年、二二五ページ）。

「一、精神薄弱（魯鈍）は不治ではない（傍点ゴダード）。
二、精神薄弱は一般に施設に隔離される必要はない」

「私に関して言えば、敵対者の側にまわったのだと思う」とゴダードは認めた（二二四ページ）。

ルイス・M・ターマンと生得的IQについての大衆調査

妊娠中から幼稚園児までに起こったあらゆることについてのデータを示さないで、数千の質問表から得られたものを基礎として、自分たちは人間の遺伝的資質を測定しているのだ、と彼らは公言する。明らかにこれは研究から得られた結論ではない。信じようとする意志が植えつけた結論である。大部分は、無意識に吹き込まれたと私は考えている……。もしこれらのテストが本当に知能を測定するものであり、子どもの能力へのある種の最終判決であり、子どものあらかじめ決められた能力を「科学的」に示すものであるという印象が定着するならば、すべての知能テストの検査官とすべての質問表がサルガッソー[*8]の海に、何の予告もなく沈んでしまう方が数千倍も望ましいことであろう。

――ウォルター・リップマン、L・ターマンとの論争の最中に

大衆テストとスタンフォード＝ビネー

ルイス・M・ターマンはインディアナ州の農家の十四人家族の十二番目の子どもとして生まれた。知能研究への興味のきっかけは、彼がまだ九歳か十歳のころ彼の家を訪れ、彼の頭骨の膨らみに触れて吉兆を予言した巡回書籍商で、骨相学者であった人物にまでたどることができる。ターマンはこの幼いころの興味を追求し、測定可能な知的価値が人間の頭の内部に存在することを全く疑わなかった。一九〇六年、博士論文の中で、ターマンは七人の「賢い」少年と七人の「愚かな」少年を調査し、人種と民族のステロタイプを並べた標準カタログを援用して、彼のテストが知能の尺度になると主張した。考

案したテストについて彼は次のように述べている。「我々は黒人をエスキモーやインディアンと、オーストラリア原住民をアングロ・サクソン人と比較しただけで、一般知能と発明の才の間に明らかな関係があることに強い印象を受けた」（一九〇六年、一四ページ）。数学的能力については「民族の進歩は、数学的概念や数学的関係を扱う能力の発達と密接な対応関係があることを民族学は示している」と主張した（一九〇六年、二九ページ）。

ターマンは遺伝決定論の基礎として二九四〜二九五ページで確認した二つの謬論と自分の研究とを関連づけ、結論を出した。彼は二つの可能な立場のうちで第一のものを支持し、テストの平均点は一般知能と呼ばれる「実体」だとして具象化した（一九〇六年、九ページ）。「知的能力とは、希望する目的のために引き出すことができる銀行預金なのだろうか？　それとも、むしろ特別な目的のためには一枚ごとに切り離し使用することができる兌換不可能な一束の小切手なのだろうか？」。しかも彼は、実際の証拠を提出できないことを認めながらも、生得論を擁護した（一九〇六年、六八ページ）。「この問題に対して何ら実証的データを与えることはできないが、この研究によって集団内で個人の知能ランクを決めるのは、訓練よりも素質の方が比較的重要であるという私の印象は強められた」と。

ゴダードはビネー尺度をアメリカに導入したが、ターマンはその普及版の初めての考案者である。ビネーの一九一一年の最終版には五四課題が含まれ、前保育期から十代中ごろまで段階づけられている。ターマンの一九一六年の初版は「超人《スーパー・アダルト》」まで尺度を広げ、課題数を九〇にまで増加させた。当時スタンフォード大学教授であったターマンは、この改訂版に今世紀の有名な言葉となるスタンフォード＝ビネーという名称を与えた。これは事実上その後考案される全「ＩＱ」テストの基準となったものである。(4)

その内容についてここでは詳細な分析はしないが（ブロックとドーキン、一九七六年、またはチェイス、一九七七年を参照）、ターマンのテストは期待された答えに一致することを強要し、独創的な解答をいかに軽視したものであるかを示す二つの例を紹介しておこう。期待されるものが社会規範である場合に、推論という抽象的能力をテストできるだろうか。むしろ慣習的行動を熟知しているか否かということではなかろうか？　ターマンは次の問題をビネー・テストに加えた。

「生まれて初めて街へ下りてきたインディアンが道で乗り物に乗っている白人を見ました。その白人とすれ違ったインディアンは、〝白人は無精者だ、坐ったままで歩いていく〟と言いました。インディアンが〝坐ったままで歩いていく〟と言った白人の乗り物は何でしょう」

ターマンはこれへの唯一の正解が「自転車」であるとした――乗り物に乗った時、脚が上下動しないという理由から、自動車や他の乗り物では間違いであり、自尊心のあるインディアンなら見えているものが何であるか知っているだろうから、馬も間違いであった（大多数の人が間違えた答えである）。（私自身は「馬」と解答した。なぜなら、私はインディアンが頭の良い皮肉家であり、活気のない街の仲間を皮肉っていると思ったからである）。「車椅子に乗った身体障害者」とか「背中におぶさった人」というような独創的な解答も当然間違いであった。

ターマンは、次の問題もビネー・テストのオリジナル版から取り入れた。「私の隣人に、何人かの奇妙な訪問者がありました。まず初めに医者、次に弁護士、さらに牧師が訪れました。隣家で何が起こったと思いますか」。ターマンは「死」以外のいかなる答えも認めなかった。ただし、医者が結婚相手がふさわしいか否かを判断するために、弁護士が結婚を取り決めに、牧師が結婚式をとり行なうためにやってきたと考えた少年の「結婚」という答えは認めた。この少年をターマンは問題を適切に理解した若い優生主義者だと述べていた。「離婚と再婚」という組み合わせは、正解としなかった。ネヴァダ州のリノにいる同僚が、この答えは「極めてありふれたもの」だと言ったとターマン自身が報告しているにもかかわらずである。また、可能性はあるがあまりに単純な解答（晩餐、パーティ）あるいは「死にかけている人と、結婚しようとする人がいて、死の直前に遺言を作っている」といった独創的な解答も認めなかった。

しかし、ターマンの影響力の重大さはビネー尺度を厳密にしたり、拡大したりすることにあるのではなかった。ビネー・テストは一人の子どもと一緒に作業するように訓練された検査官によって管理されなければならなかった。ビネーの作業課題は総合的なランクづけの道具として用いることはできなかった。しかし、ターマンは、すべての子どもを生涯ふさわしい位置に分類できる生得的能力のランクづけの確立を望んでいたため、全員をテストしたかった。

「どんな生徒がテストされるのだろうか。答えは全員である。もし選ばれた子どもだけがテストされるとしたら、介助を必要とする多くのケースが見落とされるであろう。テストの目的は我々がまだ知らないことを我々に知らせてくれることであり、明らかに平均より上や下であると分かっている生徒だけをテストすることは誤りであろう。意外な事実は、能力が平均に近いと思われてきた生徒をテストする時に生ずる。全体をテストすることは十分正当な根拠があるのである」（一九二三年、二二ページ）

スタンフォード＝ビネー・テストは、オリジナルのテストと同じように相変わらず個人用のテストであったが、事実上それ以後のすべての筆記式テストの模範となった。入念な操作と削除[5]によって、ターマンは尺度を「平均的」な子どもが各々の年齢で一〇〇点が取れるように標準化した（精神年齢と暦年齢が一致する）。ターマンはまた、各々の暦年齢で一五か一六点の標準偏差を定め、子どもたちにみられる変動を安定させた。平均一〇〇、標準偏差一五によって、スタンフォード＝ビネー・テストは（今日でも多くの項目が残っている）、それ以後、雨後のたけのこのように乱立する大衆調査用の筆記テストを判定する重要な基準となったのである。スタンフォード＝ビネー・テストは知能尺度であるから、スタンフォード＝ビネー・テストと密接にかかわるどのような筆記テストもまた知能の尺度になるという根拠のない主張が横行している。多くの精密な統計研究が過去五十年間に検査官によって実施されているが、その研究はテストが知能の尺度となるという前提を独自に確証しようとしたわけではなく、以前から考えられ異論のない基準との相関関係をただ確認しているにすぎない。

テストをすることは、間もなく数百万ドルの事業に成長した。すなわちマーケッティング会社は、ターマンの基準と自ら開発したテストの間に相関関係が証明できないテストには、あえて挑戦しなかった。陸軍アルファ・テスト（下巻一一〜六一ページ）が集団テストに先鞭をつけたが、戦後の数年以内に夥しい競争者が学校行政に挨拶回りをした。後のターマンの本（一九二三年）に付された広告にちょっと目を通しても、全ての子どもをテストしたいというターマンの希望が実現したとしても、費用と時間がかかるために、彼の細心で冗長な評定についての慎重な文章（例えば、一九一九年、二九九ページ）が全く意味をもたなくなることが歴然としている（図5・3）。もし学校が、一九二三年のターマンの本で宣伝され、しかもソーンダイク、ヤーキーズ、そしてターマン自身を含む委員会によって作成された次のようなテストを採用していたならば、三十分間と五種類のテストが子どもの人生を運命づけてしまうことになったかもしれない。

三〜八階級用の国民知能テスト

陸軍テストの方法を学校の要請に従って利用した直接の成果……。このテストは統計スタッフによって試験的に実施され、細心の分析の後、数多くのテストの中から選ばれたものである。準備された二つの尺度はそれぞれ五つのテスト（練習テストを含む）から成り、どれも三十分で行なわれる。これらのテストは簡単に行なうことができ、信頼性もあり、知的能力に応じて子どもたちを三から八の階級に分類するのに直接役立つ。採点はいたって簡単である。

ビネーがもし生きていたら、このようなうわべの評価に非常に心を痛めたに違いないし、それ以上にターマンの意図に強硬に抗議したであろう。ターマンは、テストが高度知能障害者を特定するのに最も適しているというビネーの考えに同意した。しかし、彼が同意した理由は、ビネーが分離して手を差しのべようと願っていたのと比べると、ぞっとするものがある（一九一六年、六〜七ページ）。

「近い将来、知能テストが数万人のこれら高度知能障害者を社会の監視と保護の下に置くことになるであろうと言ってもさしつかえない。このことは最終的に精神薄弱者

Prepared under the auspices of the National Research Council

NATIONAL INTELLIGENCE TESTS

By M. E. HAGGERTY, L. M. TERMAN, E. L. THORNDIKE
G. M. WHIPPLE, and R. M. YERKES

THESE tests are the direct result of the application of the army testing methods to school needs. They were devised in order to supply group tests for the examination of school children that would embody the greater benefits derived from the Binet and similar tests.

The effectiveness of the army intelligence tests in problems of classification and diagnosis is a measure of the success that may be expected to attend the use of the National Intelligence Tests, which have been greatly improved in the light of army experiences.

The tests have been selected from a large group of tests after a try-out and a careful analysis by a statistical staff. The two scales prepared consist of five tests each (with practice exercises), and either may be administered in thirty minutes. They are simple in application, reliable, and immediately useful for classifying children in Grades 3 to 8 with respect to intellectual ability. Scoring is unusually simple.

Either scale may be used separately to advantage. The reliability of results is increased, however, by reexamination with the other scale after an interval of at least a day.

Scale A consists of an arithmetical reasoning, a sentence completion, a logical selection, a synonym-antonym, and a symbol-digit test. Scale B includes a completion, an information, a vocabulary, an analogies, and a comparison test.

Scale A: *Form* 1. 12 pages. Price per package of 25 Examination Booklets, 2 Scoring Keys, and 1 Class Record $1.45 net.
Scale A: *Form* 2. Same description. Same price.
Scale B: *Form* 1. 12 pages. Price per package of 25 Examination Booklets, Scoring Key, and Class Record $1.45 net.
Scale B: *Form* 2. Same description. Same price.
Manual of Directions. Paper. 32 pages. Price 25 cents net.
Specimen Set. One copy of each Scale and Scoring Keys and Manual of Directions. Price 50 cents postpaid.

Experimental work financed by the General Education Board by appropriation of $25,000

WORLD BOOK COMPANY

YONKERS-ON-HUDSON, NEW YORK
2126 PRAIRIE AVENUE, CHICAGO

図5・3 ターマンとヤーキーズによって書かれた、試験に使った大衆知能テストの広告。

の生殖を減少させ、膨大な数の犯罪、赤貧、無能な産業労働者を取り除くことになろう。強調する必要はほとんどないのだが、現在しばしば見落とされている高度障害者の場合には、厳密には国家がそれらの人々の保護監督を引き受けることが最も大切である」

残酷なことだが、ターマンは精薄者には限界があり、その限界は避けられないことであると力説した。彼はＩＱ七五の子どもを持って悩んでいる「高学歴」の両親の希望を打ちくだき、努力を過小評価するのに一時間とかからなかった。

「不思議なことだが、この母親は息子が読み書きを学んでいる姿を見て勇気づけられ、希望をもった。母親は、息子の年齢ならば三年以内に高校に入学するはずであると理解しているようには見えない。四十分間のテストは、この知的な母親が十一年間毎日絶え間なく観察した結果知ることができた以上に、この少年の知的能力についてより多くのことを語った。なぜならば、Ｘは精神薄弱であるのだから、彼は満足に中学校も終えられないであろうし、有能な労働者にも、責任能力をもつ市民にも決してなれないであろうから。」（一九一六年）

当時若いジャーナリストであったウォルター・リップマンは、ターマンの発表した数字から、ターマンが予め考えていた意図の核心を読みとり、控え目な怒りを表わした。

「知能テストのもつ危険性は、十把一絡げの教育制度では、あまり知性のない人や先入観をもった人が生徒を等級分けするだけでやめてしまい、自分たちの義務は教育することであるのを忘れてしまう時にある。彼らは知恵遅れの原因と戦う代わりに、子どもたちを等級分けすることになる。というのは知能テストに基づいたプロパガンダによる全体的風潮によって、低い知能指数の人々が生得的かつ絶望的に劣っているとして扱われることになるからである。」

ターマンの生得性についてのテクノクラシー

もしこのことが正しいならば、知能テストの検査官のために用意された感情的、世俗的な満足感は非常に高いものとなったであろう。もし、彼が本当に知能を測定していたのであれば、また、もし知能が固定された遺伝的量であるならば、学校でどの子がどの位置にいるのかばかりでなく、どの子が高校へ行くべきであるとか、どの子が大学へ行くべきであるとか、どの子はどの職業に就くべきであるとか、どの子が手仕事に向いているかとか、どの子は下級労働に適しているとかすらも彼は言えたであろう。検査官が自らの主張を立証しようとする気さえあれば、神権政治の崩壊以来、知識人が夢想だにしなかった権力の地位をすぐに占めることができるようになるであろう。このような予想は魅力的であり、ほんの少し見通しが立つだけで有頂天にさせるに十分である。知能が遺伝によって固定されており、検査官がその知能を測定できることが証明できるかあるいは信じさせることができるならば、夢のような未来であろう。この無意識の誘惑は、科学的方法について批判的に擁護できなくなるほど強烈である。小さな統計的思い違いとか、論理的に入り組んだ謬論とか、また、秘かに持ちこまれた付随的見解によって、公衆を欺く前段階としての自己欺瞞が、必然的にほとんどの場合存在する。

——ウォルター・リップマン、ターマンとの論争で

プラトンは哲人王が統治する理想国家を夢みた。ターマンはこの危険な幻想を復活させ、彼の知能検査官の集団に王位を簒奪させたのである。すべての人々をテストして、その知能に応じてふさわしい役割を振り分けることができるとすれば、その時、歴史上初めて正当で、何よりも効率的な社会が構築されることになるだろう。

ターマンは、社会の底辺の人々を否定的に論じ、感動的、あるいは道徳的生活を営むには極端に低い知能の人々をまず制限し、排除しなければならないと主張した。社会病理の第一の原因は、生まれつきの精神薄弱である。ターマン（一九一六年、七ページ）は、身体の外観上の特徴が犯罪行為を印していると考えたロンブローゾを批判している。もちろん、生得性がその大前提ではあるが、直接の印はロンブローゾの言う長い腕や突き

出した顎ではなく、低いＩＱである。

「ロンブローゾの理論は知能テストの結果によりすべてが信じられなくなった。このテストは、疑問の余地なく、我国の犯罪者の少なくとも二五パーセントがもつ最も重大な特徴が精神薄弱であることを明らかにしている。囚人に非常に共通して見られる肉体上の異常は、犯罪性の烙印ではなく、精神薄弱がもつ肉体的属性である。この肉体的属性はそれが知能障害の徴候であるというだけで、ほかには全く診断上の重要性をもたない」（一九一六年、七ページ）

精神薄弱者は不運な遺伝によって二重に重荷を背負わされている。知能の欠如、これだけで十分無気力になり、不道徳に堕してしまうからである。もし我々が社会にとって異常なものを排除しようとするならば、社会病質人格者の生物学上の原因を同定しなければならない。そして施設に隔離し、とりわけ結婚と子孫を残すことを禁止して、排除するのである。

「すべての犯罪者が精神薄弱であるわけではないが、すべての精神薄弱者は少なくとも潜在的な犯罪者である。精神薄弱の女性すべてが潜在的売春婦であることは、ほとんど誰も反論しないであろう。職業上の判断、社会的判断およびその他の高度な思考過程と同様に、道徳的判断も知能の働きである。知能が幼児期のままであるならば、道徳は花を咲かせ実を結ぶことができない。」（一九一六年、一一ページ）
「社会的無能さという意味で精神薄弱者は、当然、人的資産であるというより明らかにお荷物である。それは経済的な面ばかりではなく、彼らが非行者や犯罪者になる傾向をもつからなのである。……この希望なき精神薄弱者を扱う唯一の効果的方法は、最後まで保護し世話をすることである。公立学校の責務は、むしろただ劣っているだけで希望のある多数の子どもたちにかかっている」（一九一九年、一三二～一三三ページ）

全員をテストするための口実として、ターマンは次のように述べている（一九一六年、一二ページ）。「たぶんアメリカ合衆国だけで、非行と犯罪による年間五億ドルは下らない巨額の支出を考えるならば、心理テストは、ここアメリカでは、最も価値ある利用の一つであることは明らかである」

知能テストは社会から社会的病質人格者を排除するのに利用されたあと、生物学的に受け入れ可能な人々をその知能レベルに応じてふさわしい職業へ振り分けるのに利用できるかもしれない。ターマンは、自分の検査官が「それぞれの職業に成功するために必要な最低の〝知能指数〟を決定する」ことを期待した（一九一六年、一七ページ）。良心的な教授なら誰でも自分の学生の就職先を探そうとするが、新しい社会秩序の使徒として自分の弟子たちを押し売りするほど厚かましい教授はほとんどいない。

「産業界は明らかに、その仕事を遂行するのにふさわしくない知能の人々を雇うことで厖大な損失をこうむっている……例えば大きなデパートのように五百人から一千人ほどの従業員を抱える職業は、熟練した心理学者の給料の数倍分を、このやり方で節約できるのである」

ターマンは事実上IQ一〇〇以下の人々を、高い価値があり金銭的報酬もよい職業から締め出した（一九一九年、二八二ページ）。そして「実際に成功する」には多分IQ一一五ないし一二〇以上を必要とすると論じた。彼は知能尺度の下の方のランクづけにいっそう興味を示した。そこには彼が「ただ劣っているだけ」と考えた人々が含まれている。現代の工業社会は、聖書に書かれた牧歌時代の比喩――薪を切り水を汲む者[*9]――に相当する技術に携わる人々を必要としている。そしてそのような人々は大勢存在したのである。

「システムの機械化に伴う近代工業体制の進展は、知能の劣った人々をますます大量に利用することを可能にしつつある。思考し立案能力のある一人の人が、指示されたことを行ない、機知もイニシアティブもほとんど必要としない十人から二十人の労働者を指導するのである」（一九一九年、二七六ページ）

IQ七五以下は非熟練労働の範囲になる。七五から八五は「明らかに半熟練労働の範囲」である。さらに個別の判定も行なわれた。「理髪師の場合、IQ八五以上はおそらく恐ろしく無駄使いだろう」（一九一九年、二八八ページ）。「IQ七五は運転手や車掌としては安全性が危ぶまれ、不満の元となる」（ターマン、一九一九年）。適切な職業訓練と就職斡旋が「七〇から八五のランク」の人々に必要不可欠である。そうでなければ、彼らは学校を離れ、「反社会的な階層へ簡単に移行したり、ボルシェヴィキの不平分子の仲間に加わることになる」（一九一九年、二八五ページ）。

ターマンは職業別IQを調査し、すでに知能による不完全な割当てが自然に生じていると満足げに結論した。彼はやっかいな例外をうまく言いぬけた。例えば、速達便の運送会社の従業員四十七人を調べた。彼らはきまりきった繰り返し作業の中で、「工夫したり個人的判断すらを発揮する機会が極端に限られている」（一九一九年、二七五ページ）。しかし、彼らのIQ中央値は九五であり、二五パーセントがIQ一〇四以上であった。したがって、知能ランクのひとつの地位を手に入れたことになる。ターマンは困惑したがこのように低い成績の原因を「何らかの情緒的、道徳的、または好ましい性質」が欠けているからであると考えた。とはいえ、彼らがより厳密さを必要とされる仕事への準備ができる前に、「経済圧」によって退学せざるを得なかったのかもしれないことも認めた（一九一九年、二七五ページ）。別の研究でターマンは、カリフォルニア州の都市パロ・アルトの「浮浪者宿」から二百五十六人の浮浪者や失職者のサンプルを集めた。彼らの平均IQは一覧表の最下位にくるだろうという期待があった。それにもかかわらず、浮浪者の平均IQは八九であった。非常に優れた資質とは言えないが、運転手や女店員、消防士や警察官より上位に位置していた。ターマンは、興味をそそるやり方で自分の表を並べ替えることによって巧妙に解決した。浮浪者の平均は異常に高い。しかし、浮浪者もまた他のグループより以上に変異が大きいが、むしろ低い値の人々が大勢含まれていた。そこでターマンはそれぞれのグループで最も低い方から二五パーセントの得点によって一覧表を調整し、浮浪者を最下位に位置づけた。

たとえターマンが成績に基づく実力社会を単に擁護しただけだとしても、彼のエリート主義は非難されただろう。しかし、一生懸命に努力しやる気を起こさせるチャンスを与える体系であったならば、拍手喝采で迎えられたかもしれない。しかし、ターマンは階級の境界が生まれつきの知能によって仕切られていると信じていた。職業、名誉、給料が彼のランクづけと連動しているということは、既存の社会階級の生物学的価値を反映していた。たとえ理髪師がイタリア人でなくなったとしても、理髪師は相変わらず貧乏人の中から出てきて、貧乏人が相応しいということである。

「教養ある家庭の子どもは単にその家庭環境がよいためテストの成績がよいのだ、という流布された見解は、全く根拠のない仮定である。知的行為に及ぼす生まれと環境の影響力についてなされたすべての研究は、環境に対してよりも本人のもともとの資質にずっと原因があることで意見が一致している。その家族が属する社会階級は、チャンスというよりもその両親の知性や性格等の生得的諸特質に大きく依存することが一般的観察により示されるだろう。……成功し教養のある両親をもつ子どもたちが不幸で無知な家庭の子どもたちより高得点である理由は、ただ単に彼らが遺伝的により優れているからにすぎない」（一九一六年、一一五ページ）

過去の天才たちのIQ発掘

社会は、その機構を動かすのに大勢の「ただ劣っているだけ」の人々を必要とするであろう。しかし、その社会の最高の繁栄は高いIQをもった少数の天才たちの指導力に決定的に依存している、とターマンは考えた。ターマンと彼の仲間たちは、スタンフォード＝ビネー尺度で上位を占める人々に限定して追跡し、『天才の遺伝研究』全五巻を著わした。

第一巻で、ターマンは、政治家、軍人、知識人など歴史を動かした重要な人物のIQを、さかのぼって測定しようとした。それらの人物がもし上位にランクづけられるなら、IQは確かに究極的価値を示す単一の尺度ということになる。しかし、例えば若かりし日のコペルニクスを魔法で呼び出し、白人は何に乗っていたでしょうと問いかけない限り、化石となってしまったIQをどうやって生きかえらすことが可能だろうか。大胆にもターマンたちは過去の著名人のIQの復元を試み、一冊のぶ厚い本を出版した（コックス、一九二六年）。それは、すでに行なわれたばかげた研究の中でも最も珍奇なものである。とはいえジェンセン（一九七九年、一一三、三五五ページ）らはいまだにこれを真面目に信じている。(6)

ターマン（一九一七年）はすでにフランシス・ゴルトンについての予備的研究を公表しており、この知能テストの先駆者に二〇〇という驚異的なIQ値を与えていた。それだからこそ彼は、より大規模に調査を進めるよう仲間を激励した。J・M・キャテル*10は、人名辞典に記載されている文の長さによって一〇〇〇人の歴史上の重要な人物のランクづけを公表していた。ターマンの同僚であるキャサリン・M・コックスは自分の一覧表を二八二人に減らし、人名辞典に列挙された青年期までの詳細な情報を組み立て、それぞれの人について二種類のIQ値を見積もった。誕生から七歳までをA_1 IQ、七歳から二十六歳までをA_2 IQと呼んだ。

コックスは研究を開始したときは、問題に正しく取り組んでいた。彼女は、ターマンを含む五人の同僚に、自分の研究結果に目を通し各人物の二種のIQ値を吟味してほしいと頼んだ。五人のうち三人は、平均値がA_1 IQで一三五の近辺に、A_2 IQで一四五の近くにあることにほぼ同意した。しかし、残りの二人の査定者は著しく異なり、一人は、平均IQをより高く、もう一人はずっと低い、ごく普通の値であるとした。コックスはこの二人の数値をあっさりと除外したが、その結果、自分のデータの四〇パーセントを放棄したことになる。この高い値と低い値は、いずれにしても、平均値を中心にバランスをもっていたと彼女は主張した（一九二六年、七二ページ）。しかし、同じ研究グループの五人が同意できなかったとすれば、同一性や一貫性——客観性を言っているのではない——があると言えるのだろうか。

このようなわずらわしい実際上の難題は別にしても、この研究の基本的論理には、初めから絶望的な欠陥があった。コックスがその対象者に与えたＩＱの差はその人たちのさまざまな業績を測るものでもなく、本来の生得的知能を示すものでもない。この差は、対象にした人々の子ども時代と青年期に関して、彼女が集めることができたさまざまな種類の情報の人工物である。コックスは、まずそれぞれの人の基礎ＩＱを一〇〇とした。査定者は、与えられているデータに応じてこの値に加算する（ごく稀には引き算をする）ことになる。

コックスの研究資料は、早熟な事例を強調した子ども時代と青年時代の業績を寄せ集めた一覧表である。彼女の方法は、基礎数一〇〇に対して、資料に書かれた注目に値する項目を足し算したのだから、評定されたＩＱは入手可能な情報量を記録しているにすぎない。一般にＩＱ値が低いのは情報量の少なさを、高いのは情報量の多さを反映していることになる（コックスは自分が真のＩＱを測っているわけではなく、ただ限られたデータから推定可能なものだけを測っていることを認めた。しかし、この彼女の否認は一般的説明になると、常に失われた）。このような手順によって「天才」のＩＱの正しい順位が再現できると、たとえ一時でも信じるためには、これら全員の子ども時代が、ほぼ同じ注意力によって観察され記録されたと仮定されなければならない。それ故、子ども時代の早熟さの記録がない時には、積極的に記録するような素晴らしい資質に欠けていて、誰もが認めるず抜けた才能がなかったのだと主張されなければならない（コックスもそう主張した）。

　コックスの研究のこの二つの基本的帰結から、ただちに、彼女の出したＩＱ値は彼女の真の業績というよりも、蘇った記録についての歴史的出来事の記録を反映しているにすぎないのではないかという強い懐疑を抱かせることになる。第一に、ＩＱは一人の人の一生の間に一定の方向に変化するとは考えられない。それでも彼女の研究では、平均A_1ＩＱは一三五であり、平均A_2ＩＱはそれよりかなり高い一四五である。そこで我々は彼女の資料（コックス、一九二六年にすべて印刷されている）を詳細に検討してみた。理由は明々白々であり、彼女のやり方による明らかな人工物であった。彼女は子ども時代よりも青年期の情報を沢山もっていた（A_2ＩＱは、十七歳から二十六歳の業績を記録し、A_1ＩＱはそれより若い頃のものである）。第二にコックスは、ともに一〇五であるセルヴァンテスやコペルニクスを含む何人かの非常に優れた人々に不安を感じながらも低いＩＱ値を公表している。彼女の資料によるとその理由は、これらの人々の場合、ほとんど、あるいは全く子ども時代の情報が得られず、そのため基礎数一〇〇に加えるべきデータがなかったからである。彼女は自分の数値の信頼度を七段階に分けた。第七番目のランクは、信じられないことだが、「全くデータがないための当て推量」であった。

さらに吟味すれば、すぐにわかるのだが、貧しい環境に生まれた天才たちを考えてみよう。そのような環境では、早熟で並はずれた行動を勇気づけたり、記録したりする個人教師もいなければ筆記者もいない。ジョン・スチュアート・ミルは幼年時代にギリシャ語を学んだかもしれないが、ファラデーやバニヤン[*11]にはそんなチャンスがあっただろうか。しかも貧しい人々は二重に不利である。彼らの幼いころをあえて記録する人もなく、貧乏であるというだけでランクを格下げされる。というのは、コックスは優生学者の好みの手法を用いて、両親の生得的知能を彼らの職業や社会的身分から推定したのである！　彼女は職業の尺度上で両親を一から五のランクに分け、親のランクが三の時にその子どもにＩＱ一〇〇を与え、それより上か下かによって、一ランクごとに一〇点ずつ加点または減点した。人生の最初の十七年間に注目に値するものが全くなかった子どもでも、その両親の富と職業上の地位によっては一二〇のＩＱ値が獲得できたのである。

ナポレオンにつかえていた偉大な将軍だった貧しいマセナの場合を考えてみよう、彼のA_1ＩＱは一〇〇より低くなった。彼の子ども時代については、二回の長い航海を伯父の船で給仕として働いていたということしか知られていない。コックスは次のように記している（八八ページ）。

「戦艦の指揮官の甥としては、多分一〇〇より幾分高いと見積ることができる。しかし、二回の長期航海でずっと給仕だったこと、十七歳まで給仕以外に何も記録されていないことから平均ＩＱは一〇〇以下であろう」

他にも有能な人たちが、両親が貧しかったり、記録が乏しかったために一〇〇以下という不名誉な値が与えられた。しかし、コックスはごまかして、その場しのぎの操作を行ない彼らすべてのＩＱを、ほんのわずかではあったが一〇〇以上にまでおし上げた。遠い親戚によってしか救い上げられず、A_1ＩＱが一〇五と見積もられた不幸なサン・シール[*12]の場合を考えてみよう。「父親は食肉解体業の後、皮鞣し業に従事した。この職業は、ＩＱ値九〇から一〇〇を息子に与えた。しかし、遠い親戚に注目すべき軍功を立てたものが二人おり、それによって優れた家系であると見なされた。」（九〇〜九一ページ）ジョン・バニヤンは彼の有名な著書『天路歴程』よりも家族が障害となった。しかし、コックスはなんとか操作して彼に一〇五のＩＱ値を与えている。

「バニヤンの父親は細工師でもあり、村では評判の鋳掛け職人でもあった。母親はむさ苦しい貧乏人ではなく〝それなりに上品で立派な人〟であった。このことは九〇から一〇〇であると見積もるのに十分な根拠となるだろう。しかし、さらに記録をたどると、両親が〝劣っていて取るに足りない〟にもかかわらず自分たちの息子を〝読み書き〟を学ばせるために学校へ入れたと書かれていた。このことは彼が将来鋳掛け職人以上のものになることを示しているだろうと考えられる」（九〇ページ）

マイケル・ファラデーは、かろうじて一〇五を与えられた。使い走り少年としての信用と、何事にも疑問をもつという性格がわずかに考慮され、両親の不利な地位を補ったのである。A_2IQが一五〇に上昇したことは、有名になったファラデーの青年期の情報が増加したことを物語っているにすぎない。ところが、コックスは、ある事例で、自分の方法がもたらした不愉快な結果をどうしても記載することができなかった。卑賤の生まれで、子ども時代について皆目知られていないシェークスピアの得点は、当然一〇〇以下になってしまう。そこでコックスは、同じように子ども時代の記録が不十分な他の何人かの人々は評価に含めたにもかかわらず、シェークスピアは評価から除外した。

コックスとターマンによる社会的偏見を反映した計算には、別の不可解なことがある。何人かの早熟な少年（特にクライヴ、リービッヒ、スイフト）が、古典の学習を嫌い、学校に反抗的態度であったために格下げされた。また、巻末の一覧表で最下位の軍人のすぐ上に一群の作曲家がランクづけられていることから芸術活動に対して敵愾心があったことがあきらかである。モーツァルトを過小評価した次の文章を見てみよう（一二九ページ）。「三歳でピアノを習い、その年齢で音楽教育を受け入れることができ、十四歳で最も難しい対位法を学び演奏する子どもは、多分彼と同じ社会グループの平均よりは上であろう。」

　結局、コックスは自分の研究が不安定な基礎の上に成り立っていることに気づきながら、平静を装いあくまでもやり抜いたのではないかと私は思っている。著名度のランク（J・M・キャテルの記載の長さ）と得られたIQとの相関関係の低さは絶望的と言える――著名度とA_2IQとの相関はたった〇・二五であり、A_1IQとの相関は数値が全く記録されていない（私の計算によると、さらに低く〇・二〇である）。その代わりコックスは、彼女が調べたうちで最も著名な一〇人のA_1IQが平均四点――そう、たった四点――だけ、最も著名度の低い一〇人より高かったことを重視している。

　コックスはA_2IQ値と対象者に関する入手可能な情報量を示す「信頼度指数」との間に非常に強い相関（〇・七七）を計算している。これはコックスのIQ得点がデータ量の違いによる人為的なものであり、生得的能力、まして才能そのものの測定値ではないことの証明だといえよう。コックスはこのことを認めており、最終の努力として、記録の少ない一群の対象者をA_1IQ一三五、A_2IQ一四五というグループ平均にまで引き上げ、調整することによって情報に欠ける場合の得点を「修正」しようと試みた。これらの調整は実質的に平均IQ値を押し上げることになったが、別の混乱をまねいた。得点を修正しない場合、最も著名な五〇人のA_1IQは平均一四二であり、一方著名度の最も低い五〇人はかなり低めの一三三点であった。修正によって、はじめの五〇人は一六〇点、後者の五〇人は一六五点であった。結局、ゲーテとヴォルテールだけがＩＱと著名度の両方でトップ近くになった。ヴォルテールの神についての有名な警句[*13]を言いかえて、たとえ歴史上の著名人のＩＱについての十分な情報が存在しなくても、アメリカの遺伝決定論者たちがＩＱをつくり上げようとしたのはおそらく必然だったと結論できるだろう。

ターマンとグループ間の差

ターマンの経験的研究とは、統計学者の言うＩＱの「グループ内分散」すなわち単一母集団（例えばある学校の全児童）内の得点の差を測定したものである。彼は、せいぜい低年齢のＩＱテストで高い得点または低い得点を取った子どもたちは、その母集団の成長につれて他の子どもたちとの関係でその順位が一般に維持されることを示しただけである。ターマンは、すべてのまともな考えの人が育ちより氏に優位を認めているという主張以外の証拠がなかったにもかかわらず、子どもたちの差のほとんどを、生物学的資質の変異に帰した。この種の遺伝決定論は、エリート主義やエリート主義に必ず伴う、施設での保護とか子どもをつくることの禁止などを持ち出して現在の我々に不快感を与えるであろう。しかし、この種の遺伝決定論だけでは、グループ間の生得的差について論議を起こす主張にはならない。

ターマンは、すべての遺伝決定論者が、実際過去に行なったし現在も行なっている同じように根拠のない外挿を行なった。その結果、真の病理学的異常の原因と、正常な行動内での変異の原因とを混同し、誤りを深めた。例えばダウン症候群に伴う知能の遅れが特定の遺伝子の欠陥（一本の余分な染色体）にその起源をもつことは周知の事実である。しかし、明らかに正常な多くの子どもたちの低いIQが生まれつきの生物学的原因を持つとは言えない。同様に極端に肥満体の人々の何人かは、ホルモン・バランスの異常によってそうなっているのであり、それ故すべての肥満者は肥満から解放されないと主張できるだろうか。ターマンはすべての得点を正規分布曲線の傘の下に組み入れ（一九一六年、六五～六七ページ）、すべての変異が大なり小なり単一の物質をもつという共通した原因にあることを提案しようとした。しかし、成長しつつある子どもたちのグループ内でのIQ順位が安定しているというターマンのデータは、生物学的に苦痛を背負っている人々が一貫して低いIQであるということに大きく依存していたのである。つまりグループ内の差をグループ間の差へ外挿することは全く無効である。またグループ内の正常な変異が生得的である場合の根拠として、病理学上の異常をもつ人々の生まれつきの生物学を利用したのは二重の意味で無効である。

少なくともIQ遺伝決定論者は、女性について、先輩である頭蓋学が下した苛酷な判定には追従しなかった。少女のIQ得点は少年より低くはなかった。そのためターマンは、彼女たちの就職が限定されていることは知的資質の不公正と無駄であると主張した

（一九一六年、七二ページ、一九一九年、二八八ページ）。彼は、IQに見合った金銭的報酬を受けるのは当然であると考え、一般にIQが一〇〇から一二〇の女性は、IQ八五の男性が運転手、消防士、警官として受けているのと同等の報酬を、教師や「熟練速記者」として得ていると記している（一九一九年、二七八ページ）。

しかし、ターマンは人種、階級に関しては遺伝決定論の考え方を踏襲し、これを正当化することこそ、自分の研究の主要目的であると公言した。IQの利用に関する章を締めくくるに際して（一九一六年、一九〜二〇ページ）、ターマンは三つの問いを投げかけている。

「社会や産業界での、いわゆる下層階級の地位は、生まれつき彼らの資質が劣っている結果によるものなのか？　あるいは、彼らの明らかな劣等性は程度の低い学校教育や家庭でのしつけの結果によるものなのか？　天才は無知で貧乏な階級の子どもたちよりも教育を受けた階級の子どもたちの方がより一般的なのか？　劣等な人種は本当に劣っているのか？　それとも不運にも学ぶ機会がなかったのか？」

社会的地位とIQの相関がわずか〇・四しかなかったにもかかわらず、ターマン（一九一七年）は「問題になっている特質の本質を決めるのに、環境は生得的資質ほど重要ではない」という主張を裏づける五つの大きな根拠をあげている（九一ページ）。初めの三つの根拠は付加的な相関に根拠を置くもので、生得的原因を示す根拠は何もなかった。ターマンは次のように算定した。(一) 教師によって評定された知能と社会的地位との間の相関は〇・五五である。(二) 社会的地位と学業との間の相関は〇・四七である。(三)「年齢に伴う発達」と社会的地位の間の相関は非常に低く明言できない。[7] 五つの特徴――IQ、社会的地位、教師の評価、学業、年齢に伴う発達――すべてが同じ複雑で未知な原因をくどいほど測定しているのかもしれないので、いくら付加的な組み合わせによる相関を追加しても、IQと社会的地位の相関〇・四という基本的結論には何も加えることにならない。もし相関〇・四が生得的原因に対しいかなる証拠をも提出しえないならば、これらの付加的相関もまた何も提供するものではない。

四番目の主張は、ターマン自身が根拠薄弱であると認めていたが(一九一六年、九八ページ)、確かな病理学上の異常と正常な変異との混同であり、それ故今まで論じてきたように見当違いである。つまり精神薄弱児はしばしば金持ちの親や知的に成功した親のもとでも生まれているのである。

五番目の主張は、ターマンの遺伝決定論への信念の強硬さと環境の影響力に対する驚くほどの鈍感さをはっきりと示している。ターマンはカリフォルニアの孤児院で二〇人の子どもたちのIQを測定した。たった三人が「全く正常」であり、残りの一七人が七五から九五の範囲という低い値だった。これら低いIQ値の原因を孤児の生活に帰すことはできない。ターマンはその理由を次のように述べている(九九ページ)。

「話題にしているこの孤児院は、かなり良心的な施設で、中産階級の平均的家庭生活と同じように正常な知的発達が刺激される環境を作り出している。子どもたちはこの孤児院で生活し、カリフォルニア州の一流の公立学校に通っている」

低いＩＱは、このような施設に委ねられた子どもたちの生物学的基礎を反映しているに違いない。

「このような施設で行なわれたいくつかのテストは、これらの孤児院にいる子どもたちの中で、しばしば高学年や中学年の子どもたちが特に知能水準が低いことを示している。すべてではないが、大部分の子どもたちは低い社会階級の子どもたちである」（九九ページ）

ターマンは二〇人の子どもたちが、施設に入っているという事実以外、これらの子どもの生活に関する直接の証拠を提供していない。彼は子どもたち全部が「低い社会階級」の出であることを確かめたわけではない。確かに、最も控え目な前提によっても、子どもたちに共通の無視できない一つの事実——孤児院での生活——と低いＩＱとの間に関連が見てとれるであろう。

ターマンは、個人から社会階級へ、さらに人種へと安易に移動した。七〇から八〇というIQ値がしばしば現われることに悩んで、次のように嘆いている(一九一六年、九一~九二ページ)。

「労働者や召使いの少女の中にはこのような人々が何千人もいる……テストは真理を語っていたのである。これらの少年はごく初歩的な訓練以上には教育することはできない。学校教育の量によって彼らを知的な有権者すなわち有能な市民に育てることはできないであろう……彼らは南西部のスペイン系インディアンや、メキシコ人家族や、さらに黒人の間に非常に共通する知能水準を示す。彼らの怠慢さは人種的なものであり、少なくとも彼らが由来する家系に固有であるように思える。インディアン、メキシコ人、黒人に非常に高い頻度でこのタイプが見られるという事実は、知的特質における人種差という問題全体を、実験的方法によって新たに取り組まなければならないことを非常に強く示唆している。そうすれば、一般知能の人種による大きな格差が発見されるであろうし、その格差は、いかなる知的文化的施策によっても改善不可能であると筆者は予言する。このグループの子どもたちは特殊学級に隔離され、具体的で実際的な教育が与えられるべきである。彼らは抽象を学ぶことはできないが、しばしば自分自身の面倒を見ることのできる有能な労働者になりうる。優生学の観点からは、彼らが異常に多産な生殖力をもつ故に、ゆゆしき問題をひき起こすことになる。しかし、彼らが子どもをつくるのを認めるべきでないと社会に納得させることは現在のところ不可能である」

ターマンは生得性に関する自分の主張が説得力を持っていないと感じていた。だが、何が問題なのか？　非常に明白な常識を立証する必要があるのだろうか？

「結局、常識的な観察によれば、その家族が属する社会階級は、偶然よりもむしろ主として知能とか性格といった生まれながらの資質によって決められるということを示しているのではないのだろうか。遺伝についてすでに知られた事実から、富裕で教養があり、成功した両親の子どもの方がスラムや貧困に育った子どもより優れた資質を与えられていると当然、期待すべきでないのだろうか？　この問題に対する肯定的解答は入手しうるほぼすべての科学的証拠によって示唆されている」（一九一七年、九九ページ）

一体誰の常識なのだろうか？

ターマンの撤回

ターマンが著わした一九三七年のスタンフォード＝ビネー・テストの改訂版は、一見すると同じ著者とは思えないほど一九一六年の初版とは異なっていた。しかし、時は移り、感情的な愛国主義や優生学といった知的流行は、すでに世界大恐慌の泥沼にはまりこんでいた。一九一六年、ターマンは大人の精神年齢を十六歳に定めていた。というのは、テストを受ける男子生徒で十六歳以上のサンプルがランダムに入手できなかったからである。一九三七年には彼はそれを十八歳にまで引き上げることができた。「テストがなされた当時、雇用状況が極端に悪く、そのことが、通常なら十四歳ごろから増えはじめる中退者を大幅に減少させることになり、この調査が容易になったためである」(一九三七年、三〇ページ)

ターマンはこれまでの自分の結論を放棄するとはっきり宣言はせず、沈黙をきめこんだ。遺伝に関しては、いくつかの慎重な発言以外、一言も発言していない。グループ間に差が生じるあらゆる可能性として考えられるものを環境用語で述べている。ターマンは社会階級間のIQの差の平均を表わすために彼が以前に作った曲線を提出してはいるが、差の平均があまりに小さく、個人の予言に役立つ情報を何ら呈示できないことに注意を促している。我々も遺伝的影響と環境的影響の間の平均の差をどのように配分するか、現在でもわからない。

「これらの数値は平均値だけに言及しているのであり、各グループ内のIQの変わりやすさという観点から見ると、それぞれの分布は相互に大きく重なり合っているという事実は強調されるまでもない。またこのようなデータは、それ自体、観察された差の平均を決める際に遺伝要因と環境要因の相対的寄与を示すどのような決定的証拠を提供するものでもないが、このことも指摘するまでもない」

数ページ後で、ターマンは、田舎の子どものＩＱがより低く、就学後、年齢とともに下降するのに対して、都市の半熟練労働者や特別の技能を要しない労働者の子どものＩＱが上昇するという奇妙な発見に言及しながら、田舎に生活する子どもたちと都会の子どもたちの差について論じている。彼は確固とした意見を述べていないが、彼が検証しようとしている仮説こそまさに環境的なものであることに彼は気づいていた。

「田舎の子どもたちのＩＱが低下したのは、田舎の共同体内の教育設備が比較的貧弱なためなのかどうか、また、経済的に低い階層出身の子どもたちのＩＱが上昇したことは、学校に行くことによって与えられる知的環境の豊かさに帰されるのかどうか、このことを決定するためには、その目的のために慎重に計画された広範な研究が必要とされるであろう」

時代が変われば風習も変わる。

原注

改訂増補版の序

（1）言語学者の友人が、私の本の書名が引き起こす好奇心をそそる問題を正しくも予想した。何らかの理由で（私自身もそうしてしまった。だから非難をするのではなく、困惑を述べているのである）、最初の言葉 mismeasure を "mishmeasure" と間違って発音される傾向がある。話やラジオのインタビューや講演の前の紹介時に私の望んでいない軽率な発音と当惑を引き起こすことになる。明らかに、あるいは友人が説明したように、zh の発音が "measure" のなかに入るのが予想できる。つまり、我々は無意識のうちに、mismeasure の言葉の初めの部分をその後の音に合わせようとして、"mis" のかわりに "mish" と言ってしまう。私はこの間違いに心引かれた。ということは、我々はまだ発音されていない音を予想するときに間違えたのである。したがって、このことは、我々の脳が発音という事実以前に、言語をいかに調整しているのかを示していると、私は考える。間違いの形も注目すべきではなかろうか？　我々は頭韻をふんで、楽しく繰り返される音の組み合わせを好むように駆り立てられているのだろうか？　こうした韻律は単に明瞭な発音《アーティキュレーション》を容易にするために起こり、あるいは、このようにして明らかにされた大脳の様式化にはより深い意味をもつ何かがあるのだろうか？　このような現象は詩の起源と形態に何かあるといえるのだろうか？　我々の知的機能の本質や機構に何か意味をもつのだろうか？

第一章

（1）ピーター・メダワー（一九七七年）は複合的な量のものに一つの数値を与えようとする願望に含まれる思い違いの興味ある他の例を示した——例えば、人口統計学者が人口の動態の原因を「生殖力」という一つの尺度に求めようとした企てたり、あるいは、土壌学者が土壌の「性質」を一つの数値に抽象化しようとしたことなど。

(2) ここに概観した議論に関する批評を調べるにあたって、私は頭蓋計測学のすべての理論を扱うつもりはない(例えば骨相学は省略する。それは、知能を一つの実体として具象化しないで、脳と関連する複数の器官を探すものだから)。同様に知能を脳の所有物としては考えなかった多くの重要なもの、例えば優生学のような、数量的スタイルをとった決定論も除外した。

(3) あまりにもご立派なので除外できないのだが、いかがわしい行動を弁護するのに生物学的決定論をもち出す私のお気に入りの最近の呪文もある。自称野球哲学者のビル・リーは、ビーン・ボールを正当化して次のように述べている(『ニューヨーク・タイムズ』一九七六年七月二十四日付)。「私は大学で『テリトリアル・インペラティヴ』という本を読んだ。男性たるものは、いつも街にあるどのようなものよりもご主人の家をしっかり守らなければならない。私の縄張りは打者から遠く離れた、低いところである。もし、打者がのり出してボールをとらえようとするなら、私は彼の近くにボールを投げなければならなくなる」

第二章

(1) 私は、人種の好みの根底にこうした美的要求がしばしばあることに強い印象を受けてきた。人類学の創始者J・F・ブルーメンバッハは、ヒキガエルは他のヒキガエルを美の化身だと見るはずだと主張したけれど、多くの利口な知識人たちは、白さと完全さとが同一であると信じて疑わなかった。フランクリンは少なくとも将来のアメリカに、本来の原住民を包含することについては寛大だった。しかし、一世紀のち、オリバー・ウェンデル・ホームズは美的感覚をもとにしてインディアンの排除を喜んだ。「……それ故、赤い色のクレヨンで書いたスケッチは消され、カンバスは神自身のイメージにいくらか似た男らしい人の絵のために準備ができている」(ゴセット、一九六五年、二四三ページ)

(2) 例えばダーウィンは『ビーグル号航海記』で、こう述べている。「私はリオ・デ・ジャネイロの近くで、自分の女奴隷の指をつぶすためにネジ釘を用意していた老婦人の向かいに住んでいた。また、毎日、絶え間なく、ののしられ、ぶたれ、酷使され、そのためこの最低動物の心が破壊されるほどになった若い召使いの白黒混血児がいた家に滞在したことがある。きたないコップを私に手渡したために(私がとめるまで)馬用のムチでぼうず頭を三度もたたかれた六、七歳の少年に出会ったことがある。……こうした行為は、自分自身を愛するように隣人を愛せよと説き、神を信じ、神の御心が地上に行なわれることを祈る人々によってなされ、大目に見られている。自由への高慢な叫びをあげる我々イギリス人や我々から派生したアメリカ人たちがそうした罪を犯してきたし、また犯していることを思うと、血が煮えたぎり、心が震える」

(3) この人間の文化からの「帰納的」議論は人種差別を擁護するものとして少しも死んではいない。アーノルド・トインビーはその著『歴史の研究』(一九三四年)で、次のように語っている。「人類を皮膚の色で分類した場合、我々の二一の文明のいずれにも創造的役割を果たしていないのは、この分類に基づく主要な人種のうち黒人種だけである」(ニューバイ、一九六九年、二一七ページ)

(4) 現代進化論は種の基準に交雑の障害を第一にあげた。標準的定義によれば、「種とは共通の遺伝子プールを共有する現実的あるいは潜在的交雑集団であり、すべての他のグループから生殖的に隔離されたもの」である。しかし、生殖隔離は個々の雑種が生じないという意味ではなく、二つの種が自然界で接触してもそれぞれ独自性を保つという意味である。雑種は不稔であろう(ロバ)。稔性の雑種もひんぱんに生じるかも知れないが、自然選択が選択的に作用すれば(構造的に劣っているために、それぞれの種のもとの仲間と交配することが拒絶される)、雑種の頻度は増えることはないであろうし、二つの種が混ざり合うこともないであろう。稔性の雑種はときには実験室で自然では出会うことのない状況におかれて作りだされうる(例えば、正常では一年のうち違った時期に成熟する種の間で交配が強制されるなど)。このような例は、二つのグループが野生では混ざり合わないので、別々の種としての分類を誤りとすることにはならない（一年の違った時期に成熟することは生殖隔離の有効な手段であろう）。

（5）「アメリカ学派」全体に関する完全ですぐれた歴史はW・スタントンの『ザ・レオパーズ・スポッツ』で見られる。

（6）アメリカの指導的古生物学者、進化生物学者のE・D・コープは一八九〇年に同じ話題についてもっと強い意見を述べている（二〇五四ページ）。「一番上位にある人種が、最下位の人種の血が混ざることによって、これまで数百世紀にわたる艱難辛苦で獲得してきた有利さを失うことはもちろん、危うくするゆとりさえもない。……教養によってインド・ヨーロッパ人の素質の中に培われている素晴らしい感受性や精神力を、アフリカ人の官能的本性や暗愚な心によって曇らせたり、失くしたりできるはずがない。心がよどみ、単に生きているだけの生活がそこに入りこむだけでなく、人類の復活もおぼつかなくなる」

（7）黒人の悪口を言うもの全部が全部そのように寛大であったとは限らない。E・D・コープは血が混ざり合うことが天国への道を妨げるであろうと心配し（前注を見よ）、黒人はみなアフリカへ帰るよう次のように主張した（一八九〇年、二〇五三ページ）。「毎年、受け入れ、吸収するように求められるヨーロッパの貧農という重荷を、すでに我々は背負っているではないか。我々の活気あふれる有機体のこの中心に、八〇〇万もの生命をもたない物質を背負いこんで、我々自身の人種が安全といえるほど十分高い水準にあるのだろうか」

（8）この説明は私の分析についての多くの統計の評価を省略している。完全なものはグールドの一九七八年にある。六〇ページから七五ページのうちのいくつかの文章はこの論文からとったものである。

（9）一八四九年の最終的カタログで、モートンはすべての頭蓋骨の性別を推測した（五年の範囲での年齢も！）。この研究で彼は七七、八七、八八立方インチのものを男性、残りの七七立方インチのものを女性であると同定している。この区分けは全くの当て推量であった。私が出した異説も同じくありうる解釈なのだ。『クラニア・エジプティアーカ』では、モートンはもっと用心深く、ミイラの標本についてのみ性別を同定した。

(10) 身長によっていかに大きな差があるかを再び示すために、モートンの表から復活させた追加のデータをかかげておく。しかしこれらは彼によって計算もされず、認識もされなかった。(1) ペルー・インカでは五三個の男性のものの平均は七七・五、六一個の女性のものの平均は七二・一立方インチ。(2) ドイツ人では九個の男性のものが平均九二・二、八個の女性のものが八四・三立方インチ。

(11) 一九七八年の私の元の報告では近代の白色人種の平均値を八五・三立方インチであると間違って示した。この間違った理由はきまりが悪いことだが、教訓的である。というのは、私をだしにして、このことが本書の重要な原理を説明しているからである。すなわち社会にしっかり取りこまれた科学、および期待と仮想上の客観性との常習的な結合。表2・3の七行目にモートンの三個のセム族のサンプルについて、その頭蓋骨の大きさの範囲が八四から九八立方インチと示されている。しかし、私は自分の元の論文に八〇という平均値を引用した。最も小さいものが八四であれば、このようなことは明らかに不可能である。私はモートンの元の表のゼロックスを使って研究していたが、私のコピーでは八九という正しい値が八〇と読めるように汚れている。それでも、すぐ横に八四から九八という範囲ははっきりと記されていたのである。私はその矛盾に気づかなかった。おそらく、八〇という低い値が白色人種の平均値をおさえたいという私の望みにかなっていたからであろう。それで八〇が正しいと「感じ」、チェックもしなかったのである。この間違いをご指摘いただいたノースウェスト大学のイルビング・クロッツ博士に感謝したい。

第三章

(1) ブロカは脳の各部分の相対的価値に関する自分の議論を前頭部と後頭部の差だけに限定しなかった。事実、民族間で計測されたどのような差も、相対的価値について事前に存在する信念によって評価可能だった。例えばブロカは次のように主張したことがある。黒人は多分白人より大きな脳神経をもっているのであろう。それ故、知能にかかわらない脳の部分がより大きい（一八六一年、一八七ページ）。

（2）十年後アメリカの指導的進化論生物学者E・D・コープは「反抗精神が女性の間で一般的になる」とするならば、その結果を大いに心配した。「もしこの国がこの種の攻撃を受けることになると、病気がそうであるように後代まで長い世代にわたってその爪痕を残すことになろう」と彼は書いている（一八九〇年、二〇七一ページ）。彼は、「男性が適度に酒を飲みタバコを吸うのを妨げようとする」女性側の圧力の中に、そしてさらに女性参政権を支持している不心得な男性――「これら男性の中には女性的で、長髪のものもいる」――の態度の中に、このような混乱《アナーキー》の芽を認めていた。

（3）私は次のように計算した。yは脳の重さ（グラム）、X_1は年齢（歳）X_2は身長（センチメートル）とすると、

$$y = 764.5 - 2.55X_1 + 3.47X_2$$

（4）ブロカのデータの中で、一番大きな男性サンプルに対して、私は脳の相対成長の二変量解析をするためによく使われる冪《べき》関数$y = 121.6X^{0.47}$を用いて計算した。ここでyは脳重量（グラム）、Xは身長（センチメートル）。

第四章

（1）ヘッケルと彼の仲間たちによって反復説のために提供された弁明やその後反復説が失墜した理由に関心をもたれた読者は、私の書いたおもしろくはないが、かなり詳細な『個体発生と系統発生』（ハーヴァード大学出版、一九七七年、日本語版、一九八七年、工作舎）を読まれたい。

（2）『注釈　ドラキュラ』（一九七五年、三〇〇ページ）でレオナルド・ウォルフは、ジョナサン・ハーカーのドラキュラ伯爵についての元の記述はロンブローゾの生得的犯罪者についての説明を基礎にしたもの

であると述べている。ウォルフは次のような対比をしている。

ハーカー「彼（伯爵）の顔は……かぎ鼻だった。厚みはないが鼻柱は高く、鼻の孔はアーチ型……」

ロンブローゾ「〔犯罪者の〕鼻はこれにくらべて、……しばしば猛禽のくちばしに似たかぎ鼻である」

ハーカー「彼のまゆ毛は非常に太く、ほとんど鼻の上部でつながっていた……」

ロンブローゾ「まゆ毛は濃く、鼻を横切ってつながらんばかりである」

ハーカー「彼の耳は弱々しく、先が極端にとがっていた……」

ロンブローゾ「後ろのへりの上部に隆起があり……とがった耳のなごり…」

(3)『ドラキュラ』で、バン・ヘルシング教授は、独特のへたな英語で、伯爵は強情な子ども（すなわち、原始的であり、犯罪的である）であるときめつけ、反復説を賞賛した。

「おお、長い間、大人のものであったし、神の気品を失わなかった我々大人の脳が数世紀もの間墓の中に眠っており、いまだ我々の状態に育っていない。そしてわがままで、それ故小さい……子どものような彼の脳より高等になることを望む。……彼は賢く、ずるく、そして機知に富んでいる。しかし、脳はまだ大人の状態ではない。彼の脳はほとんど子どもの状態である。さて、我々のこの犯罪者は犯罪に運命づけられてもいる。彼は子どもの脳をしており、彼のやったことは子どものすることである。小鳥、幼魚、動物の子どもは原理的に学ぶのではなく経験的に学ぶ。したがって、彼が行動しようとするとき、彼にとっては、さらに行動するための基盤があることになる」

(4) 別の標準的な人体測定学上の議論が犯罪人類学によってしばしば呈示された。例えば、一八四三年という早くにヴォワソンは頭の前部と後部の形態で人種の優劣を扱った古典的議論（一九七―二〇七ページを参照のこと）を援用して犯罪者を動物の中に位置づけた。彼は五〇〇人の若い違反者を調べ、彼らの前頭部や頭頂部――道徳や合理性の座と思われている――の欠陥について報告している。彼は次のように述べている（一八四三年、一〇〇～一〇一ページ）。

「彼らの頭は前部と上部が発達していない。この二つの部分は、我々が我々であるようにさせているところであり、動物より上位に我々を位置づけているところであり、我々を人間たらしめているところである。それら〔犯罪者の頭〕はそれらの性質によって位置づけられており、……完全に人類の外にある」

第五章

(1) 割り算はそれが絶対的ではなく相対的であるのでより適切である。問題となるのは精神年齢と暦年齢の差の大きさである。精神年齢二歳と暦年齢四歳との間の二歳の差は、精神年齢十四歳と暦年齢十六歳の差二歳より重大な欠陥を示している。ビネーの引き算は二つの事例に同じ二歳という結果を与えるが、スターンのIQ法では初めの事例は五〇、第二の事例は八八となる(スターンは実際の商を百倍し、小数になるのをさけた)。

(2) 道徳と知能の関係は優生学上のお好みのテーマである。ソーンダイク(一九四〇年、二六四~二六五ページ)は、すべての国王は無頼漢であるという一般の印象を否定しながら、ヨーロッパ王室家族の男性二六九人の推定した道徳性に対する推定した知能との相関係数を〇・五六であると述べている。

(3) この言明はゴダードが意味した以上に解釈すべきではない。彼は魯鈍が遺伝するという自分の信念を放棄しなかった。魯鈍の親は、魯鈍の子どもをもつであろう。しかし、教育によって役立つようにはできる。とはいうものの、魯鈍の両親は、特に高い割合で、より重度の知能障害者——白痴や痴愚——を作るわけではない。

(4) ターマン(一九一九年)はスタンフォード＝ビネー式テストによって捕捉できる一般知能の諸属性を長い一覧表として示した。すなわち、記憶力、言語理解、語彙の量、空間と時間の方向認識、目と手の協働、身近な事物への知識、判断力、類似と相違、数学的推理力、困難な状況での機知と巧妙さ、不合理を見抜く能力、観念連合の速さと豊かさ、ばらばらに分割された組板や一連の思考を一つの統一のとれた全体へ組み立てる能力、個別を一般化する能力、関連を持った事実群から規則を推定する能力。

(5) 削除そのものは、欺くことではなく、妥当な統計的手続きであり、年齢レベル全体での平均点と分散の一様性を確定するためのものである。

(6) ジェンセンは次のように書いている。「子ども時代の十分な証拠によって、信頼して評価できる三〇〇人の歴史上の人物のIQは一五五であった……したがってこれらの著名人がIQテストを受けていたなら、彼らの大多数の子ども時代が知的に優れていたことは十分に認められたであろう」(ジェンセン、一九七九年、一一三ページ)

(7) ターマンの研究を読んでいていらいらさせられることは、相関が好ましい時、彼は相関値を引用するが、彼の仮説にとって相関は好ましいが、相関が低い場合には、実際の数値を引用しない。このやり方は、今までに論じたコックスの行なった過去の天才についての研究や、ターマンの行なった知的専門職におけるIQ分析に多用されている。

訳注

改訂増補版の序

＊1　もとはイディッシュ語（ヘブライ語とともにユダヤ人の用いる言語）で、原義はoutside + mouth つまり頬の意味。転じて「厚顔、知らん顔」を意味する。

＊2　G・K・チェスタートン（一八七四～一九三六）。イギリスの作家でジャーナリスト。多くの文芸批評、フィクション、社会批判の著作がある。

＊3　ウィーンで医学を学んだ解剖学者フランツ・ガル（一七五八～一八二八）が提唱。精神の働きを色官、音官、言語官など二七の官にわけ、そのそれぞれが大脳で器官（Organe）として局在し、その器官の隆起は頭蓋骨の形に反映し読み取ることができるし、触ることによっても察知できるとした。このガルの説は、その後、弟子のシュプルツハイム（一七七六～一八三四）によって広められ、医学を超えて、ヨーロッパやアメリカで熱狂的な流行を起こした。

＊4　A・セジウィック（一七八五～一八七三）。ケンブリッジ大学のトリニティ・カレッジの地質学教授であるとともに英国国教会の司祭。ダーウィンの『種の起源』が出版されると、地質学上の証拠が進化論に否定的であると主張し、進化を否定した。そして生物の多様な存在を神の創造に帰した。

＊5　ギリシャ神話に登場する九つの頭をもつ大蛇。頭を一つ切れば代わりが二つ生じたという。ヘラクレスは頭を切った後、首を焼くことによってヒュードラを退治した。そこから、一つが解決しても、すぐ次の難問や障害が生じる始末のつかないことをさして言う。

＊6　いやな奴、A bad penny always turn back. 嫌な奴は必ずまた現われる。猫、A cat has nine lives. 猫に九生あり。この二つの諺からの意味。

＊7　White, Angro-Saxon, Protestant の頭文字をとったもの。北欧と西欧より移民初期に米国に移住したプ

ロテスタントの人々の子孫で、アメリカ国内で支配的中産階級となっている白人をさす。人種的、宗教的な少数派やそれ以後の移民と区別するために一九五〇年代まで使われた。一九六〇年にアイルランド系のカトリックであるケネディが大統領に当選するまで、アメリカ支配者層の主流派であった。

＊8　一九〇八年アメリカに移住した二人の無政府主義者、サッコとヴァンゼッティが証拠不十分のまま強盗殺人罪で処刑された事件。イタリア映画「死刑台のメロディ」（一九七〇）はこの事件を映画化したものである。

＊9　恵まれない地域の子どもたちが、初等教育のスタートにあたって、不利にならないために行なわれる、就学前児童の米国政府の教育プログラム。

＊10　Lyndon Jhonson（一九〇八―一九七三）アメリカの民主党上院議員。一九六三年ケネディ大統領暗殺後、第三七代大統領となる。人種差別に反対し、キング牧師らの公民権運動指導者を擁護し、一九六四年七月二日、公民権法に署名した。この公民権法によって法律的には人種差別が禁じられたことになる。ジョンソン政権下で、黒人の地位向上のため、企業や役所などで黒人を優先的に採用することを義務付けたアファーマティブ・アクション（『ベル・カーブ』批判」の訳注3を参照のこと）政策が開始された。

＊11　PCRはPolimerase chain reactionの略。非常に少ないDNA断片を数時間のうちに数千万倍にも増幅する技術。生物学的なDNAの研究はもちろん、血液、血痕、唾液、精液などから極微量のDNAを抽出し、増幅して犯罪のDNA鑑定でも用いられている。ニューヨークで年間二六〇〇件も起こるレイプ事件でもPCR法によるDNA検査が行なわれている。

＊12　Lamarck（一七四四―一八二九）フランスの博物学者。一八〇九年『動物哲学』で動物の進化について初めての理論化を行なった。進化を、生物形態の複雑化へむかう自然の傾向（自然の歩み）と考え、生物は環境の新たな要請にしたがって自ら変化するとした。ラマルクの主張の中で、その後、最も問題にされたのが獲得形質の遺伝（現代進化遺伝学では否定されている）であり、多くの生物学者に根強く支持さ

れた。その中の一人として、ソ連の政治的イデオロギーと結びつき、獲得形質の遺伝による品質改良を行なったルイセンコ（一八九八—一九七六）がいる。

＊13　一九二〇年代に活躍したジャズ・シンガー。ユダヤ教の五代続いた聖歌歌手として生まれたアル・ジョルスン（本名ジェス・ラビノビッチ）は父の反対を押し切ってジャズ・シンガーとなる。父と反目したままであった彼が父の死に臨んで、ユダヤ教で、「赦しの日」に吟唱されるコル・ニドレーを歌い、父との和解を願う。コル・ニドレーは果たしえなかった神への誓いを全て取り消されるように、また掟への違背も全て許されることを願う祈禱文である。アル・ジョルスンについては、本人の主演した史上初のトーキー映画「ジャズ・シンガー」（一九二九）がある。

＊14　ジョフロア・サンチレール（一七七二〜一八四四）。フランスの博物学者。ゲーテ同様に観念的形態論を展開した。ゲーテは『植物変態論』（一七九〇）を著わし、個々の植物は基本形（原型）の単なる表面的変化に過ぎないと考え、原型植物の形態を捜した。一方、サンチレールは生物の形態の構造にはプランの一致があると主張した。

＊15　個体群（population）とは生物の個体の集まり、つまり集団を示すが、単なる集団ではなく、「ある地域における同じ種の個体の集まり」のことを言う。

＊16　シメオンの言葉、主よ、今こそ主の僕を安らかに去らせて下さい、で始まる詠唱。退去の許可あるいは満たされて、この世に別れを告げる意味をもつ。

第一章

＊1　ラブジョイはアメリカの著名な哲学者で進化論史の研究にも詳しい。『存在の大いなる連鎖』（一九三六年）はそれに関する名著。

＊2　アメリカの黒人教育家（一八五六〜一九一五）。ヴァージニアに混血児の奴隷として生まれる。一八

八一年アラバマ州に黒人学校タスキーギー学園創設。黒人の社会的地位向上の方策として、政治的権利より経済的自立を優先することを主張。

第二章

＊1　一八五八年、イリノイ州選出の上院議員の選挙戦では、リンカーンは民主党のダグラスと争った。ダグラスは住民主権論を展開し、奴隷制全面廃止に反対した。

＊2　アフリカのカラハリ砂漠を中心に生活するコイサン語族に対する呼び方。最近では差別意識をもつ言葉として使用されなくなったが、本書では歴史上の事実としてあえてそのまま用い、反省の材料としたい。

＊3　この「ホッテントット」も「ブッシュマン」と同様、差別意識をもたらす言葉として、使用されなくなった。オレンジ川以北の南西アフリカ南部に生活するコイサン語族をこう呼んでいた。ここでも反省の意味を含めて歴史上の出来事としてそのまま用いることにした。

第三章

＊1　原文では“savage”とある。一般に英和辞典には「野蛮人」「蛮人」「未開人」等の訳語が示されているが、これらは本書のテーマの人種差別に結びつく言葉である。原住民、原地人等が適当であろうが、ここでは、あえて差別の実態を示す意味で「野蛮人」を用いることにした。

＊2　一八七二年八月一日号の『フォートナリー・レヴュー』誌に掲載された。祈りがかなえられるかどうかの科学的根拠を見出そうとした。例えば、王室の人々の健康と長寿が国家的スケールで祈られていたが、それが本当に効力をもち、一般の人々より王室の人々の方が長生きするのか、また、一般の人々の子どもと宗教家の子どもの死産率、死亡率の違いなどを統計的に調査した。

＊3　左右の大脳皮質を結合する交連線維の集合したもので、全体が「つ」の字の形をしている。それを四

つの部分に区別しており、脳梁吻、脳梁膝、脳梁幹、脳梁膨大と名づけている。

＊4 三数法 The Rule of Three 中世ヨーロッパからある算術の計算法の名前。比例関係にある三つの数が与えられていて、第四番目の数を算出する方法を三数法と呼んだ。

＊5 S・W・ギルバートの書いたオペレッタ『ザ・ミカド』（一八八五年）の中に登場する人物。コ＝コは死刑執行長官、ナンキ＝プーはミカドの皇子。

＊6 アメリカの国民詩人（一八一九〜一八九二）。一八五五年詩集『草の葉』を発表。その中の「アメリカの歌声が聞こえる」は有名。本文はこの詩をもじったもの。この詩の中で現実に生活を営んでいる民衆の豊かさ、力強さを賛美した（鍋島能弘他訳『草の葉』上巻六三ページ参照のこと）。

＊7 コナン・ドイル（一八五九〜一九三〇）の短編『最後の事件』の登場人物。主人公シャーロック・ホームズと対決する悪の天才モリアテイ大佐として描かれている。しかも天才的数学者、理論的思索家であり、一流の頭脳をもち、シャーロック・ホームズと取っ組みあったまま滝つぼに転落して物語は終わる。

＊8 死人洞窟《ロム・モール》。一八七三年、先史時代の頭蓋骨が発見された。

＊9 西欧社会における女性差別・蔑視はアリストテレスに始まると言われる。『動物誌』と『発生論』の中で雄と雌の違いを体熱の違いに求め、より高い熱をもつ雄のみが血液を胚としての機能をもつ精液を作りうると主張し、生殖での雄の独占的役割によって〝女は無力な男である〟と述べた。アリストテレスの生物学的性差別論は、『政治学』の中で社会的、政治的な形で展開され、後世の西欧に大きな影響を与えた。

＊10 イタリアの医者、教育者（一八七〇〜一九五二）。イタリアで女性で初めて医学博士となる。ローマ大学の人類学教授。精神薄弱児らのための国立異常児学校を創設。また一九〇七年、ローマのスラム街にモンテッソリ学校を創立。教育器材、ゲーム等によって子どもの自発性や感覚、筋肉を鍛えることが彼女の方法である。

第四章

＊1　イギリスの小説家、詩人（一八六五～一九三六）。インドのボンベイに生まれる。詩集、短篇小説などを発表。来日もしている。ノーベル文学賞（一九〇七年）を受賞しているが、『七つの海』（一八九六年）等の作品で大英帝国主義に呼応した点で愛国詩人、帝国主義詩人とされている。

＊2　第二十六代アメリカの大統領（一九〇一～一九〇九）。ノーベル平和賞受賞（一九〇六）。テッディはTheodore の愛称。

＊3　原文では"idiot" 従来「白痴」と訳されていたが、これは後出の「痴愚」「魯鈍（軽愚）」とともに、精神薄弱の古典的分類の一つである。最近では「重度」「中度」「軽度」という表現に変更されているが、ここでは著者の意図を考えて、差別的扱いの歴史的事実を示すために「白痴」を用いることにした。

＊4　"frag" という言葉は、ベトナム戦争などで兵士が手投弾などで上官を殺傷する事件が起こったことに関連して登場した。

＊5　ギルバート（一八三六～一九一一）は作曲家のアーサー・サリバンとともにサヴォイ劇場を本拠とする多くの喜歌劇を書いているが、『ザ・ミカド』もその一つ（第三章訳注3を参照のこと）である。ミカドを頂点とする前近代国家（日本をモデル）を風刺し、そのことによって当時のヴィクトリア朝の世相を風刺したもので英語圏で人気がある。

第五章

＊1　ユダヤ系フランス人（一八五九～一九三五）。ドイツのスパイ容疑で終身流刑、軍位を剝奪された。終始無実を訴えていたが、新資料の発見と新犯人説の浮上によって、社会的、政治的大問題に発展し、最終的に一九〇六年無罪になる。ドレフュス事件として有名。

＊2　ラテン語“intellegere”からの派生語で、intel（inter- の変化形、間に）＋《プラス》lig-（leg- の結合形、選びとる）＋ence（接尾語）に分解できる。語源的に、知性とはいくつかのものから選びとることを意味する。

＊3　原文では“moron”従来は「軽愚」とか「魯鈍」と訳されていたが、第四章訳注3でも述べたように、現在では使われていない。しかし、ここでは著者により精神薄弱者に対する差別の歴史的事実が述べられている部分なので、そのまま従来の訳語を用いることにした。

＊4　原文では“imbecile”従来は「痴愚」と訳されていたが、現在では使われていない。「白痴」と「魯鈍」の中間に位置づけられていたもの。ここでは、それらの訳注で述べたのと同じ趣旨で従来の訳語をそのまま用いることにした。

＊5　一九三六年十一月十四日の無線放送で初めて使われた。名前の語呂合わせに使われる冗談で用いられる紋切型の言い方。例えば、コツ《ノック》、コツ《ノック》——誰？——セロニウスさん——セロニウスって誰？——長距離ランナーのセロニウスさ（アラン・シリトー『長距離ランナーの孤独』の主人公の名）。その当時、有名あるいは話題になった人の名前とひっかけて笑いを誘う。

＊6　不可能で、ばかげていることを表現する時のジョーク。例えば、「何頭の象が車に乗れるかい？」「前に二頭、後二頭さ」という言葉のやりとりに見られる。もし象でないならば、別に何の問題もない普通のことであるのが、このジョークの特徴。

＊7　アメリカの詩人（一八五二〜一九四〇）。カリフォルニア州の学校長、教育長。一八九九年ニューヨークへ移り発表した詩「鍬もつ人」は社会的抗議を示したものとして大成功を収めた。

＊8　藻の海ともいう。大西洋のバミューダ島のある北緯三五度から二〇度にまたがる広大な海域。従来、この海域に船が入ると繁茂する藻に航行の自由を失い、難船すると恐れられていた。

＊9　旧約聖書ヨシュア記九章21より。ユダ王国十六代の王ヨシュアは、約束の地の先住民ギベオン人を皆殺しにせず奴隷として命を助け、イスラエルの神の祭壇のための薪を切らせ、水を汲ませた。

＊10　アメリカの心理学者（一八六〇〜一九四四）。ペンシルヴァニア大学、コロンビア大学の心理学教授。反応時間、知能テスト、個人的差異の研究を行ない、特に心理学に実験法を開拓したことで有名。

＊11　イギリスの宗教文学者（一六二八〜一六八八）。王政復古後改宗を拒否、投獄され、獄中で『天路歴程』を著わす。これは近代イギリス清教徒精神を代表し、近代小説の先駆とされている。

＊12　フランスのヤンセン派神学者（一五八一〜一六四三）。サン・シール修道院長。

＊13　ヴォルテールの「神というものが存在しなかったら、〝彼〟を創造する必要があろう」という言葉を指す。

本書は一九八九年七月、小社より刊行され、その後一九九八年十一
月に増補改訂版として刊行されたものです。

人間《にんげん》の測《はか》りまちがい 上
差別《さべつ》の科学史《かがくし》

二〇〇八年 六 月二〇日 初版発行
二〇二二年一〇月三〇日 2刷発行

著 者 スティーヴン・J・グールド
訳 者 鈴木《すずき》善次《ぜんじ》／森脇《もりわき》靖子《やすこ》
発行者 小野寺優
発行所 株式会社河出書房新社
〒一五一-〇〇五一
東京都渋谷区千駄ヶ谷二-三二-二
電話〇三-三四〇四-八六一一（編集）
〇三-三四〇四-一二〇一（営業）
https://www.kawade.co.jp/

ロゴ・表紙デザイン 粟津潔
本文フォーマット 佐々木暁
印刷・製本 中央精版印刷株式会社

Printed in Japan ISBN978-4-309-46305-6

神の裁きと訣別するため

アントナン・アルトー　宇野邦一／鈴木創士〔訳〕　46275-2

「器官なき身体」をうたうアルトー最後の、そして究極の叫びである表題作、自身の試練のすべてを賭けて「ゴッホは狂人ではなかった」と論じる35年目の新訳による「ヴァン・ゴッホ」。激烈な思考を凝縮した２篇。

ユング　地下の大王

コリン・ウィルソン　安田一郎〔訳〕　46127-4

現代人の精神的貧困の原因とその克服を一貫して問い続けてきた著者が、オカルト、共時性、易、錬金術、能動的想像等、ユングの神秘的側面に光をあて、ユング思想の発展を伝記と関連させて明快に説いた力作。

百頭女

マックス・エルンスト　巖谷國士〔訳〕　46147-2

古いノスタルジアをかきたてる漆黒の幻想コラージュ一四七葉――永遠の女「百頭女」と怪鳥ロプロプが繰り広げる奇々怪々の物語。エルンストの夢幻世界、コラージュロマンの集大成。今世紀最大の奇書！

慈善週間　または七大元素

マックス・エルンスト　巖谷國士〔訳〕　46170-0

自然界を構成する元素たちを自由に結合させ変容させるコラージュの魔法、イメージの錬金術‼　巻末に貴重な論文を付し、コラージュロマン三部作、遂に完結。今世紀最大の芸術家エルンストの真の姿がここに‼

見えない都市

イタロ・カルヴィーノ　米川良夫〔訳〕　46229-5

現代イタリア文学を代表し世界的に注目され続けている著者の名作。マルコ・ポーロがフビライ汗の寵臣となって、様々な空想都市（巨大都市、無形都市など）の奇妙で不思議な報告を描く幻想小説の極致。解説＝柳瀬尚紀

不在の騎士

イタロ・カルヴィーノ　米川良夫〔訳〕　46261-5

中世騎士道の時代、フランス軍勇将のなかにかなり風変わりな騎士がいた。甲冑のなかは、空っぽ……。空想的な《歴史》三部作の一つで、現代への寓意を込めながら奇想天外さと冒険に満ちた愉しい傑作小説。

ファニー・ヒル

ジョン・クレランド　吉田健一〔訳〕　46175-5

ロンドンで娼婦となった少女ファニーが快楽を通じて成熟してゆく。性の歓びをこれほど優雅におおらかに描いた小説はないと評される、214年の禁をとかれ世に出た名著。流麗な吉田健一訳の、無削除完訳版。

ロベルトは今夜

ピエール・クロソウスキー　若林真〔訳〕　46268-4

自宅を訪問する男を相手構わず妻ロベルトに近づかせて不倫の関係を結ばせる夫オクターヴ。「歓待の掟」にとらわれ、原罪に対して自己超越を極めようとする行為の果てには何が待っているのか。衝撃の神学小説！

路上

ジャック・ケルアック　福田実〔訳〕　46006-2

スピード、セックス、モダン・ジャズ、そしてマリファナ……。既成の価値を吹きとばし、新しい感覚を叩きつけた1950年代の反逆者たち。本書は、彼らビートやヒッピーのバイブルであった。現代アメリカ文学の原点。

孤独な旅人

ジャック・ケルアック　中上哲夫〔訳〕　46248-6

『路上』によって一躍ベストセラー作家となったケルアックが、サンフランシスコ、メキシコ、NY、カナダ国境、モロッコ、南仏、パリ、ロンドンに至る体験を、詩的で瞑想的な文体で生き生きと描いた魅惑的な一冊。

ポトマック

ジャン・コクトー　澁澤龍彦〔訳〕　46192-2

ジャン・コクトーの実質的な処女作であり、20代の澁澤龍彦が最も愛して翻訳した《青春の書》。軽やかで哀しい《怪物》たちのスラップスティック・コメディ。コクトーによる魅力的なデッサンを多数収録。

大胯びらき

ジャン・コクトー　澁澤龍彦〔訳〕　46228-8

「大胯びらき」とはバレエの用語で胯が床につくまで両脚を広げること。この小説では、少年期と青年期の間の大きな距離を暗示している。数々の前衛芸術家たちと交友した天才詩人の名作。澁澤訳による傑作集。

残酷な女たち

L・ザッヘル＝マゾッホ　飯吉光夫／池田信雄〔訳〕　46243-1

８人の紳士をそれぞれ熊皮に入れ檻の中で調教する侯爵夫人の話など、滑稽かつ不気味な短篇集の表題作の他、女帝マリア・テレジアを主人公とした「風紀委員会」、御伽噺のような奇譚「醜の美学」を収録。

毛皮を着たヴィーナス

L・ザッヘル＝マゾッホ　種村季弘〔訳〕　46244-8

サディズムと並び称されるマゾヒズムの語源を生みだしたザッヘル＝マゾッホの代表作。東欧カルパチアとフィレンツェを舞台に、毛皮の似合う美しい貴婦人と青年の苦悩と快楽を幻想的に描いた傑作長編。

恋の罪

マルキ・ド・サド　澁澤龍彥〔訳〕　46046-8

ヴァンセンヌ獄中で書かれた処女作「末期の対話」をはじめ、50篇にのぼる中・短篇の中から精選されたサドの短篇傑作集。短篇作家としてのサドの魅力をあますところなく伝える13篇を収録。

悪徳の栄え　上・下

マルキ・ド・サド　澁澤龍彥〔訳〕　上／46077-2　下／46078-9

美徳を信じたがゆえに身を滅ぼす妹ジュスティーヌと対をなす姉ジュリエットの物語。悪徳を信じ、さまざまな背徳の行為を実践する悪女の遍歴を通じて、悪の哲学を高らかに宣言するサドの長編幻想奇譚!!

ブレストの乱暴者

ジャン・ジュネ　澁澤龍彥〔訳〕　46224-0

霧が立ちこめる港町ブレストを舞台に、言葉の魔術師ジャン・ジュネが描く、愛と裏切りの物語。“分身・殺人・同性愛”をテーマに、サルトルやデリダを驚愕させた現代文学の極北が、澁澤龍彥の名訳で今、蘇る!!

飛ぶのが怖い

エリカ・ジョング　柳瀬尚紀〔訳〕　46250-9

1973年にアメリカで刊行されるや、600万部の大ベストセラーになり、ヘンリー・ミラーやアップダイクが絶賛した新しい女性の文学。性愛をテーマにしながらもユーモラスな傑作。装画・あとがき＝山本容子